Oliver Böhm-Kasper, Claudia Schuchart, Horst Weishaupt
Quantitative Methoden in der Erziehungswissenschaft

Grundwissen Erziehungswissenschaft

Die Reihe „Grundwissen Erziehungswissenschaft" stellt Studierenden, Lehrenden und pädagogisch Interessierten den disziplinären Wissensbestand der Erziehungswissenschaft für Studium, Selbststudium und Lehre bereit. In klarer Orientierung am Kerncurriculum der Erziehungswissenschaft der DGfE bilden die Themen der Einzelbände zusammen, systematisch gegliedert, das theoretische Wissen, über das Studierende als Basis für ihr weiteres Studium verfügen sollten.

Die gut verständlichen Texte sind auf neuestem Stand der Forschung und wurden in Lehrveranstaltungen praktisch eingesetzt und gemeinsam mit Studierenden auf ihre Studientauglichkeit hin geprüft. Ein übersichtliches Layout mit leitenden Begriffen in der Randspalte erleichtert den Zugang. Jedes Kapitel enthält am Ende kommentierte Literaturhinweise sowie einen kurzen Überblick über das, was der Leser gelernt haben sollte.

Herausgeber:

Lothar Wigger, Universität Dortmund

Peter Vogel, Universität Dortmund

Oliver Böhm-Kasper
Claudia Schuchart
Horst Weishaupt

Quantitative Methoden in der Erziehungswissenschaft

Die Deutsche Nationalbibliothek verzeichnet diese Publikation
in der Deutschen Nationalbibliografie;
detaillierte bibliografische Daten sind im Internet über
http://dnb.d-nb.de abrufbar.

© 2009 by WBG (Wissenschaftliche Buchgesellschaft), Darmstadt
Die Herausgabe des Werkes wurde durch
die Vereinsmitglieder der WBG ermöglicht.
Redaktion: Katharina Gerwens, München
Satz: Lichtsatz Michael Glaese GmbH, Hemsbach
Einbandgestaltung: schreiberVIS, Seeheim
Gedruckt auf säurefreiem und alterungsbeständigem Papier
Printed in Germany

Besuchen Sie uns im Internet: www.wbg-wissenverbindet.de

ISBN 978-3-534-17528-4

Inhalt

Vorwort

Eine Einführung in die quantitativen Forschungsmethoden der Erziehungswissenschaft zu schreiben, ist sicherlich keine leichte Herausforderung für
die Autoren: Viele Studierende der Erziehungswissenschaft verbinden quantitative Forschungsmethoden ausschließlich mit mathematisch-statistischen
Berechnungen und haben deshalb ein wenig Berührungsängste vor den Forschungsmethoden ihres Studienfaches. Dennoch möchten wir Sie gern
dazu einladen, sich näher mit den quantitativen Forschungsmethoden der
Erziehungswissenschaft auseinandersetzen.

Wenn Sie diese Einführung durchblättern, werden Sie schnell feststellen,
dass keine komplizierten mathematischen bzw. statistischen Formeln enthalten sind. Dies jedoch nicht deshalb, weil wir Sie als Leser vor vermeint-
lich schwer verständlichen mathematisch-statistischen Begriffen bewahren
wollen. Wir nutzen durchaus statistische Konzepte oder Kennwerte; aber
diese nur dort, wo sie zum Zwecke der Datenauswertung unumgänglich
sind. Dieses Buch kann und soll keine Einführung in die Statistik liefern.
Dazu existieren weit umfangreichere Bücher, die speziell auf die von Pädagogen häufig genutzten statistischen Prozeduren eingehen.

In dieser Einführung geht es in erster Linie um die Klärung der Frage, wie
die Erziehungswissenschaft unter Anwendung quantitativ-empirischer Methoden zu ihrem Wissen gelangt. Wir möchten Ihnen Forschungsstrategien
vorstellen, die es Erziehungswissenschaftlern gestatten, zu intersubjektiv
überprüfbaren Aussagen über die Erziehungswirklichkeit zu gelangen. Wissenschaft und Forschung können sicher nicht das Handeln in der Erziehungswirklichkeit ersetzen. Ihre wichtige Aufgabe besteht aber darin, notwendiges Reflexionswissen für die Praxis zur Verfügung zu stellen. Damit
ist gemeint, dass empirische Forschungsbefunde nicht immer unmittelbar in
pädagogischen Situationen angewendet werden können, aber Verständnishorizonte, Begriffe und ein Problembewusstsein erzeugen, das für die Lösung praktischer pädagogischer Probleme hilfreich sein kann.

Dieses Buch eignet sich von seiner Konzeption her als begleitende Lektüre
im Rahmen einer Vorlesung oder als eigenständiger Einstieg in das Feld quantitativer Forschungsmethoden der Erziehungswissenschaft. Welches Ziel Sie
auch verfolgen – wir hoffen, unserer Leserschaft mit dieser Einführung eine
verständliche und nachvollziehbare Einführung in die quantitativen Forschungsmethoden der Erziehungswissenschaft an die Hand zu geben.

A Hinführung zur empirischen Forschung

1 Zum Verhältnis von Erziehungswissenschaft und Erziehungswirklichkeit

Themen von Bildung und Erziehung sind heute täglich in den Medien vertreten. Ohne Schwierigkeiten lässt sich eine lange Liste von öffentlich beachteten Fragen erstellen: Das unzureichende Abschneiden der deutschen Schüler in internationalen Leistungsuntersuchungen, die Probleme von Jugendlichen mit Migrationshintergrund bei der Wahl eines Ausbildungsplatzes, die Verkürzung der Dauer des Gymnasiums auf acht Jahre, die Straffung der Lehrpläne in den Schulen, die Festlegung von Bildungsstandards, die Ausbildung der Lehrer, die ganztägige Betreuung der Schüler, Probleme der Gewalt an Schulen, die Finanzierung der Lehr- und Lernmittel sowie von Klassenfahrten durch die Eltern, das Ausmaß des Analphabetismus in der erwachsenen Bevölkerung, die umfassende Förderung der Kinder nicht nur im intellektuellen Bereich, sondern auch musisch-kulturell, die unzureichende Ausstattung und fehlende Renovierung von Schulgebäuden und Hochschulen, zentrale Prüfungen und insbesondere das Zentralabitur, Studiengebühren, Exzellenzinitiativen an Universitäten, die Folgen der Kinderarmut für deren Bildungsmöglichkeiten, Sprachförderung im Kindergarten usw. Die Themen sind nahezu unerschöpflich.*

Bildungsthemen in den Medien

Diese Fragen machen deutlich, dass sich die Themen der Erziehungswissenschaft auf einen weiten Bereich gesellschaftlicher Institutionen und individueller Lebensbereiche erstrecken. Sie finden darüber hinaus eine größere gesellschaftliche Aufmerksamkeit als viele andere wissenschaftliche Themen, denn die Fragestellungen der Erziehungswissenschaft beschäftigen sich mit der Gestaltung und Veränderung von Bildungs-, Sozialisations- und Erziehungsprozessen sowie den mit ihnen in Verbindung stehenden Institutionen. Insofern sind erziehungswissenschaftliche Fragen nicht nur auf eine gesellschaftliche Wirklichkeit, sondern zusätzlich auf gesellschaftliche Handlungen und Prozesse – auf eine gesellschaftliche Praxis – bezogen. Die Gestaltung gesellschaftlicher Praxis und die sich dabei ergebenden Probleme finden vor allem auch deshalb das Interesse der Öffentlichkeit, weil damit Konflikte verbunden sein können. Solche Konflikte ergeben sich häufig aus unterschiedlichen Zielen, mit denen Personen gesellschaftliche Prozesse zu gestalten beabsichtigen. Diese sind wiederum an Wertvorstellungen und Normen gebunden. Daher sind viele Auseinandersetzungen in der Politik, im Arbeitsleben sowie in anderen gesellschaftlichen Bereichen

Erziehungswissenschaft und gesellschaftliche Praxis

---

* Aus Gründen der besseren Lesbarkeit wurde auf weibliche Endungen verzichtet. Wenn also im Folgenden von Forschern, Wissenschaftern, Schülern und Lehrern die Rede ist, sind selbstverständlich ebenso Forscherinnen, Wissenschafterinnen, Schülerinnen und Lehrerinnen usw. gemeint.

letztlich Wert- und Normkonflikte, die mit der Lebensgestaltung unlösbar verbunden sind.

Gerade Prozesse der Erziehung und Bildung sind in besonderer Weise mit Normen und Wertvorstellungen verknüpft, denn sie beziehen sich vorwiegend auf die Weitergabe gesellschaftlicher Vorstellungen an die nachwachsende Generation. Wie beispielsweise Eltern die Erziehung ihrer Kinder gestalten, welche Schulfächer und Unterrichtsinhalte für die Schulen ausgewählt werden und welche Kenntnisse für den Erwerb des Abiturs vorgeschrieben werden, ergibt sich entweder aus normativen Entscheidungen der einzelnen Eltern oder der Gesellschaft. Gesellschaftliche Vorstellungen finden sich zum Beispiel in den Schulgesetzen, die die Anforderungen für das Abitur bzw. die zu unterrichtenden Schulfächer und Unterrichtsgegenstände regeln. Zugleich wird damit aber auch über Zukunftsfragen der Gesellschaft entschieden, denn über die Ausgestaltung von Bildungseinrichtungen und -prozessen wird auch auf das Wissen und die Wertvorstellungen der Kindergeneration Einfluss genommen. Sinnfragen haben folglich für das Verständnis von Bildung und Erziehung eine große Bedeutung.

Erziehung und Bildung als individueller und gesellschaftlicher Prozess

An den genannten Beispielen wird deutlich, dass Erziehung und Bildung sich sowohl als individuelle als auch als gesellschaftliche Prozesse verstehen und analysieren lassen. Nicht nur das einzelne Kind wird erzogen, sondern jeder Geburtsjahrgang stellt die Gesellschaft vor die Aufgabe, ihn über Prozesse der Sozialisation und Enkulturation in die Gesellschaft einzugliedern. Damit ist sowohl die Akzeptanz gesellschaftlicher Normen und Prinzipien als auch die Übernahme kultureller und religiöser Werte, Vorstellungen und Praktiken gemeint. Dazu tragen neben der Familie vor allem die Bildungseinrichtungen und die in ihnen tätigen Lehrer und Erzieher bei, aber auch Vereine und andere Institutionen der Gesellschaft sind in diese Aufgabe einbezogen.

Des Weiteren sind Veränderungen in der Gesellschaft zu berücksichtigen. Durch die starke Migration in den letzten Jahren in Deutschland hat sich beispielsweise die Wahrnehmung und Bewertung der Aufgaben von Bildungseinrichtungen verändert. Weitere gesellschaftliche Veränderungen und der damit verbundene Wertewandel sind den Beteiligten häufig gar nicht bewusst. Dennoch hat dieser Wandel große Bedeutung. So wurde beispielsweise die Betreuung von Kindern in Kinderkrippen bis vor wenigen Jahren in Westdeutschland als eine „Notlösung" für Alleinerziehende angesehen. Erst die abweichende Einstellung ostdeutscher Frauen zu diesem Thema sowie das gestiegene Interesse gut ausgebildeter Mütter in Westdeutschland, Kindererziehung und Berufstätigkeit besser zu verbinden, hat in den letzten Jahren das gesellschaftliche Interesse an einem verstärkten Ausbau von Krippenplätzen in den alten Bundesländern geweckt.

Was haben diese Überlegungen in einer Einführung in quantitative Forschungsmethoden in der Erziehungswissenschaft verloren? Sie stehen deshalb am Anfang dieser Einführung, weil eine wissenschaftliche Analyse der Erziehungswirklichkeit die Komplexität dieser Wirklichkeit berücksichtigen muss. Die mit Fragen der Erziehung und Bildung verbundenen normativen Aspekte, die Differenz zwischen Erziehung und Bildung als individuelle und gesellschaftliche Aufgabe und die möglichen Veränderungen durch Prozesse sozialen Wandels dürfen von der wissenschaftlichen Forschung nicht ignoriert werden. Dadurch wird die Analyse der Erziehungswirklichkeit aber zu einer mehrdimensionalen Aufgabe, die mit diesem umfassenden Anspruch von einem einzelnen Forschungsvorhaben nicht geleistet werden kann, wenn grundlegende Standards einer wissenschaftlichen Vorgehensweise eingehalten werden sollen. Was ist damit gemeint?

1.1 Wissenschaftlicher Zugang zur Erziehungswirklichkeit

Von dem Alltagshandeln unterscheidet sich ein wissenschaftliches Forschungsvorhaben durch systematisches und methodisch kontrolliertes Vorgehen, denn Aufgabe der Wissenschaft ist es, zu intersubjektiv überprüfbaren Aussagen über die Wirklichkeit zu gelangen. Da es nicht möglich ist, die Wahrheit eines wissenschaftlichen Ergebnisses oder einer wissenschaftlichen Aussage letztgültig festzustellen, ist es Aufgabe der Wissenschaft, über wissenschaftliche Forschung entweder falsche Vorstellungen zu widerlegen oder als richtig angesehene Auffassungen über wiederholte Untersuchungen vorläufig zu bestätigen. Dies wiederum erfordert, aus der komplexen Realität, die uns umgibt, einen begrenzten Wirklichkeitsausschnitt auszuwählen, der zur Grundlage der wissenschaftlichen Analyse wird. Diesen Ausschnitt der Wirklichkeit allerdings wird kein Forscher zufällig auswählen, sondern er hat bestimmte Annahmen und Vorstellungen, die diesen Auswahlprozess steuern. Solche Annahmen über Ursache-Wirkungs-Beziehungen oder über die Hintergründe beziehungsweise die Struktur von Argumentationen oder Prozessen werden in der Wissenschaft **Hypothesen** genannt. Komplexere Gedankengebäude solcher Annahmen über Wirkungszusammenhänge bezeichnet man als **Theorien**. Über Theorien und Hypothesen werden in gewisser Weise in die unstrukturierte Realität Schneisen der Aufmerksamkeit eingebracht, die die Forschung anleiten.

Alltagshandeln und Wissenschaft

An dieser Konzeption von Wissenschaft und der Aufgabe der Forschung könnte die Einschränkung und Begrenzung der Wahrnehmung, beispielsweise von Prozessen der Bildung und Erziehung, kritisiert werden. Andererseits aber gibt es keine voraussetzungslose Wahrnehmung und Erkenntnis, da all unsere Erfahrungen von vorausgegangenen Erfahrungen und Lernprozessen beeinflusst sind. Folglich sind die Selektivität und „Voreingenommenheit" unserer Vorstellungen unvermeidlich. Über eine Systematisierung des wissenschaftlichen Vorgehens und klare methodische Regeln soll jedoch erreicht werden, dass der Einfluss dieses subjektiven Faktors auf das Ergebnis der Forschung möglichst gering bleibt. Dann ist in diesem Zusammenhang auch zu berücksichtigen, dass Wissenschaft ein soziales System ist, in dem andere Wissenschaftler die Ergebnisse der Forschung lesen und kritisieren. Durch die Verpflichtung zur Veröffentlichung der Forschungsergebnisse kann sich niemand weder der Kritik noch dem Prozess der Klärung kontroverser Positionen und der Zurückweisung unbelegbarer Behauptungen entziehen.

Wahrnehmung ist nie voraussetzungslos

Mit den einleitend aufgelisteten unterschiedlichen Fragen, die in der Gesellschaft zum Thema Bildung und Erziehung diskutiert werden, ist ein brei-

Datengrundlagen für die Forschung

tes Spektrum von Quellen und Datengrundlagen für die Forschung in der Erziehungswissenschaft verbunden. Neben Leistungsuntersuchungen und Befragungsergebnissen sind auch Schulbücher, Lehrpläne, Schul- und Hochschulgesetze sowie das gesamte Bildungsrecht, Jugendamtsakten, Bildungs- und Kriminalitätsstatistiken, Lebensbeschreibungen, bildungspolitische Passagen in Parteiprogrammen, historische Quellen zum Schulwesen einer Stadt, erziehungsphilosophische Abhandlungen und selbstverständlich auch die Beobachtung von Erziehungsprozessen und Schulstunden sowie viele andere Quellen für die erziehungswissenschaftliche Forschung nutzbar. Es leuchtet ein, dass diese unterschiedlichen Grundlagen der Forschung und des wissenschaftlichen Erkenntnisgewinns auch nach unterschiedlichen Methoden der Forschung verlangen: Die Geschichte erziehungswissenschaftlicher Ideen und Konzepte kann nicht mit den gleichen wissenschaftlichen Methoden erschlossen werden, wie die Analyse einer Unterrichtsstunde.

Pädagogik als Geisteswissenschaft

Dennoch gab es in der deutschen Erziehungswissenschaft lange einen Streit über das „richtige" Verständnis von Wissenschaft, und es wurde der faktenorientierten, empirischen Wissenschaftsauffassung eine sinnverstehende, geisteswissenschaftliche Wissenschaftsauffassung gegenübergestellt. Hinter diesem Verständnis stand die Trennung der Wissenschaft in Natur- und Geisteswissenschaften, wie sie vor allem Wilhelm Dilthey begründete, und die Pädagogik wird als geisteswissenschaftliche Disziplin definiert.

Dilthey war der Auffassung, dass alle Wissenschaften, die sich statt auf die Natur auf den Menschen beziehen, einer eigenen Grundlegung bedürfen. Während nach seinem Verständnis „die neuzeitlichen Naturwissenschaften auf der Basis von Gesetzesaussagen Erklärungen liefern, ist es Aufgabe der Geisteswissenschaften, menschliches Seelenleben zu verstehen, äußeren Zeichen ein Inneres zu erkennen: aus dem Verhalten eines Kindes seine Gedanken und Absichten zu erschließen, die Bedeutung eines Textes zu interpretieren" (KÖNIG/ZEDLER 1998, S. 87).

Zur gleichen Zeit gab es mit Windelband und Rickert (s. Abbildung 1.1) zwei weitere Philosophen, die diesen Gegensatz mit dem Begriffspaar Gesetzeswissenschaften – Ereigniswissenschaften oder Naturwissenschaft – Kulturwissenschaft zum Ausdruck brachten; Begriffsbildungen, die bis heute Verwendung finden. Sie unterstellen die Ausrichtung der Naturwissenschaften an der Untersuchung von allgemein gültigen Gesetzen (griech. nomos) und der Geistes- bzw. Kulturwissenschaften an dem Verständnis des Einzelfalls und des Einmaligen. Statt des naturwissenschaftlichen Anspruchs auf eine universelle Gültigkeit von Naturgesetzen erheben die Geisteswissenschaften nur den Anspruch auf Objektivität der Erkenntnisse.

Verstehende Soziologie

Auf die weit reichenden Diskussionen in der Wissenschaft, die diese Positionsbestimmungen ausgelöst haben, kann hier nicht eingegangen werden. Wichtig ist in diesem Zusammenhang aber noch die Erkenntnis Max Webers, dass sich soziale Prozesse – unabhängig von der Handlungsfreiheit des Einzelnen und dem Anspruch jedes Menschen, als Individuum verstanden zu werden – auch in gesellschaftlichen Zusammenhängen vollziehen. Weber nennt die auf die Gegenstände der Lebens- und Gesellschaftswirklichkeit bezogene „Wirklichkeitswissenschaft" Sozialwissenschaft und gilt damit als Begründer einer „verstehenden Soziologie". Das Verstehen soll aber „sowohl der Erkenntnis des Einzelnen und Einmaligen als auch der Erkenntnis des Allgemeinen dienen können [...]. Der Wissenschaft von der Gesellschaft und ihrer sozialen Teilbereiche, die durch die Aktionen ihrer Mitglieder, also durch die handelnden Menschen, konstituiert wird, präsentiert sich ein derart differenzierter Gegenstandsbereich, der mit nur einer Methode oder mit nur einer methodischen Ausrichtung nicht erforscht zu werden. Methodenvielfalt ist daher die Folge" (KRON 1999, S. 108). Nach Krons Verständnis ist die Sozialwissenschaft folglich auch in der Wahl ihrer Forschungsmethoden zwischen Geistes- und Naturwissenschaft anzusiedeln.

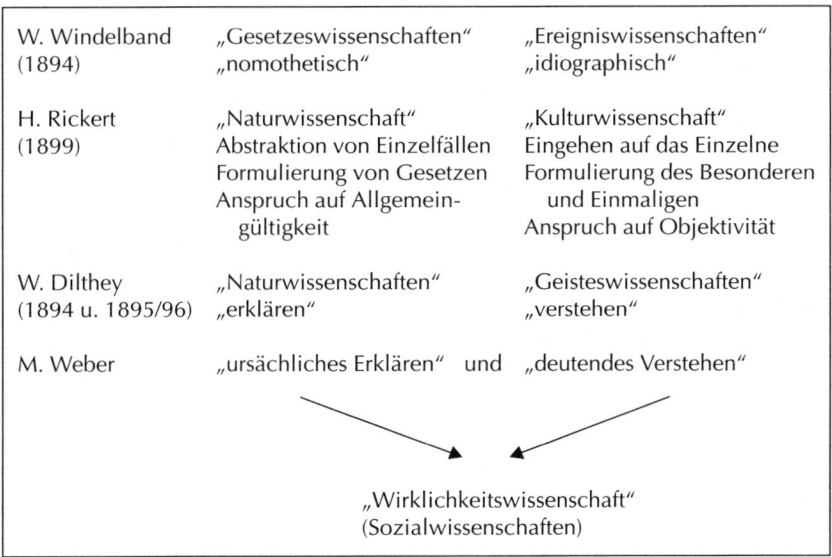

Abb. 1.1: Überblick über wissenschaftstheoretische Grundpositionen
verschiedener Wissenschaftler
Quelle: KRON 1999, S. 109

Auch die Erziehungswissenschaft ist eine Wirklichkeitswissenschaft, die sich sowohl über erklärende Methoden um die Aufdeckung von Gesetzmäßigkeiten bemühen muss, zugleich aber auch zu einem deutenden Verstehen des Einzelfalls beitragen kann. Der Streit um die Verortung der Erziehungswissenschaft als wissenschaftliche Disziplin führt heute noch zu Ausdifferenzierungen der wissenschaftlichen Positionen. Angesichts der angedeuteten Komplexität des Gegenstandsbereichs von Bildung und Erziehung sowie der Fülle von Datengrundlagen für den wissenschaftlichen Zugang zu diesem Forschungsfeld kann es nicht um ein Entweder-oder, sondern nur um ein Sowohl-als-auch gehen. Damit wird zum Ausdruck gebracht, dass die Entscheidung für ein bestimmtes Vorgehen in der Forschung – man spricht auch von einem **Forschungsparadigma** – mit spezifischen Möglichkeiten, aber auch mit Begrenzungen verbunden ist. Die Entscheidung für bestimmte Fragestellungen, für die Auswahl bestimmter Daten und für ein bestimmtes forschungsmethodisches Vorgehen ist zugleich eine Entschei-

*Erziehungs-
wissenschaft als
Wirklichkeits-
wissenschaft*

dung für einen spezifischen Wirklichkeitsausschnitt, der mit den gewählten Instrumenten für die Forschung erschlossen wird.

Quantitativ-empirischer Zugang

Eine dieser möglichen Entscheidungen besteht in der Wahl eines quantitativ-empirischen Zugangs zur Erziehungswirklichkeit, der in diesem Band einleitend dargestellt wird. In anderen Bänden dieser Reihe werden der qualitativ-empirische Ansatz als alternativer empirischer und der bildungs- und erziehungstheoretische Ansatz als sinnverstehender, hermeneutischer Zugang zur Erziehungswirklichkeit vorgestellt. Für die Forschung sind konkurrierende Forschungsansätze anregend und befruchtend. Sie fordern zu Kontroversen heraus und tragen letztlich zu einem differenzierten wissenschaftlichen Verständnis des Forschungsfeldes und Untersuchungsgegenstands bei.

Ein empirischer Zugang zur Erziehungswirklichkeit bedeutet – ausgehend von dem aus dem Griechischen hergeleiteten Begriff „Empirie" – einen Zugang über die „Sinneserfahrung". „Empirische Wissenschaft ist demnach der Teil der Wissenschaften, der auf der Erfahrung durch die menschlichen Sinne (auf der Beobachtung in allerweitester Bedeutung) beruht; empirisches Vorgehen ist ‚Ausgehen von Erfahrungstatsachen'" (vgl. KROMREY 1986, S. 13). Quantitativ-empirisch meint einen Zugang zur Realität über die Erfassung von Häufigkeiten sowie die Durchführung von Messoperationen (vergleichbar dem Wiegen oder der Längenbestimmung im Alltag), die anschließend mathematisch-statistisch ausgewertet werden. In ihrer Vorgehensweise und der Absicht, vom Einzelfall abstrahierende Aussagen über die Erziehungsrealität anzustreben, ähnelt die quantitativ-empirische Forschung dem naturwissenschaftlichen Forschungsverständnis. Welche Konzepte für diesen Forschungsansatz in den letzten Jahrzehnten entwickelt wurden, wird in den folgenden Kapiteln dieses Buches einführend dargestellt.

1.2 Die Konkurrenz der Forschungsparadigmen

„Empirische Wendung" der Forschung

Eine „empirische Wendung" in der pädagogischen Forschung, die Heinrich Roth Ende der 50er Jahre des letzten Jahrhunderts forderte, vollzog sich nur sehr langsam innerhalb der Universitäten. In den 60er Jahren des letzten Jahrhunderts entwickelten sich – zunehmend öffentlich finanziert – außerhalb der Universitäten mehrere Forschungseinrichtungen, die weit intensiver empirische Forschungsprojekte im Bildungsbereich durchführten: das Deutsche Institut für Internationale Pädagogische Forschung, das Deutsche Jugendinstitut, das Max-Planck-Institut für Bildungsforschung, das Institut für die Pädagogik der Naturwissenschaften und mehrere andere. Heute sind die Namen dieser Institute mit den großen internationalen Leistungsstudien wie PISA, TIMMS und DESI sowie umfangreichen Kinder- und Jugendstudien verbunden, die dort durchgeführt werden.

Noch 1990 gaben von den Erziehungswissenschaftlern an deutschen Universitäten nur etwa 20% an, einen quantitativ-empirischen Forschungsansatz zu vertreten (vgl. BAUMERT/ROEDER 1994, S. 42). Bis heute hat sich diese Situation etwas zugunsten einer quantitativ-empirischen Orientierung verschoben. Zu diesem Veränderungsprozess in der Erziehungswissenschaft hat maßgeblich jene vor etwa zehn Jahren einsetzende „empirische Wende" in der Bildungspolitik sowie das gestiegene öffentliche Interesse an Fragen der Erziehung und Bildung beigetragen.

„Empirische Wende" der Bildungspolitik

Von den 70er Jahren bis Anfang der 90er Jahre des letzten Jahrhunderts haben sich die Kultusminister der Länder weitgehend einem Wettbewerb untereinander und insbesondere ländervergleichenden Leistungsvergleichen entzogen. Mit dem zunehmenden weltweiten wirtschaftlichen Wettbewerb und dem forcierten Ausbau des Bildungswesens in den Industrieländern setzte auch ein Wettbewerb der Bildungssysteme ein. Den internationalen Bestrebungen zu einer Leistungsüberprüfung der Bildungs- und damit vor allem der Schulsysteme konnte sich auch Deutschland nicht entziehen. Die ernüchternden und von der Öffentlichkeit verstört aufgenommenen Ergebnisse der TIMSS Studie vor gut zehn Jahren (hier wurden die Leistungen der deutschen Schülerinnen und Schüler in Mathematik und den Naturwissenschaften international mit den Leistungen gleichaltriger Schüler in anderen Ländern verglichen) leiteten diesen Politikwechsel in Deutschland ein. Inzwischen gehören regelmäßige Leistungsüberprüfungen zum schulischen Alltag. Die Kultusminister der Länder verabschiedeten vor einigen Jahren ein Konzept zur Leistungsüberprüfung des Schulsystems, das die regelmäßige Teilnahme an mehreren internationalen Leistungsstudien für verschiedene Altersstufen und Kompetenzbereiche (Muttersprache, Fremdsprache, Mathematik, Naturwissenschaften) einschließt. Auch wurden Bildungsstandards (von den Schülern zu erreichende Kompetenzniveaus) für Unterrichtsfächer und Bildungsstufen entwickelt, die in jährlichen Leistungsüberprüfungen am Ende der Grundstufe und der Pflichtschulzeit abgefragt werden (sogenannte Lernstandserhebungen). Die Schulen sind zur internen Qualitätskontrolle ihrer Arbeit aufgefordert und werden inzwischen auch in einigen Ländern von sogenannten Schulinspektoren in mehrjährigem Abstand geprüft.

An dieser Entwicklung wird deutlich, dass Ergebnisse großer Untersuchungen mit einem quantitativen Forschungsansatz, Kennziffernsystemen und statistischen Indikatoren eine zunehmende Bedeutung für die politische Steuerung der Bildungspolitik erhalten haben. Diese mit dem Schwerpunkt auf das Schulwesen dargestellte Entwicklung lässt sich auch für den Bereich der Jugendhilfe und den Hochschulbereich beobachten. Dazu trägt auch die Öffentlichkeit bei, die zunehmend entsprechende Informationen einfordert. Aussagen von Politikern erhalten mehr Glaubwürdigkeit, wenn sie von den Ergebnissen großer und repräsentativer Untersuchungen gestützt werden. Es ist heute noch nicht absehbar, ob bald wieder versucht wird, dieser Entwicklung entgegenzusteuern, weil sie als überzogen angesehen wird. Doch ist international die Tendenz zu einer „evidenzbasierten" (einer durch Ergebnisse empirischer Forschung und Indikatorensysteme gestützten) Bildungspolitik so stark, dass es der deutschen Bildungspolitik kaum gelingen dürfte, sich diesen Entwicklungen wieder zu entziehen.

Jedenfalls führte die Entwicklung des letzten Jahrzehnts auch zu einem erheblichen Zuwachs der empirischen erziehungswissenschaftlichen Forschung in Deutschland. Im Zentrum stand dabei die Untersuchung der Schülerleistungen. Diese Entwicklung erfasste auch die Universitäten, an die nun zunehmend Professoren für „Empirische Bildungsforschung" beru-

Empirische Bildungsforschung

fen werden. Auch in der Lehre finden diese neuen Entwicklungen im Bildungswesen ihren Niederschlag. In der forschungsmethodischen Ausbildung von Hauptfach-Pädagogen, in der die Einführung in quantitative Forschungsmethoden und Statistik an vielen Universitäten lange Zeit vernachlässigt wurde, wird nun zunehmend die Notwendigkeit einer Intensivierung dieser Ausbildungsinhalte eingesehen und in den Studienordnungen verpflichtend verankert. Fehlende forschungsmethodische Kompetenzen haben in den letzten Jahren häufig dazu geführt, dass Mitarbeiterstellen in empirischen Forschungsprojekten eher von Psychologen und Soziologen als von Erziehungswissenschaftlern besetzt wurden. Nur über eine solide forschungsmethodische Ausbildung während des Studiums der Erziehungswissenschaft lässt sich dies in der Zukunft verhindern.

Zwar ist es wichtig für eine wissenschaftliche Disziplin wie der Erziehungswissenschaft, die sich als Wissenschaft einer gesellschaftlichen Praxis versteht, Entwicklungen der Praxis – und zu dieser Praxis gehören auch die durch die Bildungspolitik veränderten Bedingungen – aufzunehmen, doch ändert dies nichts an der bereits beschriebenen Struktur und Komplexität der Erziehungswirklichkeit, die durch unterschiedliche forschungsmethodische Zugänge jeweils nur selektiv erschlossen werden kann. In der kritischen Auseinandersetzung mit den jüngeren Entwicklungen der Bildungspolitik und der Schulforschung wird empirischen Forschungsbefunden häufig eine zu weit gehende Gültigkeit zugesprochen. Schlussfolgerungen, die aus den Ergebnissen von Untersuchungen gezogen werden, sind immer mit Werturteilen verbunden und folglich nicht direkt aus den Forschungsbefunden ableitbar. Über die Verwendung der Forschungsergebnisse durch die Politik und Öffentlichkeit werden Wissenschaftler in politische Auseinandersetzungen verstrickt, denen sie sich – vor allem wenn sie politisch interessante Ergebnisse liefern – kaum entziehen können. Deshalb ist es wichtig, den Stellenwert der Forschung für Entscheidungen der Erziehungspraxis und Bildungspolitik hier noch kurz zu behandeln.

Reflexionswissen durch Forschung

Wissenschaft und Forschung können nicht das Handeln in der Erziehungswirklichkeit ersetzen. Ihre Aufgabe ist es, Reflexionswissen für die Praxis zur Verfügung zu stellen. Damit ist gemeint, dass die wissenschaftliche Forschung Ergebnisse bereitstellt, die zwar nicht unmittelbar in pädagogische Situationen angewendet werden können, dafür aber Verständnishorizonte eröffnen und Begriffe und Problembewusstsein erzeugen, die für die Lösung praktischer pädagogischer Probleme hilfreich sein können. Professionelles Handeln zeichnet sich durch die situativ sinnvolle Auswahl und Anwendung von wissenschaftlichem Wissen für die Lösung von Praxisproblemen aus. Die geisteswissenschaftliche Pädagogik mit ihrem hermeneutischen Forschungsansatz verfolgte beispielsweise mit dem „Verstehen" von Texten, Dokumenten und Entwicklungen im pädagogischen Denken kein rein historisches Interesse, sondern hatte die „Absicht, Aufklärung der jeweiligen Gegenwart und damit Hilfe für die Praxis zu leisten, um aktuelle pädagogische Probleme reflektierter, bewusster, rationaler lösen zu können" (KLAFKI 1971, S. 364). Mit einem völlig anderen forschungsmethodischen Ansatz verfolgt die quantitativ-empirische Forschung in der Erziehungswissenschaft das gleiche Ziel. Jedoch lässt sich der Prozess der Datenauswertung durchaus mit dem hermeneutischen Prozess vergleichen, nur mit keiner literarischen, sondern einer numerisch-statistischen Grundlage: statt der Texte pädagogischer Klassiker oder anderer wissenschaftlicher Literatur sind Computerausdrucke mit den Ergebnissen der Datenanalysen Anlass hermeneutischer Reflexion. Sie führen oft zu weiteren Auswertungsschritten, zur Änderung der Auswertungsverfahren und der Veränderung von Fragestellungen etc. Insofern besteht durchaus eine oft ignorierte Ähnlichkeit wissenschaftlicher Erkenntnisprozesse – unabhängig von den untersuchten Wirklichkeitsausschnitten und den dafür gewählten Verfahren.

Wie bereits erwähnt, führen die Verbreiterung der Datengrundlage der Forschung sowie die Konkurrenz unterschiedlicher Forschungsparadigmen zu einem mehrperspektivischen Blick auf die Erziehungswirklichkeit. Dieser für die Forschung und die wissenschaftliche Auseinandersetzung bereichernden Vielfalt stehen aber relativ einseitige Erwartungen der Bildungspolitik und Öffentlichkeit gegenüber. Dadurch entsteht gelegentlich der Eindruck, dass nur noch eine Art des erziehungswissenschaftlichen „Reflexionswissens" gefragt ist: nämlich die Ergebnisse großer quantitativ-empirischer Studien. Aber auch wenn die Überzeugungskraft von Argumenten, die das Ergebnis geisteswissenschaftlich-hermeneutischer Überlegungen sind, in der Öffentlichkeit im Schwinden begriffen sein sollte und sich eine „Faktengläubigkeit" breit macht, gehört es zur Selbstkritik des quantitativ-empirisch forschenden Wissenschaftlers, sich des begrenzten Aussagegehalts auch seiner Forschungsergebnisse bewusst zu bleiben. Es gibt nicht den „Königsweg" der wissenschaftlichen Erkenntnis und angesichts der Komplexität der Erziehungswirklichkeit bleibt es eine Aufgabe der Wissenschaft, die Vielfalt von Realitätsebenen und Forschungsperspektiven gegen eine „Konfektionierung" von Forschung zu verteidigen. Damit ist gemeint, dass die quantitativ-empirische Forschung trotz aller Wichtigkeit nicht zur ausschließlich geförderten Forschungsrichtung werden sollte, weil dies einer Begrenzung der wissenschaftlichen Wahrnehmung der Erziehungsrealität Vorschub leisten könnte.

Kein „Königsweg" der wissenschaftlichen Erkenntnis

Insofern erhebt sie auch nicht den ihr oft unterstellten Anspruch, die einzige Forschungsrichtung in der Erziehungswissenschaft zu sein, die den in anderen Disziplinen üblichen wissenschaftlichen Standards folgt.

Was Sie wissen sollten, wenn Sie Kapitel 1 gelesen haben:

– Sie sollten die Erziehungswirklichkeit als eine durch wertbestimmte Praktiken auf individueller und gesellschaftlicher Ebene bestimmte Realität verstehen, die zugleich dem sozialen Wandel unterworfen ist.
– Sie sollten darlegen können, dass ein wissenschaftlicher Zugang zur Erziehungswirklichkeit über Forschung nur selektiv möglich ist, wenn Standards der Forschung eingehalten werden sollen.
– Sie sollten erläutern können, dass sich unterschiedliche Forschungsansätze durch andere Methoden und durch die Beachtung unterschiedlicher Wirklichkeitsausschnitte auszeichnen.
– Sie sollten begründen können, warum eine Vielfalt von Forschungsansätzen wünschenswert ist, um die Erziehungswirklichkeit wissenschaftlich breit zu erfassen.

Weiterführende Literatur zu Kapitel 1:

KÖNIG, ECKARD/ZEDLER, PETER (1998): **Theorien der Erziehungswissenschaft. Einführung in Grundlagen, Methoden und praktische Konsequenzen**. Weinheim. Eine auch didaktisch gelungene Einführung in erziehungswissenschaftliche Theorieansätze.

RUPRECHT, HORST (1978): **Die erfahrungswissenschaftliche Tradition der Erziehungswissenschaft**. In: Thiersch, Hans/Ruprecht, Horst/Herrmann, Ulrich (Hrsg.): Die Entwicklung der Erziehungswissenschaft. München. Eine zwar ältere, aber immer noch lesenswerte sowie anspruchsvolle Übersicht zur erfahrungswissenschaftlichen Forschungstradition in der Erziehungswissenschaft.

TILLMANN, KLAUS-JÜRGEN/RAUSCHENBACH, THOMAS/TIPPELT, RUDOLF/WEISHAUPT, HORST (Hrsg.) (2008): **Datenreport Erziehungswissenschaft 2008**. Opladen. Eine aktuelle datengestützte Situationsanalyse der Erziehungswissenschaft in Deutschland.

2 Alltagserfahrung – wissenschaftliche Fragestellung und empirisch-quantitativer Forschungsansatz

Erziehungs-wirklichkeit – Reflexionswissen

Im einleitenden Kapitel wurde dargestellt, dass wissenschaftliche Fragestellungen in der Erziehungswissenschaft von der Erziehungswirklichkeit ausgehen und nicht nur zu einem wissenschaftlich fundierten Verständnis der Erziehungswirklichkeit beitragen sollen, sondern auch Reflexionswissen für die Erziehungspraktiker im weitesten Sinne (vor allem professionelle Erzieher und Lehrer, aber auch die Bildungsverwaltung) bereitstellen sollen. Nachfolgend wird mit dem quantitativ-empirischen Forschungsansatz jener Zugang zur Erziehungswirklichkeit beschrieben, der von der Sinneserfahrung ausgeht und bei dem die Untersuchungen so angelegt sind, dass im Verlauf des Forschungsprozesses quantifizierbare und statistisch verarbeitbare Datengrundlagen erzeugt werden. Durch diese Vorgehensweise sollen einerseits verallgemeinerbare – also auch auf nicht beobachtete Situationen übertragbare – Ergebnisse gewonnen werden, um methodisch kontrolliertes Wissen über die Erziehungspraxis bereit zu stellen. Andererseits soll aber auch sichergestellt sein, dass der Prozess der Datengewinnung und Ergebnisinterpretation von anderen Wissenschaftlern überprüft und wiederholt werden kann.

2.1 Ausgangspunkt Alltagserfahrung

Sinneserfahrung als Ausgangspunkt der Forschung

Ist die Sinneserfahrung Ausgangspunkt der Forschung, so heißt dies, im Alltag gesammelte Erfahrungen und Eindrücke – also die sinnlich wahrgenommene Welt – für die Formulierung der Forschungsfragen zu nutzen. Häufig sind es nicht bereits vorliegende Forschungsergebnisse, sondern Anlässe aus dem Lebensalltag, die den Ausgangspunkt für neue Forschungsvorhaben bilden. So führte beispielsweise die Beobachtung, dass Abiturientinnen aus Mädchengymnasien häufiger ein mathematisch-naturwissenschaftliches

Studium aufnahmen als Mädchen aus koedukativen Gymnasien zu der Frage, ob diese Wahrnehmung stimmt und worauf sie gegebenenfalls zurückgeführt werden kann. Welche Methoden die quantitativ-empirische Forschung wählt und welche Überlegungen diesen Vorgehensweisen zu Grunde liegen, wird in den folgenden Abschnitten dieses Buches erläutert. Hier soll aber schon das Ergebnis der Überprüfung der oben genannten Vermutung mitgeteilt werden: Es zeigte sich, dass die soziale Zusammensetzung der Schülerinnen an Mädchengymnasien erheblich von denen auf koedukativen Schulen abwich. Wenn dieser Einfluss „kontrolliert" wurde, also nur Schülerinnen aus gleichen sozialen Verhältnissen miteinander verglichen wurden, verschwand der Unterschied zwischen Mädchengymnasien und koedukativen Gymnasien.

An diesem Beispiel wird deutlich, dass empirische Studien sehr häufig Alltagsvermutungen nicht bestätigen. Es gibt aber auch Alltagserfahrungen, die durch die Forschung bestätigt werden: etwa die Annahme, dass Kinder aus Elternhäusern mit niedrigem Bildungsniveau oder niedrigem Einkommen schlechtere Bildungschancen haben als Kinder aus Akademikerfamilien.

Wege, um im Alltag Erfahrungen zu sammeln, sind die Beobachtung von Mitmenschen und der Gedankenaustausch. Im Gespräch beispielsweise werden Gedanken direkt ausgetauscht; über das Lesen von Zeitungen, Büchern, Akten usw. werden Gedanken und Einschätzungen indirekt übermittelt. Auch Filme und selbst Gebäude – nicht umsonst wurde der Schulbau

Alltagserfahrung – Forschung

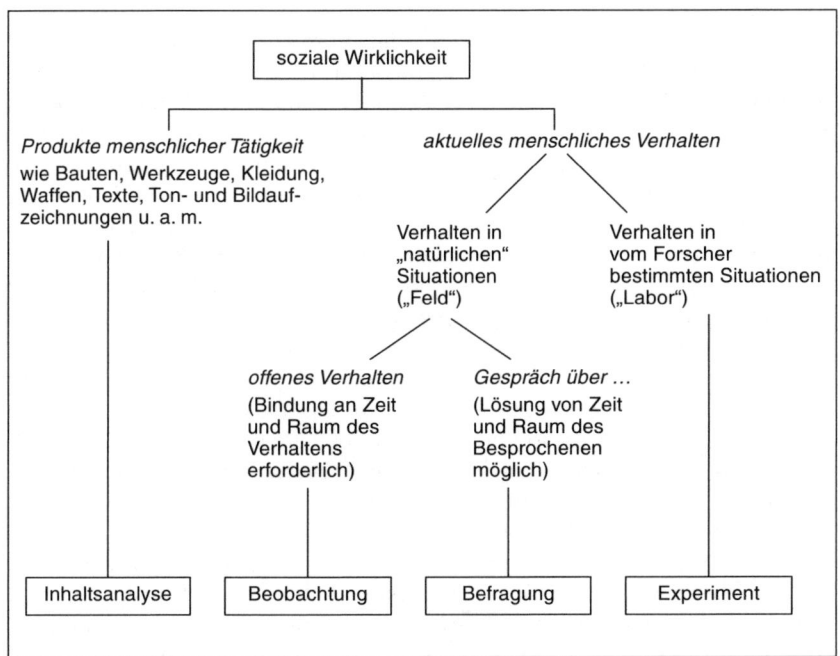

Abb. 2.1: Gegenstandsbereiche und Methoden empirischer Sozialforschung
Quelle: ATTESLANDER 1991, S. 81

schon als „Pädagogik in Beton" bezeichnet – sind Ausdruck von Ideen und Konzepten, mit deren Aussagen wir uns im Alltag auseinandersetzen. Die Wirklichkeitserschließung durch die empirische Forschung setzt an diesen alltäglichen Erfahrungen an und systematisiert sie. Peter Atteslander (1991, S. 81) unterscheidet (s. Abbildung 2.1) zwischen Produkten menschlicher Tätigkeit und dem aktuellen menschlichen Verhalten als den beiden zentralen Zugangswegen zur sozialen Wirklichkeit.

Reaktive – nichtreaktive Forschungsverfahren

Bezieht sich eine Untersuchungsabsicht auf vorliegende Produkte menschlicher Tätigkeit, also auf einen indirekten Zugang zur gesellschaftlichen Wirklichkeit, dann ist die Inhaltsanalyse die zu wählende Methode. Die Inhaltsanalyse hat den Vorteil, dass das Untersuchungsmaterial bereits vorliegt und nicht durch die Absicht der Untersuchung verfälscht werden kann. Daher nennt man diese Methode auch nichtreaktiv, denn sie schließt die Möglichkeit der Beeinflussung des Untersuchungsergebnisses durch die Untersuchungssituation aus. Anders ist dies, wenn aktuelles Verhalten von Personen untersucht wird. Da den zu Untersuchenden die Absicht des Kontakts bewusst ist, können die Untersuchungsergebnisse aufgrund dieses Wissens „verzerrt" werden (man nennt diese Methoden deshalb auch reaktive Verfahren). Der Einfluss der Untersuchungssituation auf das Forschungsergebnis ist ein vieldiskutiertes Problem gerade jener Untersuchungsmethoden, die sich auf das unmittelbare soziale Verhalten beziehen. In künstlichen Situationen – also in einer vom Forscher arrangierten Laborsituation – ist diese Möglichkeit eher gegenwärtig als in Untersuchungssituationen in „natürlichen" Umgebungen. Künstliche Situationen werden häufig dann geschaffen, wenn Experimente kontrolliert durchgeführt werden sollen.

Vielfalt der Forschungsmethoden

In „natürlichen" Situationen kann das Verhalten beobachtet werden. Doch bezieht sich die Wirklichkeitserfassung bei der Beobachtungsmethode allein auf die aktuelle Situation. Die Alternative dazu – und hier kommen wir zu der in der empirischen erziehungswissenschaftlichen Forschung am häufigsten eingesetzten Methode – ist eine künstliche Gesprächssituation sowie der damit verbundene Austausch von Meinungen und Einstellungen. Eine solche Befragung gestattet auch, nach der Vergangenheit und Zukunft zu fragen und sich von der aktuellen Situation zu lösen. Die relativ breite Verwendungsfähigkeit dieser Methode hat aber auch Kritik herausgefordert, weil die Gefahr besteht, dass durch eine methodische Einseitigkeit der Forschung die Realität innerhalb des Gespräches verzerrt erfasst wird: eben nur durch die Brille der Befragungsmethode. Eine Vielfalt der Methoden ist folglich nicht nur wünschenswert im Hinblick auf ein Nebeneinander verschiedener Forschungsansätze, sondern auch innerhalb der einzelnen Forschungsparadigmen notwendig, um Ergebnisse der Forschung zu erhalten, die von der eingesetzten Methode unabhängig sind.

Sekundäranalyse

In weiteren Kapiteln dieses Buches sollen diese grundlegenden Methoden der quantitativ-empirischen Forschung in der Erziehungswissenschaft noch ausführlicher vorgestellt werden. Allerdings haben sie sich inzwischen so weit entwickelt und ausdifferenziert, dass auch diese Kapitel nur einführende Informationen über sie geben können. Neben den quantitativen Methoden gibt es einige weitere nichtreaktive Forschungsansätze. Zu nennen sei hier insbesondere die Sekundäranalyse von statistischen Daten der amtlichen Statistik oder von Unternehmen und Organisationen. Ein weiteres Anwendungsfeld der Sekundäranalyse besteht in der Auswertung bereits vorliegender Datensätze der empirischen Forschung. Dabei werden häufig mehrere Untersuchungen miteinander kombiniert. Auch auf die spezifischen Probleme dieser Methode – deren Bedeutung für die Forschung zunimmt – wird später noch näher eingegangen.

An dieser Stelle soll zunächst noch der Frage nachgegangen werden, wie es zu der Entscheidung für ein Forschungsvorhaben kommt und was die Unterscheidung zwischen Entdeckungs-, Begründungs- und Verwendungszusammenhang der Forschung meint. Anschließend wird dargelegt, wie eine Fragestellung in einem quantitativ-empirischen Forschungsvorhaben entwickelt und für eine Untersuchung aufbereitet wird.

2.2 Entdeckungs-, Begründungs- und Verwendungszusammenhang der Forschung

Im ersten Kapitel wurde bereits darauf hingewiesen, dass Forschungsvorhaben sich nur auf ausgewählte Ausschnitte der Wirklichkeit beziehen können, um die theoretisch-methodischen Anforderungen an eine wissenschaftliche Untersuchung einhalten zu können. Doch wie lässt sich diese Auswahl treffen? Welche Wirklichkeitsausschnitte lohnt es sich zu untersuchen, welche nicht? Gelegentlich tauchen in den Zeitungen Ergebnisse von Forschungsvorhaben auf, die auch als Stilblüten der Wissenschaft anzusehen sind. „Kaugummi-Kauen macht schlau." – So titelte die Bildzeitung am 8. März 1999. Auslöser dieses Artikels war eine Pressemeldung des 1. Vorsitzenden der Gesellschaft für Gehirntraining e.V., Dr. Siegfried Lehrl aus Erlangen, der zu entnehmen war, dass Kaugummikauen im Unterricht das Lernvermögen der Schüler steigern würde. Zum einen steht diese Behauptung auf empirisch sehr schwachen Fundamenten (zwei Studien mit 10 bzw. 5 Versuchspersonen) und zum anderen sind es sicherlich ganz andere Wirkfaktoren (z.B. Motivierung durch Lehrkräfte; Interessiertheit am Unterrichtsstoff), die das Lernvermögen von Schülern nachhaltiger beeinflussen.

Mit dieser Bewertung ist aber zugleich ein Verständnis von „sinnvollen" Forschungsfragen verbunden. Zunächst sind dafür theoretisch interessante Problemstellungen erforderlich, die zugleich methodologisch realisierbar sind (v. ALEMANN 1984, S. 60). Für die Verwirklichung des Erkenntnisinteresses, also des Ziels des Vorhabens, müssen folglich auch Erkenntnismöglichkeiten bestehen. Dies zu betonen ist deshalb wichtig, weil in der pädagogischen Forschung viele Zusammenhänge kaum erschließbar sind. Beispielsweise lassen sich Kleinkinder unter drei Jahren nicht befragen und selbst noch im Grundschulalter muss man mit wenig verlässlichen (von heute auf morgen wechselnden) Antworten rechnen. Ein weiteres Beispiel ist die Auswirkung der Lehrerkompetenz auf die Schülerleistung. Um diese zu erfassen, bedarf es spezieller Kompetenztests für Lehrerinnen und Lehrer, die unterschiedliche Aspekte (fachliches Wissen, pädagogisch-psychologisches Wissen, didaktische Fähigkeiten, soziale Kompetenz) erfassen. Im Moment

„sinnvolle"
Forschungsfragen

gibt es erste Versuche, Erhebungsinstrumente für genau diese Kompetenzen zu entwickeln, doch werden die Erkenntnismöglichkeiten in diesem Bereich vermutlich noch sehr lange begrenzt sein.

In dieser Situation ist die Findung einer interessanten Forschungsfrage eine eigene wissenschaftliche Leistung, die kreative Wissenschaftler auszeichnet.

„Natürlich ist es zugleich wichtig, bereits die Literatur zu kennen, um so Sicherheit darüber zu erlangen, ob das Problem nicht bereits erforscht ist. Ist dies der Fall, dann erübrigt sich eine neue Untersuchung. Forschung kann also nicht voraussetzungslos betrieben werden, sondern sie ist in eine *Forschungstradition* eingebunden, aus der sich erst ergibt, was als ein interessantes, noch nicht gelöstes Problem anzusehen ist, und wie die Lösung zu beurteilen ist." (V. ALEMANN 1984, S. 60f.)

Forschungs-traditionen

Forschungstraditionen sind in der Erziehungswissenschaft bisher weniger entwickelt worden als beispielsweise in der Psychologie, in der Fragen des Lernens oder auch der kindlichen Entwicklung sehr konsequent und dauerhaft verfolgt werden. Eine solche Kontinuität der Forschung ist für einen kumulativen Wissenszuwachs unverzichtbar. Erst in den letzten Jahrzehnten zeichnet sich in der Unterrichtsforschung eine ähnliche Entwicklung ab, die jetzt durch die Schulleistungsuntersuchungen und die damit verknüpften Videostudien von Unterrichtssituationen weitere Impulse erhält. Dadurch entstehen „Forschungsfronten", an denen viele Wissenschaftler arbeiten, um zu einem Erkenntnisfortschritt zu kommen. Mit den großen internationalen Schulleistungsstudien stehen in Deutschland erst seit 2001/2002 Ergebnisse über den Leistungsertrag von Bildungsprozessen zur Verfügung. Die Befunde dieser Untersuchungen sind auch deshalb für die Entwicklung der Forschung wichtig, weil sie einen großen Ausstrahlungseffekt haben, denn auf deren Grundlage können neue Forschungsfragen bearbeitet werden. So hat beispielsweise die bildungsökonomische Forschung in den letzten Jahren erheblich zugenommen, weil erst mit Leistungsergebnissen Untersuchungen zur Effizienz von Bildungsprozessen möglich sind.

Problemmoden

Für die Forschungsentwicklung sind derartige Prozesse fruchtbarer als die in der Vergangenheit in der Erziehungswissenschaft dominierende Form einer Forschungsentwicklung über wechselnde Problemmoden. Mit den so genannten Problemmoden sind Forschungsthemen gemeint, die – teilweise von der Öffentlichkeit angeregt – über einen gewissen Zeitraum intensiv verfolgt werden, um dann wieder vergessen zu werden. Als Beispiel dafür sei das Thema „Gewalt an Schulen" genannt, das – von der Presse in die öffentliche Diskussion gebracht – für einige Jahre in mehreren Studien untersucht wurde. Inzwischen ist es aus der wissenschaftlichen und öffentlichen Diskussion weitgehend verschwunden, obwohl es durchaus bedenkenswert wäre, diese Frage dauerhaft zu verfolgen. Auch die „Benachteiligung" von Mädchen durch koedukativen Unterricht war eine Zeitlang ein intensiv diskutiertes Thema.

Zielsetzungen von Forschungsvorhaben

Insgesamt gibt es eine Fülle von originellen neuen Fragestellungen für die Forschung, die auch neben den Forschungsfronten und außerhalb der Problemmoden angesiedelt sind. Der Blick auf die im Zentrum der wissenschaftlichen Diskussionen stehenden Forschungsgebiete verstellt dabei leicht die Sicht auf die faktische Breite der Forschungsansätze und -methoden. Denn Forschungsvorhaben verfolgen unterschiedliche Zielsetzungen, die sich dann auch auf die Konzeption von Untersuchungen auswirken. In Anlehnung an v. Alemann (1977, S. 59–60) lassen sich vier unterschiedliche Gruppen von Ausgangspunkten für Forschung in der Erziehungswissenschaft unterscheiden:

1. Informationsvermittlung über bestimmte Aspekte von Bildung und Erziehung. Ziel dieser Untersuchungen ist es, den Kenntnisstand über pädagogische Sachverhalte zu verbessern. Dazu gehören Meinungsbefragungen der Bevölkerung – und insbesondere der Eltern – über Bildungsfragen, dazu zählen auch die Ergebnisse jener bildungsstatistischen Erhebungen, die über Bildungsbeteiligung und Bildungsabschlüsse Auskunft geben. Auch die Schulleistungsstudien und Untersuchungen über berufliche Einstellungen von Lehrern lassen sich dieser Gruppe von Untersuchungen zuordnen.

2. Untersuchung von Problemen im Bereich Bildung und Erziehung wie beispielsweise soziale und migrationsspezifische Benachteiligung, Schulverweigerung, die Methodenvielfalt des Unterrichts oder die Förderung von Kindern im Vorschulalter. Ziel dieser Untersuchungen ist es, Lösungsstrategien für diese Probleme aufzuzeigen.

3. Politikberatung durch Gutachten und Expertisen. Ziel entsprechender Arbeiten ist eher die Zusammenstellung und Aufbereitung verfügbaren Wissens als die Durchführung neuer Untersuchungen. Den Ausgangspunkt dieser Berichte bilden Aufträge aus der Bildungspolitik und -verwaltung, die dann zur Unterstützung bei der politischen Entscheidungsvorbereitung dienen. Neben Gutachten und Expertisen zu Einzelfragen gibt es die in mehrjährigem Abstand erscheinenden Bildungs-, Armuts-, Jugend- und Familienberichte sowie den jährlich vorzulegenden Berufsbildungsbericht. Auch Politikberatung anhand wissenschaftlich fundierter Berichte gehört in diese Kategorie.

4. Grundlagenforschung über Fragen von Bildung und Erziehung. Ziel dieser Forschung ist es, die Theorien des Forschungsgebietes zu verbessern, um eine bessere Erklärung von Bildungsprozessen zu ermöglichen.

Diese Ausführungen umkreisen das Problem der Themenfindung für die Forschung und benennen Rahmenbedingungen in der Wissenschaft. Sie geben aber weder Richtlinien noch nennen sie Methoden für „gute" Fragestellungen, die zum wissenschaftlichen Fortschritt beitragen. Wissenschaftssoziologisch und -psychologisch lässt sich das Problem der Themenfindung untersuchen und durch die Organisation der Forschung sollen auch die Rahmenbedingungen für originelle Forschungsfragen optimal gestaltet werden. Dies ändert aber nichts daran, dass der auch als Entdeckungszusammenhang bezeichnete Weg zur Formulierung wissenschaftlicher Frage- und Problemstellungen selbst nicht zum „eigentlichen" Wissenschaftsprozess gehört. Dies entbindet den Wissenschaftler aber nicht davon, ein Vorhaben auch forschungsethisch und forschungsstrategisch (bei konkurrierenden Forschungsoptionen) zu verantworten.

Entdeckungs-
zusammenhang

Im Zentrum dieses Buches steht der Begründungszusammenhang der Forschung. Damit ist der von einer Untersuchungsfrage ausgehende Forschungsprozess gemeint, der zur Bestätigung oder Widerlegung einer bestimmten Fragestellung führt. Dieser Weg führt über die Auswahl einer Untersuchungsmethode sowie die Erhebung von Daten zu deren statistischer

Begründungs-
zusammenhang

Analyse, welche wiederum letztlich als formales Verfahren den Forscher mit dem Ergebnis – bezogen auf die Ausgangsfrage – konfrontiert. Durch das formale Verfahren soll ein möglichst vorurteilsfreies Ergebnis gesichert werden. Insofern ist die Einhaltung der methodologischen Regeln Voraussetzung für die Wissenschaftlichkeit des Vorgehens.

Zur Begründung des quantitativ-empirischen Forschungsprozesses gibt es eine umfangreiche und sehr kontroverse Literatur, die allerdings weitgehend von den Problemen abstrahiert, denen Wissenschaftler in empirischen erziehungswissenschaftlichen Forschungsprojekten gegenüberstehen. Diese müssen sich für einen „methodologischen Pragmatismus" (v. ALEMANN 1984, S. 54) entscheiden, weshalb es hier unterlassen wird, die wissenschaftstheoretischen Kontroversen im Einzelnen darzulegen.

Verwendungs-
zusammenhang

Zu dem Entdeckungs- und Begründungszusammenhang gehört als dritter Aspekt eines Forschungsvorhabens der Verwendungszusammenhang. Damit ist die Phase nach der Veröffentlichung der Ergebnisse oder der Abgabe eines Gutachtens angesprochen. Sowohl für die weitere Forschung als auch für Politik und Öffentlichkeit können die erarbeiteten Ergebnisse zu Konsequenzen führen: sie können neue Forschung anregen, eine Gesetzgebung beeinflussen und öffentliche Debatten auslösen. Auch diese Phase unterliegt keinen wissenschaftlichen Regeln. Außerdem ist sie weitgehend dem Einfluss des Forschers entzogen, denn er kann niemandem Vorschriften über die Verwendung (und auch einseitige Nutzung und Darstellung) seiner Forschungsergebnisse machen. Umso wichtiger ist es daher, vor der Veröffentlichung von Ergebnissen und in Kenntnis des Verwendungszusammenhangs von Forschung, nicht gewünschte Folgen durch geeignete Maßnahmen zu vermeiden. Im letzten Kapitel dieses Buches wird noch etwas ausführlicher auf den Verwendungszusammenhang der Forschung eingegangen, denn in Methodenlehrbüchern wird dieser Aspekt wissenschaftlicher Tätigkeit – trotz seiner praktischen Bedeutung – meist nicht behandelt.

2.3 Begriffsdefinition und Operationalisierung

Das Verhältnis von Entdeckungs- und Begründungszusammenhang beschreibt Atteslander (1991, S. 15) über drei Grundfragen der empirischen Sozialforschung. Die erste Frage nach dem „Warum" erschließt den Entdeckungszusammenhang. Mit „Warum-Fragen" sind Fragen gemeint, die sich auf das wissenschaftliche Interesse, den Auftrag oder das verfolgte soziale Anliegen beziehen, über die der gerade näher behandelte Problembezug der Forschung erfahrbar wird.

„Wie?" und „Was?"
der Forschung

Den Begründungszusammenhang der Forschung teilen Atteslander u. a. (1991, S. 15) sodann in zwei unterschiedliche Fragen auf. Die Frage nach dem „Wie?" bezieht sich auf die Methodik der Forschung, auf die einzelnen konkreten Entscheidungen im Forschungsprozess bezogen auf den Untersuchungsgegenstand, auf die Auswahl der Untersuchungseinheiten, die Untersuchungsmethode und die Auswertungsstrategie der erhobenen Daten. Dabei ist ein systematisches und methodisch kontrolliertes Vorgehen anzustreben, das zu intersubjektiv überprüfbaren Ergebnissen führt. In den folgenden Kapiteln liegt der Schwerpunkt der Darstellung auf den forschungsmethodischen Problemen quantitativer empirischer Forschung.

Hier soll noch etwas näher auf die Frage nach dem „Was?" eingegangen werden. Die entsprechende Antwort übersetzt ein Alltagsproblem in eine wissenschaftliche Sprache mit definierten Begriffen, Hypothesen und Theorien. Die „Was-Frage" bezieht sich somit auf die Logik der Forschung. Sie ist als methodologische Frage den methodischen Fragen der eigentlichen Untersuchungsdurchführung vorgeschaltet. Zentral ist hier die Auseinandersetzung mit dem Problem, auf welche Art Erkenntnisse gewonnen werden können.

Zunächst einmal sollte festgehalten werden, dass es keine voraussetzungslosen Erfahrungen gibt. Jede Beobachtung, jedes Gespräch, alle Leseeindrücke sind von vorausgegangenen Erfahrungen beeinflusst. Teilweise sind Erfahrungen Ursache der Beschäftigung mit Neuem oder sie strukturieren unsere Wahrnehmung von Situationen. Erkennbar wird die Abhängigkeit unserer Situationswahrnehmungen und -bewertungen vor allem bei Kontakten mit Angehörigen anderer Kulturen. Oft entstehen Missverständnisse, weil die Deutung von Situationen aufgrund unterschiedlicher Erfahrungen und Wertvorstellungen voneinander abweicht. Kaum erkennbar werden solche Unterschiede, wenn scheinbar die gleiche Sprache gesprochen wird, aber dennoch ein Begriff in unterschiedlichen sozialen Milieus oder zwischen Ost- und Westdeutschland eine andere Bedeutung hat. Dies bedeutet aber auch, dass es keine „uninterpretierte" Wirklichkeit gibt. Es gibt keine soziale Realität und keine Erziehungs- und Bildungsprozesse, die unabhängig von der Wahrnehmung und Interpretation des Menschen existieren. Für die Wissenschaft ist dies von besonderer Bedeutung, weil sie zu intersubjektiv teilbarem Wissen gelangen will. Dazu ist es erforderlich, jene Annahmen und Perspektiven zu formulieren, unter denen eine soziale Wirklichkeit analysiert werden soll. Deshalb lassen sich Hypothesen und Theorien als Versuch der Forscher auffassen, ihren selektiven Wirklichkeitszugriff zu erläutern und verständlich zu machen. Die oft kritisierte „theorielose" Forschung wäre nach diesem Verständnis eine Forschung, die weder ihre Annahmen noch ihre Forschungsvoraussetzungen reflektiert und offenlegt.

Eine weitere Voraussetzung für menschliche Erkenntnisse ist unsere Abhängigkeit von der Sprache. Nicht nur der alltägliche Umgang, auch wissenschaftliche Erkenntnisse sind an sprachliche Darstellungsformen gebunden, wobei Aussagen der Wissenschaft entscheidend von einer bestimmten Begriffsbildung geprägt sind. Begriffsbildungen erlauben Ordnung durch Sprache, indem jeder Begriff definiert wird und eine offengelegte Zuordnung bestimmter Merkmale zu Objekten ermöglicht (vgl. ATTESLANDER u. a. 1991, S. 64). Eine eindeutige Begriffsdefinition ist in der erziehungswissenschaftlichen Forschung allerdings nicht möglich. So gibt es beispielsweise zu dem zentralen Begriff der Bildung eine lange Auseinandersetzung und eine umfangreiche wissenschaftliche Literatur (DÖRPINGHAUS/POENITSCH/WIGGER 2006). Die zurzeit in der erziehungswissenschaftlichen Forschung verwendeten Begriffe „gründen auf einer Übereinkunft der Forscher, die in jedem einzelnen Fall darüber befinden müssen, ob diese Begriffe theore-

Wirkung vorausgegangener Erfahrungen

Bedeutung der Sprache

tisch sinnvoll und empirisch praktikabel sind" (ATTESLANDER u. a. 1991, S. 65). Oft führen veränderte Forschungsperspektiven zur neuen begrifflichen Fassung eines Untersuchungsgebiets. Ein aktuelles Beispiel dafür ist der Begriff der ‚Governance', mit dem versucht wird, den Begriff der Steuerung in der Schulverwaltungsforschung zu ersetzen. Damit soll zum Ausdruck gebracht werden, dass für das Verständnis von Prozessen der Schulentwicklung weniger von einem hierarchischen Verwaltungsaufbau auszugehen ist als von „Regelungsstrukturen", die sich durch das Zusammenspiel mehrerer Akteure auf unterschiedlichen Handlungsebenen (zentral, regional, einzelschulisch) ergeben. Insofern ist die Entwicklung der Forschung auch eng mit der Entwicklung neuer Formulierungen einer Fragestellung verbunden.

Widerlegungs-
versuche als
Forschungsstrategie

Eine dritte methodologische Voraussetzung der Forschung ist das Wissen um die Unmöglichkeit, eine Erkenntnis als unabänderlich und immerwährend annehmen zu können. Es ist nicht auszuschließen, dass ein den Annahmen widersprechendes Ereignis entweder in der Vergangenheit übersehen wurde oder in Zukunft auftreten könnte. Deshalb orientiert sich der Erkenntnisfortschritt an der Reduzierung falscher, nicht belegbarer Vorstellungen. Werden Annahmen bestätigt, so gelten sie als vorläufig weiter gültig. Dementsprechend verfolgt die Forschung eine Strategie, vorläufige Annahmen immer wieder neuen Widerlegungsversuchen auszusetzen. Auch wenn diese Strategie in den Forschungsberichten nicht immer deutlich wird und eher von einer Bestätigung bestimmter Annahmen gesprochen wird, ist der forschungslogische Hintergrund der Widerlegungsversuche zur Bestätigung von Ergebnissen in der Sozialforschung weitgehend unumstritten.

Wissenschaftliche Erkenntnisse entstehen – wie kurz erläutert – immer unter der Bedingung der Selektivität der Erfahrungen der jeweils Forschenden, aus der heraus sich Forschungsinteressen und Fragestellungen entwickeln und sie beziehen sich immer auf bestimmte Annahmen über Zusammenhänge in der Wirklichkeit. Wissenschaftliche Erkenntnisse sind abhängig von der Sprache und den Begriffen zur Darstellung eines Forschungsproblems. Die Verknüpfung von mehreren Annahmen über Zusammenhänge in der Wirklichkeit (Hypothesen) wird Theorie genannt und ist ein System logisch widerspruchsfreier Aussagen (Sätze, Hypothesen) mit den entsprechenden Definitionen der verwendeten Begriffe. In der erziehungswissenschaftlichen Forschung gibt es nur wenige Bereiche (z. B. die Ungleichheits- bzw. die Schulleistungsforschung) mit relativ komplexen Theorien. Oftmals beschränken sich Untersuchungen darauf, einzelne Hypothesen zu überprüfen. Dies ist zum Teil auf die noch relativ junge Praxis der Erforschung erziehungswissenschaftlicher Fragestellungen zurückzuführen.

Überprüfbarkeit
der Theorien

In der quantitativ-empirischen Forschung ist aber auch zu berücksichtigen, dass die entwickelten Theorien einer Überprüfung zugänglich sein müssen. Und das setzt empirisch erfassbare Begriffe voraus. Einfach ist dies, wenn sich die Begriffe auf klare Benennungen (z. B. Student, Lehrer, Grundschule) beziehen. Häufig aber werden Einstellungen (z. B. Schulzufriedenheit) und Motive (z. B. Leistungsbereitschaft) in eine Theorie eingebunden, Begriffe also, die eher abstrakt und nicht unmittelbar beobachtbar sind. Um auch diese Begriffe einer quantitativ-empirischen Überprüfung zugänglich zu machen, müssen sie operationalisiert werden. Mit Operationalisierung ist der Schritt von einem theoretischen Begriff zu einem eigens dafür entwickelten Erhebungs- oder Beobachtungsinstrument gemeint. Dabei ist darauf zu achten, den Bedeutungskern des Begriffs für die Forschung zugänglich zu machen ohne den gesamten Bedeutungsgehalt abbilden zu können. Ein Beispiel dafür ist die Erhebung des beruflichen Status in soziologischen Untersuchungen. Unterschieden wird dabei häufig nach den Kategorien: Beamter, Angestellter, Arbeiter, Selbständiger. Obwohl mit diesen Begriffen, die nur einen unterschiedlichen sozialversicherungsrechtlichen Status erfassen, nur sehr bedingt soziale Lebenslagen erfasst werden können, erweist sich dieses Merkmal als sehr aussagekräftig bei der Erfassung sozialer Unterschiede. Das Merkmal „Arbeiter" kennzeichnet auch heute noch eine bildungsferne Mentalität.

Die Operationalisierung von Begriffen ist ein zentraler Vermittlungsschritt zwischen dem Untersuchungsinteresse eines Forschers und der konkreten Umsetzung seines Vorhabens. Nur wenn es möglich ist, die Forschungsidee in ein Erhebungsinstrument umzusetzen, das quantifizierbare Daten erfasst, ist sie forschungspraktisch realisierbar. Dabei ist es wichtig, dass die Substanz des Bedeutungsinhalts der Begriffe im Prozess vom theoretischen Begriff zum Erhebungsinstrument nicht verloren geht. Für die Interpretation der Ergebnisse ist es wichtig, sich darüber bewusst zu sein, dass nur die Operationalisierung eines Begriffs und nicht der Begriff selbst in das Erhebungsinstrument Eingang gefunden hat. Ermittelte Befunde können folglich durch die unzureichende Operationalisierung eines Begriffs nur bedingt aussagekräftig sein. Auch kann es geschehen, dass ein Erhebungsinstrument nicht das erfasst, was es erfassen soll, indem es nicht nur den Begriff schlecht, sondern möglicherweise sogar eine andere Aussage misst.

Operationalisierung von Begriffen

Unter Berücksichtigung dieser Schwierigkeiten ist die Operationalisierung der Begriffe die Voraussetzung für quantitativ-empirische Forschung, denn erst sie gestattet eine numerische Darstellung von Erhebungsbefunden und damit eine „Messung" der Ausprägungen des Begriffsinhalts. Die Schwierigkeiten, die mit Messungen verbunden sind, sind Thema des folgenden Kapitels.

Was Sie wissen sollten, wenn Sie Kapitel 2 gelesen haben:

- Sie sollten wissen, dass aktuelles menschliches Verhalten und Produkte menschlicher Tätigkeit die Ausgangspunkte empirischer Forschung sind.
- Sie sollten die Bedeutung der Begriffe Entdeckungs-, Begründungs- und Verwendungszusammenhang der Forschung kennen.
- Sie sollten über unterschiedliche Ausgangspunkte für Forschungsvorhaben sprechen können.
- Sie sollten die Bedeutung der Begriffsbildung für die Formulierung von Hypothesen und Theorien erklären können.
- Die zentrale Bedeutung der Operationalisierung von Begriffen zur quantitativ-empirischen Messung sollte Ihnen bekannt sein.

Weiterführende Literatur zu Kapitel 2:

V. ALEMANN, HEINE ([2]1984): **Der Forschungsprozeß. Eine Einführung in die Praxis der empirischen Sozialforschung**. Stuttgart. Leider wurde diese Einführung zum Verständnis der Forschung als Prozess nicht mehr aktualisiert und neu aufgelegt.

ATTESLANDER, PETER/BENDER, CHRISTIANE/CROMM, JÜRGEN/GRABOW, BUSSO/ZIPP, GISELA ([6]1991): **Methoden der empirischen Sozialforschung**. Berlin/New York. Eine handliche Einführung in die quantitativen Ansätze empirischer Sozialforschung.

B Konstitution des Forschungsgegenstandes

3 Allgemeine Grundlagen der Messung

Im Alltag passiert es ständig, dass Menschen etwas überprüfen – messen –, um sich beispielsweise über eine bestimmte Situation zu informieren und Entscheidungen zu treffen. So steigt man morgens auf die Waage, um das aktuelle Gewicht zu erfahren. Zur Messung des Gewichtes werden geeichte Instrumente – Waagen – verwendet, deren Konstruktion Vereinbarungen über die Maßeinheiten Kilogramm und Gramm zugrunde liegen. Sie garantieren eine genaue Erfassung des Gewichts. Bei wiederholten Gewichtskontrollen kann man sicher sein, dass Differenzen des Körpergewichts nicht auf Messtoleranzen der Waage zurückzuführen sind, sondern auf das eigene Körpergewicht. Auch bedeutet ein Körpergewicht von 80 kg in Deutschland dasselbe wie in Frankreich oder Chile. Obwohl uns die Erfassung des Gewichts über Kilo und Gramm selbstverständlich ist, wissen wir, dass es auch andere Maße für Gewichte gibt und die bei uns gebräuchlichen Gewichte relativ willkürlich bestimmt und festgelegt wurden.

„Messen"
im Alltag

In der Erziehungswissenschaft können Merkmale häufig nicht direkt erfasst (gemessen) werden. Für die Erfassung von Schulzufriedenheit, Intelligenz, Lesekompetenz und der Lernmotivation – um nur einige Beispiele zu nennen – bedarf es deshalb eines Messinstruments. Mit der Entwicklung solcher Instrumente sind einige Schwierigkeiten verbunden. Deshalb befasst sich das vorliegende Kapitel mit dem theoretischen Konzept des Messens sowie mit dem Einsatz von Variablen und Skalen zur Erfassung von Merkmalen. Abschließend wird auf die Gütekriterien des Messens eingegangen, also auf die Bedingungen für die Verlässlichkeit von Messvorgängen.

3.1 Was ist Messen?

Messen bedeutet, einer Eigenschaft oder einem Merkmal – etwa dem Gewicht oder der Rechtschreibleistung – eine Zahl zuzuweisen. Allerdings kann diese Zahl nicht nach dem Zufallsprinzip vergeben werden. Noten beispielsweise sollten Auskunft über die Rechtschreibleistungen nicht nur eines Schülers, sondern *aller* Schüler einer Klasse geben.

Daher muss ihre Vergabe einer bestimmten Regel folgen. Diese bedeutet in Deutschland, dass mit steigender Fehleranzahl in einem Diktat auch steigende Notenwerte verbunden sind. In anderen Ländern (bei uns auch in der gymnasialen Oberstufe) erhalten die guten Schüler höhere Punkte bzw. Noten. Die Regeln sind von unterschiedlichen Konventionen abhängig. Wichtig ist aber eine eindeutige Zuordnung von Leistungswerten und Noten. In der messtheoretischen Terminologie spricht man dann von einer

Regeln
der Messung

strukturtreuen Abbildung, d.h. bezogen auf ein bestimmtes Merkmal entspricht das Verhältnis zwischen den Ausprägungen eines Merkmals – auch **empirisches Relativ** genannt – dem Verhältnis zwischen den Zahlen – auch **numerisches Relativ** genannt. So entspricht die geschlechtliche Unterscheidung „Mädchen vs. Junge" dem empirischen Relativ. Es wird in ein numerisches Relativ überführt, indem Zahlenwerte vergeben werden – so z.B. eine 1 für Mädchen und eine 2 für Jungen.

Mit dieser Terminologie lässt sich die allgemeine Beschreibung des Messens in folgende Definition überführen:

„Das Messen ist eine Zuordnung von Zahlen zu Objekten oder Ereignissen, sofern diese Zuordnung eine strukturgleiche Abbildung eines empirischen Relativs in ein numerisches Relativ ist." (nach ORTH 1983, S. 138)

3.2 Merkmalserfassung

Variablen, Indikatoren und Index

Die verschiedenen Ausprägungen einer Eigenschaft werden **Variablen** genannt. Variablen selbst können in **dichotome** (zwei Ausprägungen, z.B. nicht verheiratet/verheiratet), **kategoriale** beziehungsweise **diskrete** (nur bestimmte ganzzahlige Werte, beispielsweise bei Noten) oder **stetige** (jeder beliebige Zahlenwert, z.B. Gewicht) unterschieden werden. Werden direkt beobachtbare Merkmale wie Alter oder Zeit erfasst, so handelt es sich um **manifeste** Variablen. Merkmale, die nicht direkt beobachtbar sind, werden als **latente** Variablen bezeichnet. In der Erziehungswissenschaft haben wir es fast ausschließlich mit latenten Variablen zu tun. So sind beispielsweise Persönlichkeitsmerkmale wie Intelligenz oder Kompetenzen nicht direkt beobachtbar, sondern nur indirekt erfassbar, indem Merkmale – **Indikatoren** – gemessen werden, von denen man theoretisch fundiert annimmt, dass sie auf die eigentlich interessierenden Merkmale schließen lassen. Im vorigen Kapitel wurde im Zusammenhang der Operationalisierung eines Begriffs auf die Bedeutung von Indikatoren bereits kurz eingegangen.

Indikator – theoretisches Konzept

In diesem Sinne könnte die Anzahl der in einem Haushalt befindlichen Bücher als Indikator für das häusliche intellektuelle Anregungsniveau angesehen werden. Hinter dieser Annahme steht das theoretische Konzept des „kulturellen Kapitals" nach Pierre Bourdieu, der davon ausgeht, dass die Verfügung über kulturelles Kapital den Erwerb von in der Schule vermittelten Kompetenzen und Fähigkeiten erleichtert. Kulturelles Kapital kann in materialisierter Form (z.B. Gemälde oder Bücher), in inkorporierter Form (z.B. Kleidungsstil, Gesten und Verhalten) und in institutionalisierter Form (z.B. Bildungsabschlüsse) vorliegen. Angenommen wird nun, dass die Anzahl der Bücher anzeigt, in welchem Ausmaß die Familie über kulturelles Kapital verfügt. Die PISA-Befunde haben gezeigt, dass ein sehr starker Zusammenhang zwischen der Leseleistung und der Bücherzahl im Haushalt zu beobachten ist. Nun könnte daraus geschlossen werden, dass Kindern mit schwachen Leseleistungen einfach ein Regal voller Bücher geschenkt werden sollte. An diesem Punkt werden die Grenzen des Erklärungsgehalts von Indikatoren sichtbar: Die Anzahl der Bücher besagt ja noch nicht, ob sie überhaupt gelesen werden. Entsprechend dem theoretischen Ansatz müsste also neben der Gabe von Büchern auch die „Lesekultur" in der Familie verändert werden.

Merkmale können auch über eine Verbindung mehrerer einzeln gemessener Merkmalsaspekte – einem **Index** – erfasst werden. Ein bekanntes Beispiel ist der Internationale Sozioökonomische Index des beruflichen Status (ISEI: International Socio-economic Index of Occupational Status, vgl. GANZEBOOM et al. 1992). Ganzeboom und seine Mitarbeiter gehen davon aus, dass alle Berufe auf einer eindimensionalen metrischen Statusskala abgebildet werden können und bspw. der gesellschaftliche Status des Tischlerberufs mit dem Status des Klempnerberufs verglichen werden kann. Die Entwicklung dieser Skala fußt auf dem theoretischen Konzept, dass sich der Status eines Berufs einerseits nach dem Einkommen als Indikator für unterschiedliche Lebensbedingungen und andererseits nach den Bildungs- und Berufsqualifikationen als einkommensgerierende Ressourcen richtet. Beide Merkmale allerdings variieren mit dem Alter. Es muss daher berücksichtigt werden, dass ältere Personen – z.B. aufgrund längerer Dienstzeiten – ein höheres Gehalt beziehen als jüngere Personen mit der gleichen Qualifikation. Daher wurden für die Indexbildung die Alterseffekte kontrolliert. Im Ergebnis kann jeder Person ein Wert zugewiesen werden, der über ihre gesellschaftliche Statusposition Auskunft gibt. So würde eine Person, die mit einem Realschulabschluss die Ausbildung zur Krankenschwester absolviert hat, diesen Beruf ausübt und etwa 1800 Euro im Monat verdient, einen geringeren Skalenwert erhalten als eine gleichaltrige Person mit demselben Schulabschluss, aber einer Anstellung als Oberschwester und einem höheren Gehalt.

Index

Aus dem Vorangegangenen wird ersichtlich, dass für die Erfassung von latenten bzw. komplexen Merkmalen in der Regel eine einzige Frage nicht ausreicht. Dies soll an einem weiteren Beispiel verdeutlicht werden. Wenn der in einer Klasse wahrgenommene Leistungsdruck gemessen werden soll, genügt es nicht, die Schüler zu fragen: „Empfindet Ihr Leistungsdruck?", da im Nachhinein nicht festgestellt werden kann, was die Schüler mit dieser Frage verbinden – ob sie mit einer Bejahung eher Angst, Stress oder „nur" viele Hausaufgaben verbinden, ob sie diesen Leistungsdruck auf ihre Eltern oder auf die Lehrer beziehen etc. Daher wird nicht ersichtlich, welche möglichen Dimensionen von „Leistungsdruck" eigentlich erfasst werden. Hier zeigt sich bereits eine wichtige Anforderung an das Messen schwer zugänglicher Merkmale: Es darf nur jeweils eine Dimension erfasst werden. Aufgrund einer vorausgehenden Operationalisierung (vgl. Kap. 2) muss der Forscher daher versuchen, die ihn interessierende Dimension des Konstrukts durch verschiedene Fragen möglichst genau „einzukreisen". Die Antworten, übersetzt in ein numerisches Relativ (z.B. 1 = stimme zu, 2 = weiß nicht, 3 = stimme nicht zu), müssen auf einer eindimensionalen Skala abgebildet werden. Bei der Übersetzung von inhaltlichen Angaben zu Zahlenwerten sind weitere Regeln zu beachten.

Messung latenter Merkmale

Messen ist, wie schon gesagt wurde, mit der Zuweisung von Beobachtungen zu Zahlenwerten verbunden. Können in einem Mathematiktest für 20 richtige Antworten insgesamt 20 Punkte erreicht werden, dann erhält man bei 3 Fehlern nur noch 17 Punkte. Die Überführung der richtigen Antworten

Skalen – Skalierung

in Zahlen entspricht einer **strukturgleichen Abbildung**. Graphisch kann man sich eine strukturgleiche Abbildung als horizontale Achse vorstellen, auf deren Abschnitte dann die Ausprägungen aufgetragen werden. Diese Achse bildet eine **Skala**; die Funktionswerte sind **Skalenwerte** oder **Messwerte**. Wichtig ist die Benennung von Regeln, die im empirischen Relativ erfüllt sein müssen, damit es in ein numerisches Relativ überführt werden kann. So kann bspw. festgelegt werden, dass mit zunehmender Punktezahl in einem Lesetest eine höhere Leseleistung verbunden ist. Demzufolge müsste bei einer maximalen Punktzahl von 100 Punkten ein Schüler mit 67 Punkten eine schlechtere Leseleistung aufweisen als ein Schüler mit 82 Punkten, der erstgenannte Schüler erzielt aber eine bessere Leistung als ein Schüler mit 44 Punkten. Diese Regel wäre verletzt, wenn der zweite Schüler besser lesen könnte als der dritte Schüler. Die Punkteanzahl könnte auch inhaltlich durch sogenannte „Kompetenzstufen" definiert werden. Im Lesetest der internationalen Leistungsstudie IGLU waren Schüler mit 375–450 Punkten lediglich in der Lage, „gesuchte Wörter in einem Text zu erkennen", was als Kompetenzstufe I bezeichnet wurde. Schüler mit 451–525 Punkten konnten darüber hinaus „angegebene Sachverhalte aus einer Textpassage erschließen" (Kompetenzstufe II). Eine höhere Kompetenzstufe gibt also an, dass die Lesefähigkeiten eines Schülers auch höheren Anforderungen genügen.

Die Genauigkeit einer Messung hängt einerseits von der Systematisierung der Zuordnung (d. h. wie gut gelingt die Übertragung des empirischen in ein numerisches Relativ) und andererseits von der Art der Daten ab. Allgemein werden vier Arten von Skalen unterschieden: Die Nominalskala, die Ordinalskala, die Intervallskala und die Ratioskala. Mit diesen Skalentypen ist auch festgelegt, welche mathematischen Operationen mit ihnen durchgeführt werden können.

Nominalskala   Eine **Nominalskala** liegt dann vor, wenn die möglichen Ausprägungen eines Merkmals zwar unterschieden, aber nicht in eine größer-kleiner Beziehung gebracht werden können. Wie bereits der Name sagt – Nominal kommt vom lateinischen „Nomen" = Name – stellt die Zuordnung der Zahlen lediglich eine Benennung von Objekten in Bezug auf ein Merkmal dar. Ein Beispiel wäre das Geschlecht. Jeder Befragungsteilnehmer muss sich eindeutig einer der beiden Kategorien männlich/weiblich zuordnen und kann nicht gleichzeitig beiden Kategorien angehören. Den beiden Kategorien können beliebige Zahlen zugeordnet werden (eine einmal getroffene Zuordnung muss jedoch beibehalten werden), da sie nur eine Benennung darstellen. Mit Nominalskalen können nur einfache mathematische Transformationen durchgeführt werden, beispielsweise absolute und relative Häufigkeiten berechnet werden, z. B. von 120 Befragten waren 72 männlich (60%) und 48 weiblich (40%).

Ordinalskala   Auch bei **Ordinalskalen** werden Objekte, die bezüglich einer bestimmten Ausprägung gleich sind, einer Kategorie zugewiesen. Darüber hinaus müssen die Objekte in Bezug auf das interessierende Merkmal jedoch in eine Rangfolge gebracht werden, also geordnet werden können. Die Zuordnung der Zahlen muss lediglich diese Rangreihe wiedergeben; wie groß der Abstand zwischen den einzelnen Kategorien ist, geht aus dieser Zuordnung nicht hervor. Ein Beispiel wäre die folgende Skala zur Erfassung der Häufigkeit des „Schulschwänzens". Auf die Frage „Wie oft schwänzt Du die Schule?" kann geantwortet werden: oft (1), selten (2), nie (3). Ein Schüler, der die (1) ankreuzt, bleibt öfter der Schule fern als ein Schüler, der die (2) angekreuzt hat, ohne dass aus dieser Angabe hervorgeht, wie viel er schwänzt. Unterstellt wird bei dieser Fragestellung, dass die befragten Schüler eine einheitliche Vorstellung davon haben, wann seltene Abwesenheit zu häufiger Abwesenheit wird. Da dies nicht gewährleistet ist, sollte man solche uneindeutigen Fragestellungen in Untersuchungen vermeiden.

Intervallskala

Führen die Antworten auf eine Frage zu einer Ordinalskala, dann können nur solche mathematischen Transformationen durchgeführt werden, die die Rangfolge der Ausprägungen erhalten.

Für eine **Intervallskala** dagegen müssen die Möglichkeiten der Unterscheidung und der Rangordnung gegeben sein, zusätzlich müssen die Intervalle zwischen zwei beliebigen aufeinander folgenden Ausprägungen gleich groß sein. Daher soll auch zwischen zwei benachbarten Zahlen immer die gleiche Differenz liegen. Ein geeignetes Beispiel ist hier die Temperaturmessung, die in Grad Celsius oder Fahrenheit vorgenommen werden kann. In der erziehungswissenschaftlichen Forschung hat beispielsweise der Intelligenzquotient Intervallskalenniveau. Mathematische Operationen, die mit Intervallskalen durchgeführt werden können, dürfen die Größe der Intervalle entweder gar nicht oder alle Intervalle nur im selben Maß verändern.

Ratioskala

Auch bei Intervallskalen sind Aussagen über Verhältnisse, bspw. „gestern war es doppelt so warm (8 Grad Celsius) wie heute (4 Grad Celsius)", nicht möglich, da es auf ihnen keinen natürlichen Nullpunkt gibt. Diese Voraussetzung trifft nur bei der letzten der hier vorzustellenden Skalen zu, der **Ratioskala**. Mit ihrer Hilfe können, wie bereits der Name – Verhältnisskala – sagt, Verhältnisse zwischen Merkmalsausprägungen bestimmt werden. Beispiele dafür sind die Zeit, die jemand für eine bestimmte Tätigkeit braucht, das Einkommen eines Haushalts oder die Entfernung zwischen zwei Orten. Jemand mit einem monatlichen Gehalt von 800 Euro verdient tatsächlich nur halb so viel wie jemand mit einem Gehalt von 1600 Euro im Monat. Mit Ratioskalen können alle mathematischen Operationen durchgeführt werden.

Stetige und diskrete Variablen

Schließlich soll noch die Unterteilung in **stetige** und **diskrete Variablen** erwähnt werden: Variablen mit ganzzahligen Ausprägungen (wie z. B. die Semesterzahl) werden als diskret, Variablen mit beliebig feinen Abstufungen (wie z. B. die genaue Angabe von Längen) werden als stetig bezeichnet.

Tab. 3.1: Zusammenfassung: Eindeutigkeit von Skalentypen

	Nullpunkt	Abstände	Ränge	Beispiel
Nominalskala	Nein	Nein	Nein	Familienstand
Ordinalskala	Nein	Nein	Ja	Zufriedenheit
Intervallskala	Nein	Ja	Ja	Temperatur (°C)
Ratioskala	Ja	Ja	Ja	Länge

Nach: SCHNELL et al. 2005, S 134.

Die Anordnung in der Übersicht (Tabelle 3.1) weist darauf hin, dass eine Rangfolge zwischen den Skalen bezüglich ihres Messniveaus besteht. Je höher das Messniveau einer Skala, umso informativer ist die Messung. Dies kann an einem einfachen Beispiel verdeutlicht werden: Personen können auf Ordinalskalenniveau in klein (1), normal groß (2) und sehr groß (3) unterschieden werden. Daraus geht jedoch nicht hervor, um wie viel größer eine „sehr große" gegenüber einer „normal großen" Person ist. Weitaus detailliertere Informationen bietet demgegenüber eine Erfassung auf Ratioskalenniveau in Zentimeter. Darüber hinaus können auch Zusammenhänge mit anderen Merkmalen, wie z.B. dem Gewicht, viel genauer beobachtet werden. Daher sollten Merkmale immer auf einem möglichst hohen Messniveau gemessen werden.

Tab. 3.2: Skalenniveau und Statistische Verfahren

Skala	Testung von Unterschiedshypothesen	Testung von Zusammenhangshypothesen
Nominalskala	χ^2-Test	Phi-Koeffizient Kontingenzkoeffizient C
Ordinalskala	U-Test von Mann-Witney Wilcoxon-Test	Rangkorrelation nach Spearman
Intervallskala	T-Test Varianzanalyse	Korrelation nach Pearson

Messniveau und Exaktheit

Neben dem Informationsgehalt steigt mit dem Messniveau auch die Exaktheit der mathematischen Verfahren, die auf die gewonnenen Daten angewendet werden können. Dies führt zu der Frage, welche Verfahren für welches Skalenniveau zulässig sind. Die Tabelle 3.2 bietet eine entsprechende Übersicht (vgl. auch BORTZ 2005). Die jeweiligen Verfahren sind dahingehend unterteilt, ob Unterschiede (z.B.: unterscheiden sich Hauptschüler von Realschülern hinsichtlich ihrer Leseleistungen?) oder Zusammenhänge (z.B.: sind mit einem stärkeren Interesse an mathematischen Fragestellungen auch bessere Fachleistungen in Mathematik verbunden?) überprüft werden sollen (vgl. auch Kapitel 12).

Die in Tabelle 3.2 angegebenen Verfahren werden überwiegend in diesem Lehrbuch behandelt. Sie stellen lediglich eine Auswahl dar. So beziehen sich die unter „Testung von Zusammenhangshypothesen" genannten Verfahren nur auf Fragestellungen, für die jeweils der Zusammenhang *zweier* nominalskalierter oder *zweier* ordinalskalierter Merkmale überprüft werden soll. Denkbar sind jedoch auch andere Kombinationen, so z.B. die Frage, ob größere Menschen (intervallskaliert) auch bessere Zensuren (ordinalskaliert) bekommen. Für weitere Verfahren sei an dieser Stelle auf das Statistiklehrbuch von Bortz (2005) verwiesen.

Messungen in der Erziehungswissenschaft weisen überwiegend Nominal- oder Ordinalskalenniveau auf. Darüber hinaus handelt es sich meistens um Messungen von Konstrukten oder latenten Variablen, die nicht direkt erfassbar sind, sondern über Merkmale (Indikatoren) zugänglich gemacht werden müssen, von denen angenommen wird, dass sie in einem engen Zusammenhang zu dem zu erfassenden Begriff stehen. So steht beispielsweise häufig das Alter eines Lehrers für seine Berufserfahrung; die Variable „Alter" stellt jedoch nur eine Annäherung an das Konstrukt „Erfahrung" dar. Damit unterscheiden sich Messungen in den Sozialwissenschaften von jenen in den Naturwissenschaften, die sich der Güte ihrer Messinstrumente sicherer sein können.

3.3 Gütekriterien einer Messung

Der Forscher muss seine Aussagen so formulieren und auswerten, dass sie von anderen Wissenschaftlern logisch nachvollzogen und auf ihre empirische Gültigkeit hin überprüft werden können (vgl. Wellhöfer 1997, S. 104). Es ist daher für jede Untersuchung unabdingbar, dass die verwendeten Methoden anerkannten Standards entsprechen und somit weitgehend frei sind von der Fehlerhaftigkeit und Subjektivität gewöhnlicher Alltagserfahrungen. Diese Standards werden oft auch als **Gütekriterien** der Forschung bezeichnet und wurden aus einer Methodologie der Sozialwissenschaften heraus entwickelt. In Abgrenzung zum Alltagshandeln hat sich die empirische Wissenschaft mit diesen Gütekriterien Regeln gesetzt, die zwar – wie alle Regeln – veränderbar und offen für Weiterentwicklungen sind, an die sich wissenschaftlich Handelnde aber verbindlich zu halten haben (vgl. Skowronek/Schmied 1977, S. 34). Bei empirischen Untersuchungen lassen sich nach Lienert (1989) Haupt- und Nebengütekriterien unterscheiden. Zu den Hauptgütekriterien zählen die Objektivität, die Reliabilität und die Validität. Als Nebengütekriterien werden die Ökonomie (Wirtschaftlichkeit), Nützlichkeit, Normierung und Vergleichbarkeit von empirischen Untersuchungen betrachtet.

Gütekriterien der Forschung

Die **Objektivität** einer empirischen Untersuchung zielt in erster Linie auf die Unabhängigkeit des angewendeten Messinstruments vom Untersucher, d.h. jeder x-beliebige Untersucher muss mit demselben Messinstrument zu dem gleichen Ergebnis kommen. Je nach Untersuchungsphase wird zwischen Durchführungs-, Auswertungs- und Interpretationsobjektivität unterschieden. **Durchführungsobjektivität** wird durch eine Standardisierung des Messverfahrens erreicht. So verhindern z.B. schriftlich fixierte Fragen und von vornherein festgelegte Antwortmöglichkeiten die abweichende Handhabung eines Messinstruments durch mehrere Versuchsleiter und dadurch bedingte divergierende Ergebnisse. Doch selbst genaue Planung und Standardisierung der Erhebung können Störfaktoren nicht gänzlich ausschließen. In der konkreten Erhebungssituation reagieren unter Umständen die Personen ganz anders, als von ihnen erwartet wird, oder technisch fehlerhafte Aufzeichnungsgeräte liefern bei einer Beobachtung ungenaue Daten. Derartige „Zwischenfälle" sind von den Versuchsleitern zu protokollieren, damit bei der Auswertung der erhobenen Daten entschieden werden kann, ob die Störfaktoren die Interpretation der Ergebnisse beeinflussen.

Objektivität

„In Veröffentlichungen wird dieser Schritt meist unterschlagen. Dem Leser wird das Bild einer ‚reibungslos' abgelaufenen Untersuchung vermittelt, obwohl jeder, der empirisch gearbeitet hat, um die Widerständigkeit der konkreten Erhebungssituation weiß. Der Untersuchungsbericht sollte daher einen Abschnitt über den Kontext der Datenerhebung und dessen potentielle und tatsächliche Einflussgrößen auf die Ergebnisse enthalten." (SKOWRONEK/SCHMIED 1977, S. 36)

Auch die **Auswertungsobjektivität** steigt mit zunehmender Standardisierung der Messinstrumente. Die Ergebnisse der Auswertung sollten unabhängig vom Auswerter sein; eine Bedingung, die bei gebundenen Antworten und vorab vereinbartem Codeplan (d.h. der Vereinbarung darüber, welchen Antworten welche Zahlen zugewiesen werden sollen) gewährleistet ist. **Interpretationsobjektivität** ist dann gegeben, wenn verschiedene Interpreten aus den gewonnenen Ergebnissen einer Untersuchung die gleichen Schlüsse ziehen. Interpretationsobjektivität sollte beispielsweise bei Textanalysen gegeben sein. Werden Interviews mit Lehrern und Schulleitern geführt, um den „Führungsstil" eines Schulleiters zu untersuchen, so können die Schlussfolgerungen erst dann als objektiv gelten, wenn verschiedene Interpreten den Leitungsstil beispielsweise übereinstimmend als „partizipativ" bezeichnen.

Reliabilität Die in empirischen Untersuchungen verwendeten Erhebungsmethoden müssen zudem die Daten zuverlässig erheben. „Das Kriterium der Zuverlässigkeit (**Reliabilität**) besagt, dass bei einer Wiederholung der Messung unter gleichen Bedingungen auch die gleichen Ergebnisse erzielt werden" (WELLHÖFER 1997, S. 105). Dazu benötigt die erziehungswissenschaftliche Forschung Erhebungsinstrumente, die bei wiederholter Verwendung zu möglichst gleichen Ergebnissen führen. Die Reliabilität einer Messung kann dabei durch verschiedene Verfahren ermittelt und mittels Reliabilitätskoeffizienten numerisch beschrieben werden (vgl. dazu BORTZ/DÖRING 1995, S. 181ff.). So kann ein Intelligenztest sicherlich nicht hundertprozentig die Intelligenz eines Menschen messen; er sollte aber bei wiederholter Anwendung immer zu einem annähernd gleichen Ergebnis (d.h. Intelligenzquotienten) kommen. Dabei besteht die generelle Schwierigkeit der Abhängigkeit eines Test- oder Befragungsergebnisses von der „Tagesform" des Befragten.

Validität Die **Validität** (Gültigkeit oder Aussagekraft) einer empirischen Untersuchung ist das wohl wichtigste Gütekriterium. Bei einem Messinstrument muss nachgewiesen sein, dass es tatsächlich das misst, was es messen soll oder zu messen vorgibt (z.B. Schulleistungen oder Lernmotivationen). Man unterscheidet zunächst die innere (**interne Validität**) und die äußere Gültigkeit (**externe Validität**) einer Untersuchung. Eine Messung ist intern valide, wenn die gewonnenen Ergebnisse eindeutig interpretierbar sind. Die innere Gültigkeit sinkt demzufolge mit einer wachsenden Anzahl plausibler Alternativerklärungen für die beobachteten Befunde. Laborexperimente weisen in der Regel eine hohe interne Validität auf, da das Ergebnis eines Experimentes mit hoher Wahrscheinlichkeit auf den eingesetzten Stimulus zurückzuführen ist. Äußere Gültigkeit besteht dann, wenn die Ergebnisse einer Untersuchung über die besonderen Bedingungen der Untersuchungssituation hinausweisen und generalisierbar sind. So sinkt die externe Validität mit wachsender Unnatürlichkeit der Untersuchungssituation und mit abnehmender Repräsentativität der untersuchten Stichproben.

Diese Ausführungen machen deutlich, dass es in empirischen Untersuchungen nur selten gelingt, beide Validitätskriterien gleichzeitig perfekt zu erfüllen. Veränderungen in der Untersuchungsplanung zugunsten der internen Validität wirken sich meistens nachteilig auf die externe Validität aus (und umgekehrt), so dass sich der Forschende in der Regel mit einer Kompromisslösung begnügen muss (vgl. BORTZ/DÖRING 1995, S. 52). Zusätzlich zur inneren und äußeren Gültigkeit einer Untersuchung wird auch innerhalb der Validität nach drei Konkretisierungen unterschieden: Inhaltsvalidität, Kriteriumsvalidität und Konstruktvalidität. **Inhaltsvalidität** (Augenscheinvalidität) ist dann gegeben, wenn das Messinstrument das zu messende Konstrukt inhaltlich ausgeglichen repräsentiert. So würde man z. B. einem Test zur Erfassung der Leistungen in den vier Grundrechenarten wenig Inhaltsvalidität bescheinigen, wenn Aufgaben zur Multiplikation fehlen (vgl. BORTZ/DÖRING 1995, S. 185). Die **Kriteriumsvalidität** wird dadurch bestimmt, dass man das Untersuchungsergebnis zur Messung eines bestimmten Merkmals (z. B. Berufseignung) mit Messungen eines korrespondierenden Merkmals (z. B. Berufserfolg) vergleicht und die Enge des Zusammenhangs numerisch ausdrückt. Leider ist es in manchen Fällen schwierig, ein geeignetes sogenanntes Außenkriterium zu finden. So ist z. B. zu fragen, welches objektiv beobachtbare Außenkriterium für Prüfungsangst herangezogen werden kann. Aus diesem Grund kommt in den Sozialwissenschaften vor allem der **Konstruktvalidität** eine besondere Bedeutung zu.

Ermittlung der Validität

„Ein Test ist konstruktvalide, wenn aus dem zu messenden Zielkonstrukt Hypothesen ableitbar sind, die anhand der Testwerte bestätigt werden können. Anstatt ein einziges manifestes Außenkriterium zu benennen, formuliert man ein Netz von Hypothesen über das Konstrukt und seine Relationen zu anderen manifesten Variablen." (BORTZ/DÖRING 1995, S. 186)

Die Konstruktvalidität setzt damit voraus, dass es überhaupt eine bestehende Theorie über das zu messende Merkmal und seine Beziehungen zu weiteren Außenkriterien gibt.

Die **Nebengütekriterien** sind zwar unter einer forschungslogischen Perspektive von untergeordneter Bedeutung, forschungspraktisch jedoch von großer Wichtigkeit. Knappheit von Zeit und Geld zwingen auch Wissenschaftler zu einem wirtschaftlichen Vorgehen bei ihren Forschungsvorhaben. Deshalb sollte stets geprüft werden, wie eine Untersuchung möglichst effizient durchgeführt werden kann. Die Frage der Nützlichkeit einer Untersuchung stellt sich für die Erziehungswissenschaft sowohl unter einer theoretischen Perspektive als auch im Blick auf die Erziehungspraxis. Wenn eine Untersuchung auf fremde Mittel angewiesen ist, so muss sie dieses Kriterium erfüllen, um von Organisationen der wissenschaftlichen Forschungsförderung (theoretischer Gewinn) oder von Ministerien (Nützlichkeit für die Erziehungspraxis) Fördergelder zu erhalten. Mit den Begriffen „Normierung und Vergleichbarkeit" ist die Notwendigkeit angesprochen, bereits erprobte Instrumente und Tests in neuen Untersuchungen nach Möglichkeit erneut einzusetzen, um Kontinuität und Vergleichbarkeit in der Forschung zu unterstützen. In der Vergangenheit setzten viele Forscher ihren Ehrgeiz in die Entwicklung neuer Erhebungsinstrumente, ohne die Möglichkeit der Verwendung bereits vorliegender Instrumente zu prüfen. Im Interesse der Ku-

Nebengütekriterien

mulation wissenschaftlichen Wissens war dies von Nachteil. Inzwischen wird daher zunehmend angestrebt, die vorliegenden Instrumente zur Erhebung eines Konstrukts weiter zu verwenden und ggf. zu optimieren. Dadurch können die Ergebnisse der Studien zu einem Forschungsthema besser miteinander verglichen und der erreichte Stand der Forschung besser abgesichert werden.

Die Bestimmung der Gütekriterien wird in der Forschungspraxis leider oft als Idealforderung angesehen und nur unzureichend beachtet. Eine intensive Beschäftigung mit den Gütekriterien ist allein bei der Konstruktion psychologischer Testverfahren zu beobachten, deren Einsatzmöglichkeiten jedoch im Bereich der Erziehungswissenschaft nur auf spezifische Fragestellungen beschränkt sind (vgl. WELLHÖFER 1997, S. 106). Generell ist es aber wichtig, die Gütekriterien in allen Phasen des Forschungsprozesses zu beachten.

Was Sie wissen sollten, wenn Sie Kapitel 3 gelesen haben:

– Sie sollten so grundlegende Begriffe wie „Variable", „Indikator" und „Index" kennen und erklären können.
– Sie sollten verschiedene Messniveaus kennen und wissen, welche Messverfahren jeweils zulässig sind.
– Sie sollten über die Gütekriterien wissenschaftlichen Messens informiert sein.

Weiterführende Literatur zu Kapitel 3:

ORTH, BERNHARD (1983): **Grundlagen des Messens**. In: Feger, Hubert/Bredenkamp, Jürgen (Hrsg.): **Messen und Testen, Enzyklopädie der Psychologie**, Themenbereich B, Serie I, Bd. 3, Kap. 2. Göttingen. Sehr ausführliche, zuweilen etwas abstrakte Darstellung.
LIENERT, GUSTAV A./RATZ, ULRICH (1998): **Testaufbau und Testanalyse**. Weinheim. Verständlich geschriebenes Grundlagenwerk.

4 Auswahl der Untersuchungspersonen

Eine quantitativ-empirische Untersuchung verlangt nach einer größeren Anzahl von Personen, die in die Untersuchung einzubeziehen sind. Denn um Daten quantitativ – d.h. über mathematisch-statistische Verfahren – auswerten zu können, muss eine dafür geeignete Anzahl von Fällen erhoben werden. Dies unterscheidet quantitativ-empirische Untersuchungen von qualitativ-empirischen, die ihre Fälle allein nach theoretischen Gesichtspunkten auswählen und nicht zusätzlich unter dem Gesichtspunkt einer empirisch-statistischen Auswertung der Daten.

Auswahl der Untersuchungseinheiten

Obwohl quantitativ-empirische Untersuchungen eine größere Menge an Untersuchungseinheiten anstreben, ist meist schon aus Kostengründen sowie erhebungspraktischen Erwägungen eine Auswahl unter allen in Frage kommenden Untersuchungseinheiten (Schülern, Eltern, historischen Quellen, Schulbüchern, Schülerakten, Unterrichtsstunden etc.) unvermeidlich. Pädagogische Untersuchungen entstehen häufig durch den Kontakt zu einzelnen Kindergärten, Schulen, Lehrergruppen, Jugendhäusern, Studierenden usw. – also durch den Kontakt zu Personen in pädagogischen Einrichtungen. Dort tauchen beispielsweise Fragestellungen oder Probleme auf, die über eine Beobachtungs- oder Befragungsstudie wissenschaftlich erforscht werden sollen. Manchmal wenden sich Einrichtungen auch selbst an Wissenschaftler und bitten um die Untersuchung eines wahrgenommenen Problems. Die Erhebung der Daten gestaltet sich in diesen Fällen meist relativ konfliktfrei, weil alle Beteiligten an den Ergebnissen der Untersuchung interessiert sind. Vielen Forschungsanfängern erscheint dies der eleganteste Weg, um Daten für eine Untersuchung erheben zu können. Dennoch hat ein solches Vorgehen entscheidende Nachteile. Deshalb geht dieses Kapitel auf die Möglichkeiten und Probleme ein, die bei der Auswahl von Untersuchungspersonen zu auftreten können. Außerdem werden die Bestimmungen des Datenschutzes sowie ethische Fragen der wissenschaftlichen Praxis kurz erläutert.

4.1 Stichprobenauswahl

Für die Entwicklung der empirischen Sozialforschung ist die Erkenntnis der mathematischen Statistik, dass Aussagen über das Verhalten oder die Einstellungen der Bevölkerung bereits über die Befragung von 1000–2000 Personen relativ zuverlässig möglich sind, von großer Bedeutung. Voraussetzung dafür ist allerdings eine Auswahl von Befragten, die ein Abbild der Bevölkerung darstellen: Die Stichprobe sollte ein verkleinertes Abbild der Grundgesamtheit sein. Ist dies nicht der Fall, sind also bestimmte gesellschaftliche Gruppen (z.B. nach Einkommen, Alter, Geschlecht) unter den Befragten über- oder unterrepräsentiert, so kann dies Verzerrungen in den Ergebnissen zur Folge haben.

Stichprobe – Grundgesamtheit

Der Grund, warum die Wissenschaft Erhebungsverfahren ablehnt, die keine Zufallsauswahl anstreben, liegt an dem Interesse der Forscher, über die Befragung einzelner ausgewählter Personen verallgemeinerungsfähige Erkenntnisse zu erhalten. Beispielsweise interessieren bei einer Befragung von Lehrerinnen und Lehrern die Meinungen der Befragten im Hinblick auf das Meinungsspektrum der Lehrerschaft.

Wie aber erreicht man eine Auswahl von Befragten als verkleinertes Abbild der Grundgesamtheit? Schon diese Grundgesamtheit zu bestimmen ist häufig nicht einfach. Ein Beispiel dafür sind die ausländischen Schüler: zählen zu ihnen nur die Schüler, die selbst keine deutsche Staatsbürgerschaft haben oder soll auch die Herkunft der Eltern berücksichtigt werden? Wegen der großen Schwierigkeiten, diese Schülergruppe abzugrenzen, ist die Forschung inzwischen dazu übergegangen, diese Schülerinnen und Schüler nicht mehr über ihre Nationalität, sondern über ihren individuellen Geburtsort sowie dem ihrer Eltern nach dem „Migrationshintergrund" zu bestimmen. Über diese Grundgesamtheit müssen Informationen vorliegen,

Bestimmung der Grundgesamtheit

um die Stichprobe „ziehen", also auswählen, zu können. Die empirische pädagogische Forschung, die sich auf Bildungseinrichtungen, das Personal in diesen Einrichtungen sowie die Schüler und Studierenden bezieht, hat den Vorteil regelmäßiger statistischer Erhebungen, die diese Informationen liefern. Schwierig wird es aber, wenn beispielsweise eine Untersuchung über Schüler mit Lese-Rechtschreib-Schwäche durchgeführt werden soll, da es über die Grundgesamtheit dieser Schüler nur Vermutungen gibt. Deshalb liegt der Wert solcher Untersuchungen zwar darin, über eine Problemgruppe von Schülern einige die Alltagserfahrung systematisierende Informationen zu erhalten, auf generalisierende Aussagen jedoch sollte verzichtet werden. Erst wenn mehrere Studien vorliegen, die – unabhängig voneinander – zu dem gleichen Problem – mit unterschiedlichen Befragten – durchgeführt wurden und zu ähnlichen oder gleichen Ergebnissen kommen, lassen sich daraus Vermutungen über die Situation in der Grundgesamtheit ableiten. Es besteht bei diesen Untersuchungen immer die Wahrscheinlichkeit, nur eine spezifische Konstellation zu erfassen, nur einen partiellen Einblick in die Gesamtproblematik zu gewinnen. Dies muss bei Untersuchungen mit „anfallenden" Stichproben, also bei Untersuchungen, die ihre Untersuchungspersonen nicht bewusst bezogen auf eine Grundgesamtheit auswählen, beachtet werden. Die angesprochenen Nachteile von Untersuchungen, die durch den Kontakt mit einzelnen pädagogischen Einrichtungen entstehen, betreffen also die Schwierigkeit, nicht zu wissen, wie stark und in welcher Weise die Auswahl der Untersuchten durch lokale Besonderheiten selektiv ist. Dadurch ist eine Generalisierung der Befunde nicht möglich.

Möglichkeiten der Stichprobenziehung

Die grundlegende Intention der **Stichprobenziehung** in quantitativ-empirischen Untersuchungen ist es, jeder Person aus der Grundgesamtheit die gleiche Chance zu geben, in die Stichprobe aufgenommen zu werden. Demgegenüber erlaubt die qualitative Sozialforschung (FUHS 2007) auch willkürliche Auswahlverfahren (z.B. nach dem Schneeballprinzip) und Einzelfallstudien. In Abbildung 4.1 sind die grundlegenden Verfahren der Stichprobenziehung in der traditionellen Sozialforschung aufgeführt. Zunächst unterscheidet man zwischen Zufallsstichproben und systematischen Verfahren der Stichprobenziehung.

Zufallsstichproben

Zufallsstichproben werden nach dem Modell der Lottozahlen gezogen: Alle Einheiten der Grundgesamtheit befinden sich in einer Lostrommel und aus ihnen wird die Stichprobe blind gezogen. Da die für eine Befragung im Schulwesen in Frage kommenden Einrichtungen, Lehrer oder Schüler in Dateien existieren, werden diese fortlaufend nummeriert und über ein Programm werden Zufallszahlen bestimmt. Die Fälle mit den ausgewählten Zufallszahlen werden in die Stichprobe übernommen. Einfache Zufallsstichproben nach diesem Konzept bieten sich an, wenn z.B. Lehrer befragt werden sollen oder Studierende einer Universität.

Geschichtete Zufallsstichprobe

Aber auch bei diesen beiden Gruppen von Untersuchungsteilnehmern kann es sich anbieten, eine geschichtete Zufallsstichprobe zu ziehen. Beispielsweise unterrichteten im Schuljahr 2006/07 von den Lehrern in Nordrhein-Westfalen an allgemein bildenden Schulen 27% an Grundschulen und nur 11% an Gesamtschulen. Bei der Ziehung einer einfachen Zufallsstichprobe mit insgesamt 1500 Befragten würde die Zufallsstichprobe etwa 405 Grundschullehrer und 165 Gesamtschullehrer enthalten. Wenn es aber

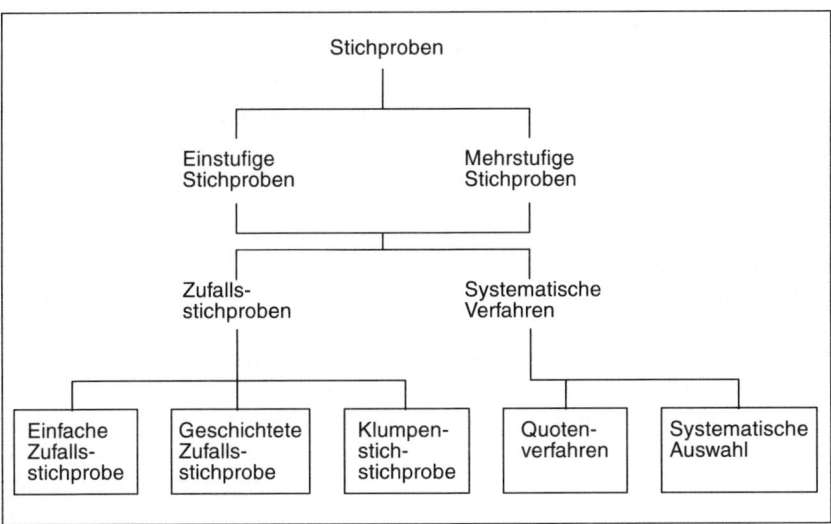

Abb. 4.1 Quelle: ATTESLANDER u. a. 1991, S. 312

eine Absicht der Untersuchung ist, Unterschiede zwischen Lehrern aufzuzeigen, die an unterschiedlichen Schularten unterrichten, wird dies durch die relativ geringere Fallzahl der Gesamtschullehrer erschwert. Denn Analysen der Gruppe der Gesamtschullehrer, beispielsweise nach Altersgruppen und Geschlecht, würden bei 165 Befragten nur sehr kleine Fallzahlen ergeben und kaum noch statistische Auswertungen ermöglichen. Deshalb bietet es sich an, für jede Gruppe von Lehrern – also für Grundschul-, Hauptschul-, Realschul-, Förderschul-, Gesamtschul- und Gymnasiallehrer als eigene Teilmengen (Schichten) – eigene, gleich große Stichproben zu ziehen. Mit 1500 befragten Lehrern würde jede der sechs Lehrergruppen mit 250 Lehrern in der Stichprobe vertreten sein. Eine einfache Zufallsstichprobe müsste auf 2270 Befragte ausgelegt sein, damit in ihr etwa 250 Gesamtschullehrer enthalten sind. Daran wird erkennbar, dass geschichtete Zufallsstichproben den Erhebungsaufwand verringern und die Möglichkeiten der Auswertung der erhobenen Daten verbessern. Mit Rücksicht auf die Befragten eine Stichprobe ist sie effizienter, weil nur so viele Personen befragt werden, wie es der Untersuchungszweck verlangt.

Bei Untersuchungen in pädagogischen Zusammenhängen werden aus Gründen der Zweckmäßigkeit häufig **Klumpenstichproben** erhoben. Dies bedeutet, dass ganze Schulklassen, Seminargruppen an Universitäten etc. befragt werden. In der soziologischen Forschung werden aus erhebungstechnischen Gründen häufig regionale „Klumpen" nach sozio-ökonomischen Merkmalen von Wohngebieten zufällig ausgewählt und innerhalb dieser regionalen Einheiten werden dann die zu Befragenden bestimmt. Schulklassen oder Lerngruppen unterscheiden sich von dieser Art der Klumpenstichprobe, weil sie zugleich pädagogische Einheiten darstellen, die zumindest für einen gewissen Zeitraum eine gemeinsame Lernbiographie durchlaufen. Diese Besonderheit ist bei der Bestimmung der Stichproben-

Klumpenstichprobe

größe und der Auswertung der Daten zu berücksichtigen, denn es handelt sich nicht um unabhängig voneinander ausgewählte einzelne Schüler, wie dies für eine Zufallsstichprobe verlangt wird. Bei der PISA-Studie 2000 wurden deshalb nur jeweils 30 zufällig bestimmte 15-jährige Schülerinnen und Schüler an den ausgewählten Schulen befragt. Bei den PISA-Studien 2003 und 2006 wurden zusätzlich auch komplette 9. Klassen in die nationale Ergänzung der Untersuchung einbezogen, um den Einfluss der Klassenzusammensetzung und der spezifischen Lernerfahrungen in einzelnen Schulklassen berücksichtigen zu können.

Auf diese Weise wird die PISA-Stichprobe mehrstufig gebildet: zunächst werden die Schulen, die in die internationale Untersuchung einbezogen werden sollen, zufällig bestimmt. Anschließend werden an diesen Schulen unter allen 15-jährigen Schülerinnen und Schülern (unabhängig von der Klasse und der Jahrgangsstufe, die sie besuchen) zufällig 30 für die internationale Studie ausgewählt. Zusätzlich wird an diesen Schulen eine Zufallsauswahl von 9. Klassen befragt. Im Gegensatz zur einfachen Stichprobe, die durch eine Auswahlentscheidung bestimmt wird, liegen mehrstufigen Stichproben mehrere Auswahlentscheidungen zugrunde.

Quotenverfahren   Das **Quotenverfahren** als systematisches Auswahlverfahren wird vor allem in der Markt- und Meinungsforschung eingesetzt, weil dort die Datenauswertung z. B. nach Altersgruppen, Geschlecht, dem Bildungsniveau und beruflichen Status relativ „konfektioniert" (also nach vorgegebenen Routinen) ist. Die Auswahl der Befragten richtet sich nach ihrem Anteil an der Gesamtbevölkerung, dieser wiederum wird über vorliegende Statistiken ermittelt. Meist wird dazu der Mikrozensus als regelmäßige repräsentative Befragung von einem Prozent der Bevölkerung durch das Statistische Bundesamt herangezogen.

Aus dem Mikrozensus stammen auch die Daten für den beispielhaften Quotenplan für eine Bevölkerungsbefragung nach Altersgruppen, Geschlecht und Bildungsniveau (s. Tabelle 4.1). Die Interviewer erhalten Vorgaben, um eine Zusammensetzung der Befragten entsprechend der Quoten

Tab. 4.1: Bevölkerung der Bundesrepublik 2005 nach Altersgruppen,
Geschlecht und Bildungsabschluss, in v. H.

	Insgesamt	Sonstige (z.B. in Ausbildung, ohne Abschluss)	Haupt- (Volks-) schulabschluss	Realschul- oder gleichwertiger Abschluss	Fachhochschul- oder Hochschulreife
Männlich					
20–40	16,6	0,9	4,7	5,3	5,7
40–60	18,0	0,7	7,2	5,2	4,8
60 und mehr	13,7	0,6	8,9	1,7	2,5
Weiblich					
20–40	15,9	0,8	3,3	6,0	5,7
40–60	18,0	0,8	6,8	6,6	3,8
60 und mehr	17,8	1,0	12,8	2,7	1,3
Zusammen	100,0	4,8	43,8	27,6	23,9

zu erreichen. Bei 1000 Befragten sollen nach diesem Plan beispielsweise 68 Frauen zwischen 40 und 60 Jahren mit Volks-/Hauptschulabschluss in der Stichprobe enthalten sein.

Die systematische Auswahl der Untersuchungseinheiten unterscheidet sich von der Zufallsauswahl nur dadurch, dass bei Vorliegen von Karteien, Listen und Dateien der zu Befragenden keine Zufallsauswahl getroffen, sondern jeder x-te (z.B. jeder zehnte oder zwanzigste) Fall ausgewählt wird. Wichtig ist, dass die Daten nicht bereits nach einem für die Untersuchung wichtigen Kriterium vorgeordnet sind: Wenn beispielsweise in einer Datei Frauen gerade und Männer ungerade Fallzahlen erhalten, so kann eine Listenauswahl dazu führen, dass nur Personen eines Geschlechts in die Stichprobe aufgenommen werden. Auch sollte vermieden werden, in einem mehrstufigen Verfahren zunächst einzelne Anfangsbuchstaben der Nachnamen auszuwählen und dann systematisch Fälle zu ziehen. Dadurch kann eine Verzerrung der Stichprobe nach Herkunft erfolgen, weil in den Sprachen die Häufigkeit von Nachnamen mit einem bestimmten Buchstaben unterschiedlich ist. Bei datei- oder listengestützten Auswahlverfahren ist immer mit Fehlern und Lücken zu rechnen, die aus zeitlichen Verzögerungen bei der Pflege der Auswahlgrundlage oder aufgrund anderer Faktoren entstehen können. Werden diese Gesichtspunkte berücksichtigt, so ist die systematische Auswahl häufig ein gut geeignetes Verfahren.

Die Bestimmung einer Grundgesamtheit ist bei Befragungen und auch bei Inhaltsanalysen noch relativ einfach möglich. Inhaltsanalysen beziehen sich auf vorliegendes Material, das meist auch gut bestimmbar ist (so beispielsweise alle 2005 im Fach Geschichte für das 7. Schuljahr zugelassenen Schulbücher in Deutschland). Es gibt auch Beobachtungsstudien, die als Stichprobenuntersuchungen angelegt sind (z.B. das Verhältnis von Lehrer- und Schüleräußerungen im Unterricht). Häufig ist bei Beobachtungsstudien aber bereits die Bestimmung der Grundgesamtheit schwierig, so dass es aus Gründen der Praktikabilität so gut wie ausgeschlossen ist, eine Zufallsstichprobe zu beobachten.

Stichproben-
probleme bei
Beobachtungs-
studien

Selbst wenn – als Beispiel – die Einführung des Dreisatzes im Mathematikunterricht in jedem Bundesland zu einem bestimmten Zeitpunkt vorgesehen ist, wissen wir nicht, ob sich alle Lehrer daran halten. Zunächst wäre es untersuchungspraktisch sehr aufwendig, eine größere Zahl verstreut liegender Schulen aufzusuchen, um Unterrichtsstunden zum Dreisatz aufzuzeichnen. Des Weiteren bliebe weiterhin offen, wie typisch diese Stunden für den Mathematikunterricht insgesamt sind.

Wegen der vielen Probleme, die mit einem nach Zufallskriterien bestimmten Beobachtungsdesign verbunden sind, streben auch viele Beobachtungsstudien keine verallgemeinerungsfähigen Ergebnisse an. Sie sind zumeist experimentell angelegt und untersuchen beispielsweise die Effekte unterschiedlicher Unterrichtsmethoden auf die Aufmerksamkeit der Schüler. Auf die Beschränkungen, die sich bei einer Verallgemeinerung der Ergebnisse ergeben könnten, wurde bereits im Zusammenhang „anfallender" Stichproben und bei der Darstellung des Verhältnisses von interner und externer Validität einer experimentellen Untersuchung hingewiesen.

Zu beachten ist auch, dass Auswahl- und Untersuchungseinheit nicht immer identisch sind. In der Schulforschung werden häufig Schulen oder Klas-

Auswahl- und Untersuchungs- einheit

sen ausgewählt; die eigentliche Untersuchungseinheit aber sind die Schüler. Werden Texte als Grundlage einer Untersuchung ausgewählt, so können Wörter, Sätze, Textabschnitte oder der gesamte Text die Untersuchungseinheit bilden. Daraus ergeben sich Konsequenzen für die Stichprobenziehung. Wählt man beispielsweise ganze Texte als Untersuchungseinheiten, dann sollte die Textlänge beachtet werden, so wie bei Schuluntersuchungen die Schulgröße (insbesondere die Zahl der Parallelklassen) zu berücksichtigen ist.

Ausfälle bei Stichprobenstudien

Noch nicht angesprochen wurde das Problem der Ausfälle bei Untersuchungen. Nicht alle Personen, die für eine Stichprobe ausgewählt wurden, beteiligen sich auch an der Befragung. Durch diese Ausfälle können systematische Fehler entstehen, die die Ergebnisse verzerren. Deshalb wurde z.B. für die PISA-Studie festgelegt, dass mindestens 80% der Schülerstichprobe an der Leistungsuntersuchung teilnehmen müssen, erst wenn das gewährleistet war, wurden die entsprechenden Ergebnisse berücksichtigt. Bei der ersten PISA-Untersuchung im Jahr 2000 wurden im nationalen Vergleich die Ergebnisse von Berlin und Hamburg nicht veröffentlicht, weil diese Länder diese Anforderung nicht erfüllt hatten. In der internationalen Untersuchung 2006 wurde in Deutschland eine Ausschöpfungsquote von 92,3% erreicht. Durch Ausfälle wegen Krankheit oder anderer Abwesenheitsgründe ist eine höhere Beteiligung kaum zu erreichen. Möglich wurde sie durch die gesetzliche Teilnahmeverpflichtung der Schulen.

Von so hohen Beteiligungsquoten kann bei Studien in anderen gesellschaftlichen Bereichen nicht ausgegangen werden (SCHNEEKLOTH/LEVEN 2003). Für die bundesweit alle zwei Jahre durchgeführte Allgemeine Bevölkerungsumfrage in den Sozialwissenschaften (ALLBUS) ergab sich die in Tabelle 4.2 dokumentierte Situation bei der Durchführung der Erhebung.

Tab. 4.2: Gründe für Nonresponse im ALLBUS 2000

	West	Ost
Bruttostichprobe ./. stichprobenneutrale Ausfälle	100,0	100,0
1) Adresse falsch	3,5	2,9
2) Zielperson verstorben	0,7	0,9
3) Zielperson verzogen	8,0	7,6
4) Zielperson lebt nicht mehr in Privathaushalt	1,0	0,9
5) Adresse nicht abschließend bearbeitet	1,6	0,2
Bereinigte Bruttostichprobe ./. Systematische Ausfälle	100,0	100,0
5) Im Haushalt niemanden angetroffen	5,3	1,4
6) Zielperson nicht angetroffen	2,1	1,0
7) Zielperson nicht befragungsfähig	1,5	1,8
8) Zielperson aus Zeitgründen nicht bereit	3,8	1,6
9) Zielperson generell nicht bereit	36,8	37,8
10) Zielperson spricht nicht hinreichend gut deutsch	1,5	0,1
11) Interview nicht korrekt durchgeführt	2,2	2,6
Auswertbare Interviews	46,9	53,7

Quelle: KOCH/WASMER/HARKNESS/SCHOLZ 2001: 58

Von den ursprünglich ausgewählten Personen (Bruttostichprobe) konnten bereits 14,8% in West- und 12,5% in Ostdeutschland wegen Fehlern in den Adressenunterlagen nicht befragt werden. Von der bereinigten Bruttostichprobe verweigerten etwa 40% die Teilnahme und ungefähr weitere 10% fielen aus verschiedenen anderen Gründen für die Befragung aus. Im Ergebnis wurden nur von der Hälfte der Personen in der bereinigten Bruttostichprobe tatsächlich auswertbare Interviews erzielt. Selten wird die Antwortverweigerung (Nonresponse) in Umfragestudien so ausführlich dokumentiert, doch muss auch bei der Befragung in pädagogischen Zusammenhängen (also z.B. von Lehrern und Eltern) mit Antwortverweigerungen gerechnet werden. Ein noch größeres Problem stellen Ausfälle bei Längsschnittstudien dar, denn bei jeder neuen Erhebungswelle kommt es zu weiteren Ausfällen und damit zu einer immer kleineren Datenbasis. Bei der Planung der Stichprobengröße einer Studie sind diese Ausfälle zu berücksichtigen.

Die systematischen Ausfälle bei Befragungen sind auch deshalb zu beachten, weil sie Verzerrungen in der Stichprobe nach sich ziehen. Man weiß heute aufgrund viele Methodenstudien, dass Angehörige unterer Sozialgruppen seltener an Untersuchungen teilnehmen und häufiger ihre Teilnahme verweigern. Für die pädagogische Forschung ist dies wegen der sozialen Unterschiede des Erziehungsverhaltens und der Bildungsaspirationen von besonderer Bedeutung. Ein „sozialer bias", eine gewisse Überrepräsentation höherer Sozialgruppen, muss daher bei niedrigen Rücklaufquoten von Untersuchungen mit pädagogischen Fragestellungen auch in die Interpretation der Ergebnisse mit einbezogen werden.

Problem der systematischen Ausfälle

Lehrbücher der Statistik liefern Verfahren, um die erforderliche Größe von Stichproben für eine bestimmte Zuverlässigkeit der Ergebnisse zu bestimmen. Auch in Schulleistungsstudien wird bei der Stichprobenziehung nach diesen Verfahren vorgegangen, weil die ermittelten Schulleistungen der Befragten im Durchschnitt nur unwesentlich von den Leistungen aller Schüler abweichen dürfen (der Zufallsfehler der Untersuchungsergebnisse muss sehr klein sein). Die meisten Untersuchungen konzentrieren sich aber nicht auf ein Merkmal, nach dem die Stichprobengröße bestimmt werden kann, sondern erheben Fakten und Einstellungen zu verschiedenen Themen. Die Entscheidung für bestimmte Stichproben orientiert sich bei diesen Befragungsstudien eher an pragmatischen Richtgrößen, für die v. Alemann (1977, S. 91) folgende Werte nennt:

Faustregeln für Stichprobengrößen

„2000 Personen (Einheiten): repräsentative Stichprobe einer heterogenen umfangreichen Bevölkerung, angebracht bei einer Untersuchung mit offener Themenstellung, die auch detailliertere Analysen von Teilgruppen erlaubt.
1000 Personen: repräsentative Stichprobe für eine Untersuchung mit spezifischer Themenstellung und verminderter Möglichkeit der Teilgruppenbildung.
500 Personen: repräsentative Stichprobe von spezifischen (homogenen) Grundgesamtheiten (Berufsgruppen, regionale Spezifizierung) und mit spezifischer Fragestellung (z.B. Hypothesentest) der Untersuchung.
100–200 Personen: repräsentative Stichprobe von sehr spezifischen Grundgesamtheiten (einzelne Berufe) mit eingeschränkter, sehr spezifischer Fragestellung, wobei in der Auswertung weitgehend auf Teilgruppenaufgliederungen verzichtet werden muss, aber etwa Pfadanalysen gut möglich sind."

Diese Empfehlungen ersetzen nicht die begründete Entscheidung über die Stichprobe einer eigenen Untersuchung. Für Beobachtungsstudien und quantitative Inhaltsanalysen müssen sowieso eigene Überlegungen zur Stichprobenauswahl und -größe angestellt werden.

4.2 Datenschutz

Datenschutz und Forschungsfreiheit

Die beschriebenen hohen Ausfälle bei Umfragen sind Folge der Freiheit der Befragten, an diesen Erhebungen teilzunehmen oder eine Teilnahme zu verweigern. Die Grundrechte von Personen, die an wissenschaftlichen Untersuchungen teilnehmen sollen, gehen aber noch weiter. So ist schon die Weitergabe der Adressen von den Teilnehmern einer Stichprobe nicht ohne Weiteres möglich. Die Schwierigkeit der Forscher, tatsächlich jene Personen zu erreichen, die für eine Untersuchung gewonnen werden sollen, hängt mit konkurrierenden Grundrechtsansprüchen zusammen. Einerseits ist in Artikel 5 Abs. 3 Grundgesetz die Wissenschafts- und Forschungsfreiheit ohne Gesetzesvorbehalt gewährleistet. Andererseits gehört nach der Rechtsprechung des Bundesverfassungsgerichts die informationelle Selbstbestimmung, die Befugnis des Einzelnen, grundsätzlich über die Preisgabe und Verwendung seiner persönlichen Daten zu bestimmen, zu dem allgemeinen Persönlichkeitsrecht nach Artikel 2 Grundgesetz (METSCHKE/WELLBROCK 2000, S. 9). Um diesen Konflikt zwischen zwei Grundrechtsnormen aufzuheben, müssen Lösungen nach dem Grundsatz der „praktischen Konkordanz" gefunden werden. Die Datenschutzgesetze der Länder haben dafür Grundsätze festgelegt, die bei der Durchführung von Untersuchungen zu beachten sind. Grundsätzlich gibt es aber keine Zensur hinsichtlich des Forschungsansatzes und der Fragestellung der Forschung, es sei denn, es bestehen gegen eine Untersuchung ethische Bedenken oder rechtliche Vorbehalte. Drei wichtige datenschutzrechtliche Kriterien sind grundsätzlich bei der Planung einer Studie, der Beantragung von Unterlagen für die Ziehung einer Stichprobe oder der Bereitstellung von Informationen zu beachten: der Geeignetheitsgrundsatz, der Erforderlichkeitsgrundsatz und das Übermaßgebot.

Datenschutz-rechtliche Kriterien

Der Geeignetheitsgrundsatz bezieht sich auf die Angemessenheit des für eine Untersuchung gewünschten Datenzugangs bzw. der gewünschten Daten für die Beantwortung der interessierenden Fragestellungen. Der Erforderlichkeitsgrundsatz gestattet eine Untersuchung ohne die Einwilligung des Betroffenen nur, wenn dessen Einwilligung nicht eingeholt werden kann. In diesem Fall soll der sparsamste Eingriff in die Persönlichkeitsrechte gewählt werden, um das Forschungsziel zu erreichen. Das Übermaßgebot verlangt nach der Abwägung zwischen den Eingriffen in die Persönlichkeitsrechte der Datenlieferanten und dem Untersuchungszweck. Zu prüfen ist, ob die geplanten Untersuchungen für die „Betroffenen nicht übermäßig belastend wirken und insofern in einem unangemessenen Verhältnis zum angestrebten Untersuchungszweck stehen" (METSCHKE/WELLBROCK 2000, S. 12). Damit wird die Prüfung der Erforderlichkeit noch um einen weiteren Aspekt erweitert. Im Grunde handelt es sich bei den datenschutzrechtlichen Anforderungen um Gesichtspunkte, die bei der Begutachtung von Forschungsprojekten durch Forschung fördernde Einrichtungen immer schon von Bedeutung waren. Angesichts des umfangreichen Bestandes bereits vorliegender empirischer Untersuchungen sowie der laufend von öffentlichen Stellen, Organisationen und Unternehmen erhobenen Daten verpflichten diese datenschutzrechtlichen Kriterien dazu, zunächst zu klären, ob nicht auf eine eigene Datenerhebung verzichtet werden kann und die geplante Untersuchung bereits vorliegendes Material im Sinne ihrer Forschungsfragen auswerten kann. (s. dazu auch Kapitel 14).

Werden in Bildungseinrichtungen Befragungen durchgeführt, so sind die ergänzenden Regelungen durch einrichtungsspezifische Vorschriften – beispielsweise für die Schulforschung durch die Schulgesetze der Länder – zu beachten. Meist behalten sich die Kultusministerien bzw. die einzelnen Einrichtungen die Genehmigung von Befragungen vor. Bei der Prüfung eines Antrags werden neben datenschutzrechtlichen Aspekten auch die mögliche Belastung der Einrichtungen sowie andere Gesichtspunkte (z.B. die Beanspruchung von Unterrichtszeit) herangezogen. Zwischen den einzelnen Bundesländern weichen die Genehmigungsverfahren erheblich voneinander ab. Ein abgestimmtes Verfahren der Genehmigung gibt es nur bei bundesweiten Untersuchungen. Auch wenn ein Ministerium eine Untersuchung genehmigt, müssen die einzelnen Einrichtungen für eine Mitwirkung gewonnen werden. Wenn Kinder und Jugendliche unter 18 Jahren befragt werden sollen, ist grundsätzlich vorab die Einwilligung der Erziehungsberechtigten einzuholen. Diese müssen auch über die Inhalte der geplanten Studie und das entsprechende Erhebungsinstrument informiert werden.

Sonderregelungen im Bildungsbereich

4.3 Ethische Fragen der Forschung

Die Vorschriften des Datenschutzes werden ergänzt durch ethische Standards für die Forschung, die wissenschaftliche Fachgesellschaften – so auch die Deutsche Gesellschaft für Erziehungswissenschaft – festgeschrieben haben. Besondere Beschränkungen werden Studien auferlegt, die die Beteiligten nicht vorab über den wahren Untersuchungszweck informieren (teilnehmende Beobachtung ohne Offenlegung des Beobachterstatus) oder sogar bewusst falsch unterrichten (bei bestimmten sozialen Experimenten). Solche Studien sollten zunächst den Ethikkommissionen an Universitäten zur Kenntnis gegeben werden, damit die Notwendigkeit des Eingriffs in die Persönlichkeitsrechte der Betroffenen vorab überprüft werden kann. In jedem Fall sind die Betroffenen nachträglich über das eigentliche Untersuchungsziel einer solchen Studie zu unterrichten. Auch steht ihnen das Recht auf Löschung der über sie erhobenen Daten zu. Können bei einer Studie begrenzte psychische Belastungen nicht ausgeschlossen werden, müssen ausreichende Vorkehrungen für eine geeignete Nachbetreuung getroffen werden (DEUTSCHE GESELLSCHAFT FÜR ERZIEHUNGSWISSENSCHAFT 1986, S. 597–602).

Ethisch problematische Forschungsdesigns

Diese Regelungen, die wirklich nur in Ausnahmefällen angewendet werden sollten, sollen noch einmal verdeutlichen, dass jede empirische Untersuchung ein Eingriff in die Persönlichkeit der Beteiligten darstellt und es daher zu der Verpflichtung eines empirischen Forschers gehört, möglichst geringe Eingriffe in die Persönlichkeitsrechte der an einer Studie Beteiligten vorzusehen. Dies betrifft sowohl die Zahl der Beteiligten als auch den Umfang der über sie einzuholenden Informationen. Damit trägt der einzelne Forscher auch dazu bei, das Vertrauen der Gesellschaft in empirische Forschung und die Mitwirkungsbereitschaft bei weiteren Studien zu erhalten.

Was Sie wissen sollten, wenn Sie Kapitel 4 gelesen haben:

- Sie sollten wissen, dass quantitativ-empirische pädagogische Untersuchungen meist Stichprobenuntersuchungen sind. Um die Ergebnisse der erfassten Untersuchungseinheiten verallgemeinern zu können, müssen sie ein Abbild der Grundgesamtheit darstellen.
- Sie sollten die unterschiedlichen Verfahren der Stichprobenziehung und deren Vor- und Nachteile kennen.
- Sie sollten die Bedeutung der Ausschöpfungsquote für die Qualität einer Untersuchung kennen.
- Sie sollten wissen, dass jede Befragung und Beobachtung ein Eingriff in die Persönlichkeitssphäre darstellt und der Zustimmung der an einer Untersuchung Beteiligten bedarf.
- Sie sollten erklären können, warum informationelle Selbstbestimmung und Forschungsfreiheit zwei konkurrierende Grundrechte sind, die im Einzelfall gegeneinander abgewogen werden müssen.
- Bestimmte wissenschaftliche Fragestellungen können ethisch fragwürdig sein. Über diese Problematik sollten Sie Auskunft geben können.

Weiterführende Literatur zu Kapitel 4:

HOLM, KURT (1975): **Der Fragebogen, die Stichprobe**. München, Francke. Eine zwar ältere, aber immer noch lesenswerte Einführung in die Stichprobenziehung bei Fragebogenerhebungen.

C Praxis der Forschung

5 Forschungsstrategien erziehungswissenschaftlicher Forschung

Die im zweiten Kapitel dieses Buches bereits vorgestellten Zielsetzungen für die Forschung in der Erziehungswissenschaft (Informationsvermittlung, Problemlösung, Politikberatung und Grundlagenforschung) zeigen, dass es recht unterschiedliche Erkenntnisinteressen bei empirisch forschenden Erziehungswissenschaftlern gibt. Diese bereits im Entdeckungszusammenhang der Forschung zu findenden Unterschiede setzen sich in den Techniken des Vordringens zu neuen Erkenntnissen fort. Für die zahlenmäßige Aufbereitung und Beschreibung der Bildungsbeteiligung von Schülern mit Migrationshintergrund wird ein Wissenschaftler eine andere Forschungsstrategie verfolgen als bei der Überprüfung von Hypothesen über die Ursachen unterschiedlich hoch ausgeprägter Bildungsbeteiligungen zwischen deutschen und nicht-deutschen Jugendlichen. *Erkenntnisgewinn durch Forschung*

Eine in unseren Augen bewährte und inhaltlich nachvollziehbare Systematik der zur Verfügung stehenden Forschungsstrategien ist mit den Begriffen „Erklären, Beschreiben, Bewerten und Verändern" (vgl. SKOWRONEK/ SCHMIED 1977, S. 18) verbunden.

Ist das Forschungsinteresse primär auf die Erklärung und die Vorhersage (Prognose) eines Sachverhaltes der Erziehungs- und Bildungswirklichkeit gerichtet, handelt es sich um die sogenannte **explanatorische (erklärende) Forschung**. Die erklärende Forschung wird unterteilt in eine kausal-vergleichende und eine experimentelle Forschung. Diese Unterteilung wird im Verlauf dieses Kapitels noch näher erläutert. Ein Beispiel für kausal-erklärende Forschung wäre die Untersuchung der kontrovers diskutierten Frage, ob die Schulleistung der Schülerinnen und Schüler von der Klassengröße abhängt oder nicht. Eine der bekanntesten experimentellen Untersuchungen wurde sogar zum Kinoerfolg: Das von Philip G. Zimbardo im Jahr 1971 durchgeführte Stanford-Gefängnis-Experiment wurde als deutsche Produktion unter dem Namen „Das Experiment" verfilmt. *Systematik der Forschungsstrategien*

Verfolgt eine empirische Untersuchung das Ziel, Kenntnisse über die Beschaffenheit von Sachverhalten der Erziehungs- und Bildungswirklichkeit zu erlangen und diese Sachverhalte in ihrem „Sosein" zu erfassen, wird dieses Vorgehen als **beschreibende** oder **deskriptive Forschung** bezeichnet. Diese Forschungsstrategie ist sicherlich eine der geläufigsten, da sie uns im Alltag oft begegnet. Wird in den Fernsehnachrichten über die Wahlergebnisse einer Bundestagswahl berichtet, so werden bei der Informationsdarstellung Methoden der deskriptiven Forschung angewandt.

Steht die Bewertung eines sozialen Sachverhaltes im Mittelpunkt des Forschungsinteresses, so wird von **Evaluationsforschung** gesprochen. Prominentes Beispiel für methodisch anspruchsvolle Evaluationsforschung sind die PISA-Studien, in deren Mittelpunkt die Bewertung der Leistungsfähigkeit von Schulsystemen im internationalen Vergleich steht. Eine so genannte **Handlungsforschung** liegt dann vor, wenn Untersuchungen in einem sozialen Feld mit dem Ziel durchgeführt werden, dieses Feld empirisch zu erfassen und gleichzeitig handelnd an dessen Veränderung mitzuwirken. Um diese Art der Forschung zu illustrieren, wird gern die Studie „Die Arbeitslosen von Marienthal" (1933) von Marie Jahoda, Paul Felix Lazarsfeld und Hans Zeisel herangezogen, die sich mit den Folgen von Arbeitslosigkeit auseinandersetzt. Die Autoren dieser Studie befassten sich nicht allein mit den Auswirkungen des Zusammenbruchs der Industrie in einer niederösterreichischen Arbeitersiedlung, sie führten auch Kleidersammlungen, ärztliche Sprechstunden, Erziehungsberatungen sowie Turn- und Zeichenkurse durch, um einerseits mit der Bevölkerung in Kontakt zu kommen und andererseits die Folgen der Arbeitslosigkeit abzumildern. Diese besonders in den 1960er und 1970er Jahren in der Erziehungswissenschaft intensiv diskutierte Forschungsstrategie wird hier nicht näher dargestellt, da die empirische Untersuchung erziehungswissenschaftlicher Fragestellungen mit den zuvor dargestellten Forschungstypen möglich ist.

Alltagshandeln vs. Forschungshandeln

Für die genannten Forschungsstrategien gilt, dass sie sich aufgrund ihres systematischen und methodischen Vorgehens vom „laienhaften", alltäglichen Sammeln und Auswerten von Informationen unterscheiden. Ein Forscher muss seine Aussagen so formulieren und dokumentieren, dass sie von anderen Wissenschaftlern nachvollzogen und auf ihre empirische Gültigkeit hin überprüft werden können. Es ist daher für jede Untersuchung unabdingbar, dass die verwendeten Forschungsmethoden den in Kapitel 3 vorgestellten Gütekriterien entsprechen und somit weitgehend frei von der Fehlerhaftigkeit und Subjektivität des Alltags sind.

In den nächsten Abschnitten werden die einzelnen Forschungsstrategien näher vorgestellt, aber auch die Fallstricke aufgezeigt, die mit der Wahl einer Forschungsstrategie verbunden sein können.

5.1 Explanatorische Forschung I: Experimentelle Forschung

Alltägliche Experimente

Experimentelles Vorgehen ist eine grundlegende Eigenschaft menschlichen Verhaltens. Schon Kleinkinder experimentieren mit einer Vielzahl von Taktiken um zu sehen, mit welcher sie die Mutter oder den Vater am meisten beeindrucken. Studenten variieren ihre Lernmethoden, um an sich selbst zu beobachten, mit welcher dieser Praktiken sie die besten Noten erzielen. Hausfrauen und Hausmänner ersetzen beim Kochen oder Backen Teile der vorgeschriebenen Zutaten durch andere und hoffen auf ein wohlschmeckendes Ergebnis. Derart einfache „trial-and-error" Methoden sind im Alltag der Versuch, den Zusammenhang zwischen einer Ursache und deren Wirkung (Kausalität) zu erfassen. Wissenschaftliche Untersuchungen haben ebenfalls dieses Ziel, weisen jedoch Merkmale auf, die sie deutlich vom alltäglichen „Experimentieren" unterscheiden. Der wichtigste Unterschied ist der Grad an Sicherheit, über den ein Experimentator verfügt, dass eine bestimmte variierte Bedingung auch den beobachteten Effekt verursacht hat. Es gibt eine ganze Reihe von experimentellen Untersuchungsmethoden. Eine Auswahl dieser Forschungsdesigns wird in Kapitel 6 näher erläutert. Gemeinsames und grundlegendes Merkmal aller experimentellen Untersuchungen ist, dass der „Experimentator" unter von ihm hergestellten, kontrollierten und variierten Bedingungen die zu untersuchenden Reaktionen, Verhaltensweisen, Äußerungen oder Erlebnisse bei den Versuchspersonen registriert, um damit eine bestimmte Hypothese über die Abhängigkeit der Ergebnisse von den von ihm variierten Bedingungen zu überprüfen (vgl. ROST 2005, S. 85). Bei diesem Vorgehen werden die für die Untersuchung relevanten Merkmale in abhängige und unabhängige Variablen unterschieden, um zum Ausdruck zu bringen, dass die im Experiment zu untersuchende Veränderung der Wirkung (abhängige Variable) durch den Einfluss einer kontrolliert variierten Ursache (unabhängige Variable) erklärt werden kann.

Dazu ein Beispiel: Nehmen wir an, ein forschender Mathematikdidaktiker vertritt die Hypothese, dass der Einsatz von computergestützten Lernprogrammen im Grundschulunterricht (unabhängige Variable) zu einer Steigerung der gezeigten Leistungen im Fach Mathematik (abhängige Variable) führt. Diese Hypothese soll durch ein Experiment geprüft werden. Dazu werden zunächst zwei Gruppen von Grundschülern (idealerweise n > 35) gebildet, wobei die Zusammensetzung dieser Gruppen nach dem Zufallsprinzip erfolgen sollte (eine weitere Form der Gruppenzuordnung wird weiter unten erläutert). Eine der beiden Gruppen wird zur Experimentalgruppe, die andere zur Kontrollgruppe erklärt. In beiden Gruppen wird *vor* dem eigentlichen Experiment zunächst die Mathematikleistung (abhängige Variable) durch einen entsprechenden Leistungstest erhoben. Diese Messung wird als Vortest (Pretest) bezeichnet. Beide Gruppen sollten hinsichtlich der gezeigten Mathematikleistung gut miteinander vergleichbar sein (sehr ähnliche Mittelwerte, sehr ähnliche Leistungsstreuungen). Nur die Experimentalgruppe wird nun ein Schulhalbjahr lang im Mathematikunterricht in Ergänzung zu den herkömmlichen Unterrichtsmethoden mit den computergestützten Lernprogrammen arbeiten; die Kontrollgruppe erhält weiterhin den gewohnten Unterricht. Die unabhängige Variable zeigt demnach die folgenden Ausprägungen: „Ergänzung des Unterrichts durch computergestützte Lernprogramme" vs. „keine Ergänzung des Unterrichts". Nach dem Ende des Schulhalbjahres wird erneut der Mathematikleistungstest eingesetzt. Dieser Test wird nun als Nachtest (Posttest) bezeichnet. Sollte tatsächlich eine leistungssteigernde Wirkung durch den Einsatz von Lernprogrammen im Unterricht aufgetreten sein, so müsste die Experimentalgruppe deutlich (signifikant) bessere Mathematikleistungen zeigen als die Kontrollgruppe. Damit würde der Zusammenhang zwischen unabhängiger Variable (Einsatz von computergestützten Lernprogrammen) und abhängiger Variable (Mathematikleistung) als experimentell bestätigt gelten.

Wissenschaftliche Experimente

Das sogenannte Pretest-Posttest-Design mit Kontrollgruppe ist ein häufig angewandtes Design in den Sozialwissenschaften (vgl. SKOWRONEK/SCHMIED 1977, S. 67), auf das eine Reihe weiterer Designs, die den Anspruch an ein „echtes" Experiment erfüllen, aufbauen. Zur weiteren Vertiefung dieser Designs sei auf die entsprechende Fachliteratur verwiesen (z. B. LEWIS 1974; LEWIS-BECK 1993; TODMAN/DUGARD 2001; ROST 2005).

Klassisches experimentelles Design

Um im Rahmen einer experimentellen Untersuchung gültige Ergebnisse gewinnen zu können, muss zunächst sichergestellt sein, dass die Experimental- und Kontrollgruppe im Hinblick auf alle denkbaren relevanten Variablen vergleichbare Ausgangslagen aufweisen (statistische Äquivalenz). Würde dies nicht geschehen, so wäre es in unserem Beispiel möglich, dass die Experimentalgruppe nur mathematisch hochbegabte Schüler enthält, während in der Kontrollgruppe eher Schüler mit durchschnittlichen Begabungen vertreten sind. Der zu untersuchende Zusammenhang zwischen Unterrichtsmethode und Schulleistung würde dann durch die unterschiedliche Ausprägung der Ausgangslage stark verfälscht. Um annähernd gleiche Ausgangslagen zu gewährleisten, bieten sich prinzipiell zwei Möglichkeiten der Gruppenbildung an: die Parallelisierung (bzw. Matching) und die Randomisierung (Zufallszuweisung).

Bei der **Parallelisierung** wird versucht, Personenpaare zu bilden, die hinsichtlich ihrer Ausganglagen vergleichbar sind. Diese Personenpaare werden dann zufällig auf jeweils eine der beiden Gruppen (Experimental- und Kontrollgruppe) verteilt. In der Praxis ist das Bilden von Paaren jedoch mit großen Schwierigkeiten verbunden, da es oftmals mehrere personale Merkmale gibt, die es zu berücksichtigen gilt. Daher erweist sich die **Randomisierung** (Zufallszuweisung) als die Kontrolltechnik schlechthin. Bei diesem Verfahren werden die Versuchspersonen nach dem Zufallsprinzip der Experimental- oder Kontrollgruppe zugeordnet und es wird davon ausgegangen, dass sich durch den Zufallsprozess die Ausgangslagen gleich verteilen.

Fehlerquellen experimenteller Forschung
Obwohl das Experiment als das wirkungsvollste Instrument der Variablenkontrolle gilt, ist es nicht frei von Fehlerquellen. Die in der erziehungswissenschaftlichen Forschung am häufigsten auftretenden Probleme sollen deshalb kurz erwähnt werden:

– **Reifeprozesse**: Die Veränderung in der abhängigen Variablen wird eher durch „intrapersonale" Entwicklungsprozesse bedingt als durch die experimentelle Behandlung. Dieses Problem ist vor allem bei langfristigen experimentellen Untersuchungen im pädagogischen Bereich relevant, weil durch die „normale" biologisch-psychologische Reifung der Probanden eine Änderung der Messwerte eintritt.

– **Messeffekte**: Die Veränderung in der abhängigen Variablen wird als Auswirkung des ersten Messvorgangs auf den zweiten erzeugt. So können die Probanden aus dem Pretest (z. B. Leistungstest) lernen und u. U. über die Richtigkeit der gegebenen Antworten nachdenken. Dieser Umstand kann im Posttest dazu führen, dass die Probanden ihre Resultate bei der zweiten Messung verbessern wollen und damit die Werte des Posttestes – unabhängig vom experimentellen Stimulus – ansteigen.

– **Regression zur Mitte**: In pädagogischen Untersuchungen, die Leistungs- oder Fähigkeitstest anwenden, ist zu beobachten, dass Schüler, die sehr hohe Werte im Pretest erreichen, einen Leistungsabfall im Posttest aufweisen, während Schüler, die im Pretest sehr schlecht abschnitten, im Posttest bessere Werte bekommen (Regression zur Mitte). Das Experiment scheint die schlechten Schüler gefördert, die guten Schüler aber benachteiligt zu haben. Tatsächlich zeigt sich dieser Effekt aber unabhängig von der Wirkung eines experimentellen Stimulus. Pädagogisch-psychologische Tests sind immer mit einer gewissen Ungenauigkeit, dem Messfehler, behaftet. Jeder individuelle Testwert ist daher mit einem mehr oder weniger großen Messfehler verbunden, der die „wahre" Leistung der Testperson über- oder unterschätzt. Allein aufgrund des Messfehlers werden sich demnach die Werte zwischen einer ersten und einer zweiten Messung mit der Parallelform eines Testes verändern. Die (mathematische) Wahrscheinlichkeit, dass extreme Messwerte bei einer zweiten Messung noch extremer werden, ist deutlich geringer als die Wahrscheinlichkeit, dass sich die Messwerte dem Mittelwert annähern.

Die Generalisierbarkeit der Ergebnisse experimenteller Untersuchungen kann durch eine weitere Reihe verschiedener Störfaktoren beeinträchtigt werden. Dazu zählen Innovationseffekte, reaktive Effekte oder der sogenannte Hawthorn-Effekt (für eine vertiefende Darstellung dieser Fehlerquellen siehe COHEN/MANION/MORRISON 2000, S. 127f.).

Eine Vielzahl ausgefeilter Kontrolltechniken zur Vermeidung von Störvariablen schließen einige der beschriebenen Fehlerquellen aus bzw. ermöglichen eine Abschätzung der damit verbundenen Effekte. Dennoch sollte sich ein Forscher bei der Planung und Durchführung experimenteller Untersuchungen der möglichen Fehlerquellen bewusst sein und dafür sorgen, dass durch geeignete Untersuchungsdesigns eine maximale Fehlerminimierung erreicht wird.

5.2 Explanatorische Forschung II: Kausal-vergleichende Forschung

Obwohl sich das Experiment als das differenzierteste Mittel zur Datengewinnung und zur Überprüfung von Kausalhypothesen in der empirischen Forschung etabliert hat, ist es in der erziehungswissenschaftlichen Forschung eher selten anzutreffen. So ist in vielen empirischen Untersuchungen aus forschungspraktischen oder ethischen Gründen eine optimale Kontrolle bei der Variation der experimentellen Bedingungen nicht zu erreichen. Offensichtlich ist es sehr schwierig, ein experimentelles Design zu entwerfen, bei dem als zu variierende Variable der Familienstatus (alleinerziehend vs. vollständige Familie) von Schülern Anwendung findet, während die Schulleistung als davon abhängige Variable angesehen wird. Angenommen, dass dennoch auf empirischem Wege geprüft werden soll, ob der Familienstatus eines Schülers Ursache für die Ausprägung der Schulleistung sein kann, so würde sich der Forscher in der gleichen Logik bewegen, wie sie die experimentelle Forschung kennzeichnet: Man versucht, die empirische Gültigkeit von Kausalaussagen des Typs „wenn X, dann Y" zu ermitteln. Der Unterschied zu einem Experiment besteht aber darin, dass der Forscher erst in den Realitätsausschnitt eingreifen kann, wenn die Einwirkung der ursächlichen Variablen bereits abgeschlossen ist und somit keine systematische Variation erfolgen kann. Forschungsdesigns, die in derartigen Situationen zur Anwendung kommen, werden als Ex-post-facto-Untersuchungen (aus dem Lateinischen für „nach dem Fakt") oder kausal-vergleichende Untersuchungen bezeichnet.

Nicht überall sind Experimente möglich

*Methodologische
Probleme kausal-
vergleichender
Forschung*

In unserem Beispiel würden die Schülerinnen und Schüler auf ihre Schulleistungen getestet und anschließend gebeten, den Forscherinnen und Forschern ihren Familienstatus mitzuteilen. Anhand dieser Informationen können dann die Schulleistungen von Schülern mit allein erziehenden Eltern mit denen von Schülern aus vollständigen Familien verglichen werden. Inwieweit jedoch beide Schülergruppen gleiche Ausgangslagen (z.B. in der Intelligenz) aufweisen, ist in Ex-post-facto-Anordnungen wesentlich schwieriger zu kontrollieren als im experimentellen Design. Ist eine Vergleichbarkeit im Hinblick auf die Ausgangslagen nicht zu erreichen, so muss spätestens bei der statistischen Datenanalyse eine mathematische Kontrolle (z.B. mittels Kovarianzanalyse) der unterschiedlichen Ausgangslagen vorgenommen werden. Neben dem Problem der unzureichenden Kontrolle der Ausgangslagen ergeben sich bei kausal-vergleichenden Untersuchungen zwei weitere methodologische Probleme: Zum einen das Problem der Varianz (= Streuung) in der zu untersuchenden Variable und zum anderen das Problem der kausalen Reihenfolge der Variablen (vgl. COHEN u.a. 2000, S. 220).

Bei einer nachträglichen Klassifizierung der erhobenen Daten in eine (Quasi)-Experimentalgruppe und eine Kontrollgruppe kann es geschehen, dass die interessierende Merkmalsausprägung relativ selten auftritt (geringe Varianz). Damit stehen dann für die statistische Analyse u.U. zu wenige Fälle zur Verfügung. Dies könnte beispielsweise bei dem Merkmal „Hochbegabung" der Fall sein.

Das Problem der kausalen Reihenfolge der Variablen ist mit der gleichzeitigen Erhebung aller Daten zu einem Untersuchungszeitpunkt verbunden. Ein notwendiges Kriterium zur Kennzeichnung eines Zusammenhanges als kausal ist jedoch gerade die Zeitdifferenz von Ursache und Wirkung. Die gleichzeitige Erhebung von Ursache und Wirkung im Rahmen einer Ex-post-facto-Untersuchung wird diesem Kriterium nicht gerecht.

*Wertschätzung
kausal-
vergleichender
Forschung*

Trotz der beschriebenen Probleme, die mit einer kausal-vergleichenden Forschung verbunden sind, wird sie in der erziehungswissenschaftlichen Forschung sehr häufig eingesetzt. Diese Wertschätzung der kausal-vergleichenden Forschung darf jedoch nicht darüber hinwegtäuschen, dass die fehlende kontrollierte Variation ursächlicher Bedingungen nur eingeschränkte Aussagen über die interne Gültigkeit der zu untersuchenden Kausalbeziehungen zulässt. So kann kausal-vergleichende Forschung zwar Zusammenhänge zwischen Variablen aufdecken, aber letztendlich keine Kausalität überprüfen.

5.3 Deskriptive Forschung

*Beschreibung der
Erziehungs-
wirklichkeit*

Eine Vielzahl der Untersuchungen im Bereich der Erziehungswissenschaft lässt sich als ‚deskriptiv' (beschreibend) bezeichnen. Deskriptive Forschung ermittelt die in der pädagogischen Wirklichkeit existierenden Sachverhalte (z.B. die Anzahl der verfügbaren Kindergartenplätze in einem Bundesland) oder pädagogisch bedeutsame Entwicklungen im Zeitverlauf (z.B. die Abiturientenquote in Deutschland von 1950–2005), ohne dabei Ursache-Wirkungs-Zusammenhänge überprüfen zu wollen. Der deskriptive Charakter einer solchen Forschung kommt daher vor allem in Überblicksuntersuchungen zum Ausdruck. Die Komplexität deskriptiver Überblicksuntersuchungen variiert dabei zwischen Studien, die einfache Häufigkeitsauszählungen (z. B. Anzahl der Schulabbrecher in der Hauptschule) liefern und Forschungsvorhaben, die anspruchsvolle Datenanalysen vornehmen. Bei der erstmaligen Untersuchung eines pädagogisch relevanten Phänomens – z. B. der musikalischen Begabung von Vorschulkindern – sind deskriptive Überblicksuntersuchungen am Beginn einer Forschungsreihe anzusiedeln, um zunächst Hinweise und Hypothesen über die Entstehung oder über die Beziehungen zwischen den beschriebenen Phänomenen zu liefern, die dann im nächsten Schritt mit den Mitteln kausal-vergleichender oder experimenteller Forschung zu prüfen sind.

Deskriptive Untersuchungen basieren oftmals auf Daten großer Stichproben, die mittels standardisierter Befragungen, Testverfahren oder Beobachtungen gewonnen wurden. Es sind auch deskriptive Untersuchungen mit kleiner Datenbasis denkbar; hier ist die **Verallgemeinerbarkeit** (Generalisierung) der gewonnenen Ergebnisse jedoch sehr stark eingeschränkt. Eine weitere Datenquelle deskriptiver Überblicksuntersuchungen stellen die Informationen aus der **amtlichen Statistik** dar. Mithilfe dieser Statistiken können detaillierte Aussagen über eine Vielzahl von Merkmalen des Bildungssystems getroffen werden. So ist beispielsweise aus der amtlichen Statistik bekannt, dass im Bundesdurchschnitt pro Abgangsjahrgang rund zehn Prozent aller Schulabgänger die Schule ohne ein anerkanntes Abschlusszeugnis verlassen.

Deskriptive Überblicksuntersuchungen können als längs- oder querschnittliche Studien angelegt sein. Bei einem Querschnitt werden die zu untersuchenden Merkmale oder Personen nur zu einem einzigen Zeitpunkt erhoben. Der weiten Verbreitung des Querschnittdesigns in der erziehungswissenschaftlichen Forschung steht dessen Unfähigkeit gegenüber, zeitliche Entwicklungsverläufe persönlicher Merkmale wie Schulleistung, Begabungen oder Einstellungen abzubilden. Nur mit längsschnittlichen Untersuchungen – d. h. mit einer Messungen zu nacheinander folgenden Zeitpunkten – ist die Analyse von Veränderungen persönlicher Merkmale möglich. Ein weiterer Vorteil der erziehungswissenschaftlichen Abbildung individueller Entwicklungsverläufe besteht darin, dass für die Analyse von Längsschnittdaten statistisch effizientere Verfahren als bei Querschnittdaten zur Verfügung stehen. Die Längsschnittmethode birgt jedoch auch einige Probleme, auf die im folgenden Kapitel näher eingegangen werden.

Quer- und Längsschnitte

5.4 Evaluationsforschung

Die Evaluationsforschung nimmt in der bislang verfolgten Systematik eine Sonderstellung ein, da sie als komplexe Forschungsstrategie alle bereits dargestellten Forschungstypen beinhalten kann. Eine Evaluation ist nach der Definition des Handbuchs der Evaluationsstandards des Joint Committee on Standards for Educational Evaluation (2000) „die systematische Untersuchung der Verwendbarkeit oder Güte eines Gegenstandes". Zu den Gegenständen einer Evaluation im erziehungswissenschaftlichen Kontext gehören Programme, Projekte und Materialien, die der Erziehung oder Aus- und

Bewertung pädagogischer Praxis

Weiterbildung dienen. Als **Programm** werden pädagogische Tätigkeiten verstanden, die kontinuierlich stattfinden (z. B. ein Programm zum Leseunterricht in den Grundschulen eines Schulbezirks), ein **Projekt** ist dagegen auf einen bestimmten Zeitraum begrenzt (z. B. ein mehrtägiger Workshop über die Didaktik des Mathematikunterrichts). Bücher, Programmanleitungen, Soft- und Hardware, Filme, Tonaufnahmen und andere inhaltsbezogene **Materialien** im pädagogischen Bereich können ebenfalls Gegenstand einer Evaluation sein (vgl. ebd.). Die in der genannten Definition aufgeführten Begriffe der Güte und Verwendbarkeit verweisen auf ein zentrales Merkmal der Evaluation. Evaluationsforschung beschränkt sich nicht auf die Beschreibung und Analyse eines untersuchten Gegenstandes, sondern beinhaltet darüber hinaus auch dessen Bewertung mit dem Ziel, pädagogische Praxis zu verbessern (ohne jedoch handelnd in sie einzugreifen). Die Überprüfung eines pädagogischen Gegenstandes sollte nicht in allgemeinen wissenschaftlichen Aussagen münden, die nur für eine Handvoll eingeweihter Spezialisten verständlich sind. Eine Evaluation muss vielmehr konkrete Aussagen bereitstellen, die von pädagogisch Tätigen vor einem konkret anzugebenden Verwendungszusammenhang nachvollzogen werden können.

Triangulation der Verfahren

Die bereits erwähnte Sonderstellung der Evaluationsforschung beinhaltet, dass sich diese Forschungsstrategie durch ein breites Spektrum der zugrunde gelegten Methodologie und angewandten Verfahren charakterisieren lässt. In Evaluationsstudien werden häufig quantitative und qualitative Verfahren miteinander kombiniert (eine sogenannte Triangulation der beiden Verfahren), um Daten und Informationen unterschiedlicher Art und Herkunft einbeziehen zu können. Insofern ist die einstige Vormachtstellung experimenteller Verfahren in der jüngsten Zeit vielfältigen neuen Evaluationsformen gewichen, die auf eine realistische Einschätzung pädagogischer Handlungsfelder ausgerichtet sind (vgl. PRELL 2001, S. 993).

Eindrucksvolle Beispiele der international vergleichenden Evaluationsforschung liefern Studien wie die „Third International Mathematics and Science Study" (TIMSS) oder das „Programme for International Student Assessment" (PISA). Beide Studien sind methodisch anspruchsvolle Evaluationen der Leistungsfähigkeit unseres Schulsystems.

Evaluationsstandards

Die Standards evaluativer Forschung gehen über die für eine exakte Messung geforderten Gütekriterien der Objektivität, Reliabilität und Validität hinaus. Für Evaluationsstudien werden zusätzliche Kriterien eingefordert, die sich nicht nur auf die methodische Durchführung einer Evaluation beziehen, sondern auch auf die situativ angemessene Vorbereitung und Planung sowie den Verwertungszusammenhang der Untersuchung. Das Joint Commitee on Standards for Educational Evaluation (2000) legt insgesamt 30 Einzelstandards vor, die sich in Nützlichkeitsstandards (Ausrichtung an Informationsbedürfnissen der Evaluationsnutzer), Durchführbarkeitsstandards (realistische, gut durchführbare, diplomatische und kostenbewußte Evaluation), Korrektheitsstandards (rechtlich und ethisch korrekt) sowie Genauigkeitsstandards (Hervorbringung fachlich angemessener Informationen über die Güte/Verwertbarkeit des evaluierten Gegenstandes) unterteilen lassen.

Systematik von Evaluationen

Zur Klassifizierung von Evaluationen liegt eine Fülle unterschiedlicher Systematiken vor, von denen in der erziehungswissenschaftlichen Forschung vor allem zwei Unterscheidungen wesentlich sind:

Dabei handelt es sich zum einen um den Kontrast zwischen **formativer vs. summativer Evaluation**. Diese Unterscheidung bezieht sich auf den Zeitpunkt, zu dem Evaluationsforschung einsetzt. Formative Evaluation zielt auf die Verbesserung eines pädagogischen Programms noch während seiner Durchführung. Die summative Evaluation hingegen legt in einer abschließenden Beurteilung fest, ob ein Programm fortgeführt, modifiziert oder besser beendet werden sollte. Die zweite Unterscheidung betrifft die Differenz zwischen **interner vs. externer Evaluation**: Führen die Beteiligten eines Programms oder Projekts eine Evaluation selbst durch, so wird diese als interne Evaluation bezeichnet. Eine externe Evaluation wird von Außenstehenden übernommen.

Oftmals ist eine eindeutige Beziehung zwischen den beiden Klassifikationen erkennbar. Formative Studien werden häufig durch interne Evaluatoren durchgeführt, während summative Untersuchungen externen Fachleuten übertragen werden. Im Schulbereich ist spätestens seit den Diskussionen um Schulautonomie eine Weiterentwicklung der Schule ohne Formen interner Evaluation nicht mehr denkbar. Die Notwendigkeit externer Evaluationsforschung für den Schulbereich fand in Deutschland erst spät breitere Anerkennung. Jedoch hat seit der Teilnahme der Kultusministerkonferenz (KMK) an dem „Programme for International Student Achievement" (PISA) in Deutschland eine „empirische Wende" stattgefunden, die auf eine systematische und dauerhafte Evaluation schulischer Leistung ausgerichtet ist.

Was Sie wissen sollten, wenn Sie Kapitel 5 gelesen haben:
- Sie sollten die Ziele erziehungswissenschaftlicher Forschung und die damit verbundenen Forschungsstrategien kennen.
- Sie sollten erklären können, wie ein klassisches Pretest-Posttest-Experiment durchgeführt wird.
- Sie sollten wissen, welche Fehlerquellen bei der Wahl einer Forschungsstrategie zu beachten sind.
- Sie sollten erklären können, wodurch sich die Evaluationsforschung auszeichnet.

Weiterführende Literatur zu Kapitel 5:

SKOWRONEK, HELMUT/SCHMIED, DIETER (Hrsg.) (1977): **Forschungstypen und Forschungsstrategien in der Erziehungswissenschaft**. Hamburg. Ein älteres, aber dennoch immer noch gut lesbares Einführungsbuch in die erziehungswissenschaftliche Forschungsmethoden. Die vorgestellten Forschungstypen und -strategien werden im Anschluss an jedes Kapitel anhand realer Untersuchungen beispielhaft illustriert.

BORTZ, JÜRGEN/DÖRING NICOLA (1995): **Forschungsmethoden und Evaluation.** Berlin. Gutes Lehrbuch und Nachschlagewerk, das in erster Linie für Sozialwissenschaftler geschrieben wurde, aber auch von Erziehungswissenschaftler gewinnbringend gelesen werden kann.

COHEN, LOUIS/MANION, LAWRENCE/MORRISON, KEITH (2000): **Research Methods in Education.** London. Umfangreiches englischsprachiges Lehr- und Nachschlagewerk, das in leicht verständlichen Formulierungen einen Überblick über die erziehungswissenschaftliche Forschungsmethodologie gibt.

6 Typische Forschungsdesigns und Untersuchungsformen

In diesem Kapitel wird dargestellt, wie die bereits beschriebenen Forschungsstrategien mittels konkreter Untersuchungsanordnungen – sogenannten Forschungsdesigns – umgesetzt werden können. Forschungsdesigns beinhalten Aussagen darüber, wann, wo, wie und wie oft empirische Indikatoren im Rahmen einer Untersuchung erfasst werden. Das Ziel bei der Ausarbeitung einer Untersuchungsanordnung besteht darin, möglichst viele alternative Erklärungen für den gefundenen Zusammenhang zwischen Ursache und Wirkung auszuschließen (vgl. SCHNELL, HILL & ESSER 2005, S. 211). Beispielsweise könnte für eine Leistungssteigerung bei Schülerinnen und Schülern im Fach Mathematik die Einführung neuer Unterrichtsmethoden Ursache sein; ebenso plausibel wären aber auch kognitive Entwicklungsprozesse im Jugendalter, ein hoher Anteil an Nachhilfestunden oder ein Lehrerwechsel. Die Wahl eines geeigneten Forschungsdesigns befähigt den Wissenschaftler dazu, einige Alternativverklärungen begründet auszuschließen und somit sicherzustellen, dass der theoretisch unterstellte Zusammenhang zwischen Ursache und Wirkung auch empirisch überprüft werden kann.

6.1 Versuchspläne explanatorischer Forschung

„Starke" vs. „schwache" Designs

Im folgenden Abschnitt sollen zunächst Versuchspläne der explanatorischen Forschung (siehe Kapitel 5) vorgestellt werden. Es lassen sich dabei vor-experimentelle, quasi-experimentelle und experimentelle Versuchspläne unterscheiden. Nach einer Einteilung von ROST (2005) können die vor- und quasi-experimentellen Forschungsdesigns als „schwache" und die experimentellen Designs als „starke" Designs bezeichnet werden. Doch nicht in jeder Untersuchungssituation ist die Nutzung eines „starken" experimentellen Designs möglich (oder nötig). Jeder empirisch Forschende sollte daher die für die Lösung seiner Forschungsfragen geeigneten Versuchspläne kennen, um seine Untersuchung objektiv, intersubjektiv nachvollziehbar und so ökonomisch wie möglich anzugehen. Zudem verhindert das Wissen um adäquate Versuchspläne, dass Ergebnisse einer Untersuchung aufgrund unzulänglicher Versuchsanordnungen angezweifelt werden können.

„Schwache" Designs

Vorexperimentelle Versuchspläne gehören zu solchen meist unzulänglichen Versuchsanordnungen, da bei ihnen keinerlei Kontrollmöglichkeit von sogenannten Störvariablen (also alternativen Erklärungen) vorgesehen ist. Als vorexperimentell werden diese Versuchsanordnungen bezeichnet, weil sie nur Teile „echter" Versuchspläne enthalten. Trotzdem möchten wir sie an dieser Stellen behandeln, um auf Fehlerquellen hinzuweisen, die die innere Gültigkeit experimenteller Untersuchungen herabsetzen können (vgl. ebd., S. 64).

Die einmalige Untersuchung

Als einmalige Untersuchung wird eine Versuchsanordnung bezeichnet, bei der eine einzelne Gruppe von Personen einer Behandlung oder Einwirkung (Treatment) ausgesetzt wird und nach einer gewissen Zeitspanne die Auswirkung des Treatments untersucht wird.

Gruppe	Treatment (X)	Nachher-Messung
1	X	Y_{nach}

Abb. 6.1: Einmalige Untersuchung

Nehmen wir folgendes (fiktives) Beispiel für eine derartige Versuchsanordnung an: Ambitionierte Lehrerinnen und Lehrer beschließen in ihrer Fachkonferenz die Einführung neuer Unterrichtsmethoden (unabhängige Variable X) im Fach Mathematik in einer siebten Klasse zu Beginn des neuen Schuljahres. Die Wirkung soll am Ende des ersten Schulhalbjahres anhand der Mathematikleistungen (abhängige Variable Y) überprüft werden. Weisen die Schüler am Schulhalbjahresende beträchtliche Lernerfolge im Fach Mathematik auf, so scheint die Güte der neuen Unterrichtsmethoden erwiesen zu sein. Bei näherem Hinsehen erscheint diese Schlussfolgerung jedoch als übereilt, da mit diesem Versuchsplan keine Aussage darüber getroffen werden kann, ob die Schüler nicht auch ohne die neuen Unterrichtsmethoden die gleichen Leistungen erreicht hätten. Die bemerkenswerten Lernerfolge können auch auf ein gesteigertes Interesse für Mathematik, auf kognitive Reifeprozesse während des Schuljahres oder einfach auch auf die „Attraktivität" einer neu hinzugekommenen Lehrkraft zurückgeführt werden.

Vor- und Nachuntersuchung einer Gruppe

Eine in den Naturwissenschaften populäre Versuchsanordnung stellt die Vor- und Nachuntersuchung an einer Gruppe dar (vgl. Abb. 6.2). Verglichen wird hier eine Gruppe mit sich selbst.

Gruppe	Vorher-Messung	Treatment (X)	Nachher-Messung
1	Y_{vor}	X	Y_{nach}

Abb. 6.2: Vor- und Nachuntersuchung einer Gruppe

Um das vorige Beispiel wieder aufzugreifen: Die Schülerleistungen im Fach Mathematik werden zu Beginn des Schuljahres mit einem standardisierten Test (Y_{vor}) erhoben, anschließend werden die neuen Unterrichtsmethoden eingeführt (X) und am Ende des Schulhalbjahres werden die Mathematikleistungen wiederum mit einem standardisierten Test (Y_{nach}) überprüft. In diesem Fall gelten signifikante Differenzen zwischen Vor- und Nachtest als Beleg für die Wirksamkeit der neu eingeführten Lernmethoden. Dieser Versuchsplan erscheint auf den ersten Blick plausibel, um gültige Kausalaussagen zu ermöglichen. Aber auch hier können alternative Erklärungen für das Auftreten des Lerneffekts herangezogen werden. Die Ergebnisse können beispielsweise auf Messeffekten beruhen, da Schüler allgemein besser abschneiden, wenn sie denselben Test oder eine Parallelform des Testes erneut bearbeiten. Höhere Nachtestwerte können aber auch auf zwischenzeitliche Veränderungen (z.B. Einstellung einer neuen Lehrkraft) oder auf Entwicklungsprozesse zurückgeführt werden. Da mit dieser Versuchsanordnung der

Einfluss derartiger Störvariablen nicht kontrolliert werden kann, ist die Aussage dieses Versuchsplanes ebenfalls als gering einzuschätzen.

Experimente in Schulen

Quasi-experimentelle Versuchspläne finden in der Regel dort Anwendung, wo „natürliche" Einheiten – beispielsweise Schulklassen – untersucht werden. In der Schulforschung ist es aus organisatorischen Gründen oftmals gar nicht anders möglich, als auf bestehende Klassen zurückzugreifen und diese in einer Untersuchung miteinander zu vergleichen. Probleme mit quasi-experimentellen Versuchsplänen tauchen spätestens aber dann auf, wenn die miteinander verglichenen Gruppen unterschiedliche Ausgangsbedingungen aufweisen oder verschieden schnelle Entwicklungen durchlaufen. In diesen Fällen spricht man von einer unterschiedlichen Äquivalenz der betrachteten Gruppen.

Vergleich vorgegebener Gruppen

Der Vergleich von vorgegebenen Gruppen ist eine in der erziehungswissenschaftlichen Forschung sehr gebräuchliche Versuchsanordnung. Greifen wir zur Illustration wieder unser Beispiel auf: Die Lehrerinnen und Lehrer sind sich der Schwächen der vorangegangen Versuchsanordnungen bewusst und beziehen deshalb zwei Klassen in ihre Untersuchung ein. Eine Klasse (Versuchsgruppe 1) wird mit den neuen Unterrichtsmethoden bekannt gemacht, der anderen Klasse (Versuchsgruppe 2) wird der Lernstoff wie bisher vermittelt.

Am Ende des Schulhalbjahres werden beide Klassen in ihren Mathematikleistungen geprüft und miteinander verglichen. Eine erkennbare Erhöhung der Lernleistungen in der Versuchsgruppe 1 könnte dann der Einführung neuer Unterrichtsmethoden zugeschrieben werden.

Gruppe	Treatment (X)	Nachher-Messung
1 (Versuchsgruppe 1)	X	Y_{nach}
2 (Versuchsgruppe 2)		Y_{nach}

Abb. 6.3: Vergleich vorgegebener Gruppen

Das Problem dieser Versuchsanordnung ist die unbekannte Äquivalenz der beiden untersuchten Gruppen. Der gefundene Unterschied in den Lernleistungen kann auch auf unterschiedliche Ausgangsbedingungen in den beiden Klassen zurückzuführen sein (z.B. höheres mathematisches Vorwissen in einer Gruppe).

Zwei-Gruppen-Plan mit Vorher-Nachher-Messung

Eine Verbesserung dieses Versuchsplanes stellt ein in der Schulforschung häufig angewandtes quasi-experimentelles Design dar – der nicht randomisierte Zwei-Gruppen-Plan mit Vorher-Messung, Treatment und Nachher-Messung. Dieses Design wird manchmal mit dem bereits in Kapitel 5 vorgestellten klassischen experimentellen Zweigruppendesign verwechselt. Der Unterschied zwischen beiden Designs aber besteht darin, dass in der quasi-experimentellen Variante keine zufällige Zuweisung der Untersuchungspersonen zu den beiden Versuchsgruppen vorgenommen wird, sondern bereits bestehende Gruppen untersucht werden.

Gruppe	Vorher-Messung	Treatment (X)	Nachher-Messung
1 (Versuchsgruppe 1)	Y_{vor}	X	Y_{nach}
2 (Versuchsgruppe 2)	Y_{vor}		Y_{nach}

Abb. 6.4: Zwei-Gruppen-Plan mit Vorher- und Nachher-Messung

Um die Äquivalenz der beiden Versuchsgruppen zu überprüfen, wird eine Vorher-Messung durchgeführt. In unserem Beispiel würde als Ausgangslage die Mathematikleistung in beiden Gruppen überprüft werden. Die Versuchsgruppe 1 würde dann mit Hilfe neuer Unterrichtsmethoden unterrichtet, die Versuchsgruppe 2 mit den herkömmlichen Methoden. Nach Ende der Versuchsphase kann dann in der Nachher-Messung die Mathematikleistung in beiden Versuchsgruppen erfasst und ein eventueller Leistungsvorteil aufgedeckt werden.

Was aber ist zu tun, wenn die beiden Versuchsgruppen nicht identische Ausgangsleistungen aufweisen oder sich andere forschungsrelevante Faktoren – wie Zusammensetzung nach Intelligenz oder Vorwissen – zwischen den Gruppen ergeben? Eine Möglichkeit der statistischen Kontrolle solcher Merkmale bietet in diesem Zusammenhang die Kovarianzanalyse (eine Einführung in die Kovarianzanalyse findet man z. B. bei BORTZ 2005).

Diese statistische Kontrolle des Effektes von externen Variablen bietet jedoch nicht die Gewähr, dass es sich um gleiche Gruppen im Sinne der Randomisierung handelt. Die Interpretation der Ergebnisse einer Kovarianzanalyse kann nur dann seriös erfolgen, wenn sichergestellt ist, dass keine weiteren unkontrollierten oder gar nicht-gemessenen Variablen die abhängige Variable beeinflussen. Da man jedoch nie gänzlich ausschließen kann, dass nicht berücksichtige Variablen einen Einfluss auf das Ergebnis einer Untersuchung nehmen können, werden die bislang vorgestellten Versuchspläne als eher „schwache" Designs (vgl. ROST 2005) bezeichnet.

Eine optimale Kontrolle der inneren Gültigkeit einer theoretisch unterstellten Ursache-Wirkungs-Beziehung liefern **experimentelle Versuchspläne**, die insgesamt betrachtet folgende übereinstimmende Merkmale aufweisen: *„Starke" Designs*

– Vorhandensein mindestens je einer Experimental- oder Kontrollgruppe
– die Manipulationen mindestens einer experimentellen Variablen
– randomisierte oder parallelisierte Zuweisung der Versuchspersonen zur Experimental- und Kontrollgruppe sowie
– die Verteilung der experimentellen Behandlung auf die Gruppen nach dem Zufallsprinzip.

Die Einhaltung dieser Kriterien grenzen „echte" experimentelle Versuchspläne von anderen Versuchsanordnungen ab. Der klassische randomisierte Zwei-Gruppen-Pan mit Vorher- und Nachher-Messung wurde bereits in Kapitel 5 erwähnt. Zur Illustration dazu noch einmal die entsprechende schematische Abbildung.

Ran-domisierung	Gruppe	Vorher-Messung	Treatment (X)	Nachher-Messung
R	Experimental-gruppe (EG)	Y_{vor}	X	Y_{nach}
R	Kontrollgruppe (KG)	Y_{vor}		Y_{nach}

Abb 6.5 Randomisierter Zwei-Gruppen-Plan mit Vorher- und Nachher-Messung

Verbesserungs-möglichkeiten

Aber selbst dieser Versuchsplan kann noch verbessert werden. Dies betrifft vor allem die externe Validität experimenteller Studien (also die Frage, ob die Ergebnisse der Untersuchungen über das Experiment hinaus verallgemeinert werden können). So kann der experimentelle Effekt möglicherweise nur bei den Gruppen auftreten, die durch die Vorher-Messung beeinflusst wurden. Wenn wir erneut auf unser Beispiel zurückkommen, so könnte dies bedeuten, dass die Schülerinnen und Schüler durch den ersten Mathematikleistungstest dazu motiviert werden, über ihre Mathematikleistungen nachzudenken und gegebenenfalls die Nutzung von Nachhilfestunden in Erwägung zu ziehen. In dem Fall würde bei diesen Schülern – unabhängig von der experimentellen Beeinflussung – eine Verbesserung der Mathematikleistung zu beobachten sein. Wir wissen also unter Umständen nicht, ob eine andere Schülerpopulation, die keiner Vorher-Messung unterzogen wurde, in der gleichen Weise auf die experimentelle Beeinflussung reagiert, wie die Experimentalgruppe im randomisierten Zwei-Gruppen-Plan.

Ein aufwendiger und deshalb wenig benutzter Untersuchungsplan wird nach seinem Erfinder „Solomon-Vier-Gruppen-Design" genannt.

Der klassische randomisierte Zwei-Gruppenplan wird bei diesem Design durch die Hinzufügung von je einer weiteren Experimental- und Kontrollgruppe, die nicht an der Vorher-Messung teilnehmen, erweitert. Das „Solomon-Vier-Gruppen-Design" wird in entsprechenden Lehrbüchern (z. B. Rost 2005) näher erläutert.

6.2 Längsschnittliche Forschungsdesigns

Verschiedene Arten der Längsschnitt-forschung

Im vorangegangenen Kapitel wurde die Unterteilung der explanatorischen Forschung in experimentelle und kausal-vergleichende Forschung vorgenommen. Ein gravierendes Problem kausal-vergleichender Forschung ist die kausale Reihenfolge, die bei einmaligen und gleichzeitigen Messungen relevanter Variablen automatisch die Frage nach der tatsächlichen Ursache einer empirisch gemessenen Wirkung aufwirft. Dieses Problem kann jedoch abgeschwächt werden, wenn mindestens zwei (einige Autoren sprechen auch von mindestens drei) Datenerhebungen zu unterschiedlichen Zeitpunkten durchgeführt werden.

Die wiederholte Messung von Variablen in nicht-experimentellen Längsschnittuntersuchungen findet in Panel-, Trend- oder Kohortenanalysen Anwendung, wobei meist eine standardisierte Befragung als Erhebungstechnik dient. Prinzipiell sind aber auch andere Erhebungstechniken anwendbar.

Mit dem Begriff des **Panels** werden laut Schnell, Hill & Esser (2005) Untersuchungsanordnungen bezeichnet, die an denselben Personen dieselben Variablen zu verschiedenen Messzeitpunkten erheben. Eine liberalere Definition liefern Bortz & Döring (1995), die ein Panel als Stichprobe bezeichnen, die wiederholt zu einer bestimmten Thematik (z. B. Konsumgewohnheiten) oder auch zu verschiedenen Themen erhoben wird. Eine der bekanntesten deutschsprachigen Panel-Untersuchungen ist das Sozio-ökonomische Panel (SOEP). Diese repräsentative Wiederholungsbefragung privater Haushalte in Deutschland wird seit 1984 in der Bundesrepublik durchgeführt.

Panelstudien weisen neben dem Vorteil einer längsschnittlichen Betrachtung von Variablen und deren Zusammenhänge einige methodische Fallstricke auf, die beachtet werden sollten. Dazu zählen: *Bedeutungswandel von Variablen*
- die Sicherstellung der Unveränderlichkeit der Messinstrumente,
- die sogenannte Panelmortalität (Ausfallrate) und
- die Veränderung der Teilnehmer des Panels durch die Teilnahme am Panel (Paneleffekte).

Vor allem bei lang angelegten Panelstudien ist zu beachten, dass sich die Bedeutung von Begriffen oder Frageformulierungen infolge des allgemeinen soziokulturellen Wandels verändern kann. Am Beispiel des Bedeutungswandels der Hauptschule lässt sich dies gut illustrieren: Die Hauptschule war in den 1960er und 1970er Jahren eine in der Öffentlichkeit akzeptierte Regelschule (rund die Hälfte des siebten Jahrgangs ging im Schuljahr 1970/71 auf eine Hauptschule). Dreißig Jahre später besuchte nur noch rund ein Fünftel des siebten Jahrgangs eine Hauptschule. Mit diesen Veränderungen der Schulbesuchsquoten ist auch ein nachhaltiger Bedeutungswandel dieser Schulform in der Öffentlichkeit verbunden (Stichwort: „Rest- oder Problemschule").

Ein schwerwiegendes Problem ist mit dem ungeplanten Ausscheiden von Befragten im Verlaufe des Panels (= Panelmortalität) verbunden. Gründe für das Ausscheiden können vielfältig sein: Verlust der Teilnahmemotivation, Umzug ohne Angabe der neue Adresse, Krankheit, Tod etc. Insbesondere bei langfristig angelegten Panels mit einer hohen Anzahl an Erhebungswellen muss offensiv mit diesem Problem umgegangen werden, weil das Ausscheiden von Befragungspersonen meist nicht zufällig, sondern systematisch erfolgt. Bei der Planung einer Paneluntersuchung ist das Auftreten von Panelmortalität von vornherein einzukalkulieren. Zunächst ist eine ausreichend große Stichprobe zu bestimmen, die auch bei Mortalität in mehreren Erhebungswellen noch valide Ergebnisse liefern kann. Des Weiteren ist eine intensive Pflege des Panels notwendig. Durch die Aufrechterhaltung des Kontaktes zu den Befragten auch zwischen den Erhebungswellen sind Adressveränderungen oder Motivationsverluste feststellbar. Die beschriebenen Maßnahmen (Erhöhung der Stichprobe, Panelpflege) treiben jedoch auch die Kosten einer derartigen Studie in die Höhe. *Panelmortalität*

Unter „Paneleffekten" werden positive und negative Veränderungen der Teilnehmer durch die wiederholte Befragung verstanden. Das Bewusstsein, Mitglied eines Panels zu sein, kann zu einer Veränderung von Einstellungen und Verhaltensweisen führen, die ohne die Befragung nicht aufgetreten wären (beispielsweise eine intensivere Wahrnehmung politischer Debatten, *Paneleffekte* wenn in der Untersuchung Fragen zu politischen Einstellungen gestellt werden). Andererseits können sich wiederholte Befragungen auch positiv auf die Befragungssituation auswirken: Die Befragten sind aufgrund ihrer Erfahrungen sicherer im Umgang mit dem Erhebungsinstrument, scheuen sich nicht, auch intime Fragen zu beantworten oder können eigene Meinungen und Einstellungen mit dem vorgegebenen Antwortformat besser in Übereinstimmung bringen.

Eine spezielle Form von Panelstudien sind **Kohortenstudien**. Kohorten werden durch Personen gebildet, bei denen annähernd zum gleichen Zeitpunkt ein gemeinsames, längerfristig prägendes Ereignis aufgetreten ist. Am häufigsten werden Geburtskohorten (Jahrgänge) betrachtet, aber auch andere Ereignisse können zur Bildung von Kohorten herangezogen werden: Scheidungskohorten, Pensionierungskohorten, Einschulungskohorten etc.

Identifikations-
problem
Kohortenstudien weisen die gleichen Vor- und Nachteile auf wie Panelstudien. Darüber hinaus besteht bei Kohortenstudien ein sogenanntes „Identifikationsproblem", d.h. es ist schwer zu identifizieren, auf welche Faktoren Veränderungen innerhalb einer Kohorte zurückzuführen sind. Dabei lassen sich drei Effekte unterscheiden:
– Effekte des Alters der Kohortenmitglieder (Alterseffekt oder Lebenszykluseffekt, z.B. Abnahme der Gesundheit im Alter, durchschnittliche Familiengründung zwischen dem 30. und 40. Lebensjahr)
– Effekte der Zugehörigkeit zu einer bestimmten Kohorte (Kohorteneffekt oder Jahrgangseffekt, z.B. die sogenannte '68er-Generation)
– Effekte des historischen Zeitpunkts (Periodeneffekt oder Jahreseffekt, z.B. viele Hochzeiten an einem markanten Datum wie der 2.2.2002).

Das Problem bei der Interpretation von Kohortenstudien besteht darin, dass sich diese drei Effekte in einer einzelnen Studie nicht ohne zusätzliche und schwerprüfbare Annahmen voneinander trennen lassen. Entsprechende Strategien werden bei Glenn (2003) diskutiert.

Ein prominentes Beispiel für eine großangelegte Kohortenstudie stellt die „British National Child Study" (NCDS) dar. In dieser Studie wurden rund 11.400 Kinder untersucht, die im Zeitraum vom 3. bis 9. März 1958 in Großbritannien geboren wurden. Es wurden bereits sieben Erhebungswellen durchgeführt; die aktuelle Erhebung stammt aus dem Jahr 2004. Ziel dieser Studie ist es, Faktoren aufzudecken, die die menschliche Entwicklung im Lebenslauf wesentlich beeinflussen.

Trendstudien stellen eine Abwandlung des Paneldesigns dar. Auch bei Trendstudien werden Variablen mit denselben Operationalisierungen über mehrere Messzeitpunkte erfasst. Der grundlegende Unterschied zum echten Panel besteht allerdings darin, dass zu den verschiedenen Messzeitpunkten jeweils andere Personen befragt werden. Ein Beispiel für Trendstudien sind die kontinuierlich durchgeführten Shell-Jugendstudien, die seit 1981 Indikatoren zum Verhältnis von Jugend und Gesellschaft analysieren.

Shell-Jugendstudien
Mit Trendstudien ist es lediglich möglich, Veränderungen zwischen den Gesamtheiten der jeweils Befragten abzubilden. So wird z.B. durch die Shell-Jugendstudien unter einer Vielzahl von Indikatoren auch die subjektive Einschätzung der persönlichen Zukunft analysiert. Anhand des Vergleiches der verschiedenen Befragtengruppen ist feststellbar, dass Mitte der 1980er Jahre nicht einmal die Hälfte der Jugendlichen (47%) mit Zuversicht

in die eigene Zukunft geblickt hat. Zu Beginn der 1990er Jahre blickten demgegenüber 61% der Jugendlichen zuversichtlich in die Zukunft. Doch dieser Trend ist Mitte der 1990er Jahre wieder gekippt; zu diesem Zeitpunkt sah nur noch ein gutes Drittel der Jugendlichen seine Zukunft zuversichtlich. Diese Befunde sind jedoch nur auf der Aggregatebene (Betrachtung aller Befragten als Gesamtheit) gültig. Inwieweit einzelne Jugendliche Schwankungen in ihrer zuversichtlichen Haltung gegenüber ihrer Zukunft aufweisen, kann durch Trendstudien nicht identifiziert werden.

6.3 Untersuchungsformen

Die Unterscheidung des Begriffs „Untersuchungsform" zu den bislang vorgestellten Forschungsdesigns besteht darin, dass Untersuchungsformen keine eigenständigen Untersuchungspläne bezeichnen, sondern vielmehr spezielle Kombinationen von unterschiedlichen Techniken der Operationalisierung, Bestimmung der Auswahlelemente oder der Datenerhebung darstellen. In der Erziehungswissenschaft lassen sich die Einzelfallstudie und die Sekundäranalyse als oft genutzte Untersuchungsformen identifizieren. *Untersuchungsform vs. Untersuchungsdesign*

In der Erziehungswissenschaft sind neben der Betrachtung einzelner Personen und deren Erziehungs-, Bildungs- und Sozialisationsverläufen auch einzelne Bildungsinstitutionen Gegenstand von Einzelfallstudien. Im Gegensatz zu breit angelegten Stichprobenuntersuchungen, die viele Untersuchungseinheiten ausschnitthaft betrachten, soll mit einer Einzelfallstudie ein zu untersuchender Fall möglichst ganzheitlich und detailliert erfasst werden. Die Schulforschung liefert uns in diesem Kontext anschauliche Beispiele: Sowohl quantitative Stichprobenuntersuchungen als auch Einzelfallstudien beschäftigten sich zentral mit dem Thema der „Schulqualität". Beide Untersuchungsformen nehmen dabei Merkmale des pädagogischen Prozesses (z.B. „Schüler-Lehrer-Interaktion") oder die erzieherische und bildnerische Wirkung von Schule in den Blick. Die quantitativen Stichprobenuntersuchungen analysieren die Ausprägung dieser Variablen im Vergleich zwischen Schulformen oder Schulsystemen und versuchen, auf statistischem Wege verursachende Faktoren für nachweisbare Differenzen aufzudecken. Bei Einzelfallstudien ist hingegen der Blick darauf gerichtet, wie sich die Schulqualität in den spezifischen Konstellationen einer Einzelschule, z.B. in den Beziehungsformen zwischen Lehrern und Schülern, herausbildet und welche konkreten, einzelfallspezifischen Faktoren diese Qualität eher unterstützen oder behindern (vgl. HORSTKEMPER/TILLMANN 2004, S. 288). *Einzelfallstudien*

Dabei sind zwei Varianten von Fallstudien voneinander unterscheidbar. Die erste methodische Variante konzentriert sich auf die Analyse *einer* Schule. Das dabei verfolgte Ziel ist die erfahrungsnahe Beschreibung, Analyse und Darstellung der Einzelschule, der in ihr arbeitenden und lernenden Personen sowie ihre Eingebundenheit in einen regionalen Kontext. Durch die Einlassung auf die Besonderheiten eines Falls kann die pädagogische Wirklichkeit in ihren unterschiedlichen Facetten beschrieben werden. Eine *Zwei Varianten von Fallstudien*

Erweiterung dieses Vorgehens und damit die zweite methodische Variante stellt die *Kontrastierung mehrerer Fälle* dar. Der Vergleich gezielt ausgewählter Fälle lässt u. a. folgende Fragen beantworten: Welche inner- und außerschulischen Bedingungen sind für die Sicherstellung der Qualität von Schule förderlich? Lassen sich zwischen den verglichenen Fällen regelhafte Zusammenhänge und typische Handlungsmuster erkennen und können diese zu theoretischen Annahmen verdichtet werden? (vgl. ebd., S. 302).

Die Hypothesengenerierung steht bei den beiden bislang vorgestellten methodischen Varianten der Fallanalyse im Vordergrund. Unter dieser Zielsetzung werden Einzelfallstudien zumeist unter Nutzung weniger standardisierter Datenerhebungs- und -auswertungsverfahren durchgeführt. Aber auch zum Zwecke des Hypothesentestens können Fallanalysen verwendet werden. Dieses Vorgehen findet man vor allem in der Medizin und Psychologie. Die Beobachtung der Wirksamkeit einer medizinischen Behandlung oder eine längerfristige Betrachtung experimenteller Stimuli können auch an einer einzigen Person durchgeführt werden und der Überprüfung a priori aufgestellter Hypothesen dienen.

Sekundäranalysen Alternative zu teuren und zeitintensiven Studien

Die Erhebung geeigneter Daten zur Überprüfung von Hypothesen ist oftmals zeitaufwendig und teuer. Studierende, die im Rahmen ihrer Qualifikationsarbeiten empirische Daten auswerten möchten, scheuen daher (zu Recht!) den Aufwand einer großangelegten Datenerhebung und der damit verbundenen Inanspruchnahme von finanziellen Mitteln und persönlicher Lebenszeit. Auch für die empirisch forschende Wissenschaft wäre es aufgrund der hohen Beanspruchung von personellen, finanziellen und zeitlichen Ressourcen bei der Erhebung großer Datenmengen höchst unökonomisch, wenn bestehende Datensätze nur von einer Person oder einem Forschungsteam ausgewertet würden. Zudem beziehen sich umfangreiche Datensätze meist auf mehrere Fragestellungen, deren Beantwortung einzelne Forscher überfordern würde (vgl. BORTZ/DÖRING 1995. S. 346).

Eine geeignete Untersuchungsform zur Überwindung der geschilderten Probleme ist die Sekundäranalyse. Im Unterschied zur Primäranalyse, bei der eigene und neu erhobene Daten verwendet werden, zielt die Sekundäranalyse auf die Auswertung bereits vorhandener (Roh-)Daten unter anderen Fragestellungen oder mit neuen Methoden der Datenauswertung.

Passung auf eigene Fragestellung beachten

Sekundäranalysen können dann sinnvoll durchgeführt werden, wenn die Datenbeschaffung relativ problemlos erfolgen kann, geeignete Operationalisierungen für die eigenen Fragestellungen in bestehenden Datensätzen zu finden sind und das den Originaldaten zugrundeliegende Auswahlverfahren (Stichprobziehung) auch für den eigenen Aussagebereich zutreffend ist. So nützt es beispielsweise wenig, wenn zwar geeignete Indikatoren in einem bestehenden Datensatz zu finden sind, diese Daten jedoch bei Grundschülern erhoben wurden und die Sekundäranalyse Aussagen zu Hauptschülern anstrebt. Auch wenn die für eine Sekundäranalyse ins Auge gefasste Zielpopulation mit der bereits erhobenen Population übereinstimmt, ist sicherzustellen, dass das den Daten zugrunde liegende Auswahlverfahren mit den eigenen Auswertungsverfahren und Verallgemeinerungsabsichten kompatibel ist.

Datenzugang

Strategien zur Suche nach Datenquellen, die für Sekundäranalysen zur

Verfügung stehen, werden im Kapitel 14 näher erläutert. Für Sekundäranalysen im Bereich erziehungswissenschaftlicher Fragestellungen bieten sich Daten aus bildungs- und sozialwissenschaftlichen Forschungszusammenhängen an; auch Informationen der amtlichen Statistik (Statistisches Bundesamt, statistische Landesämter und kommunale statistische Ämter) werden oft genutzt. Ebenso stellen andere staatliche oder halbstaatliche Einrichtungen (z. B. Bundesagentur für Arbeit, Deutscher Industrie- und Handelskammertag) sowie internationale Organisationen (z. B. OECD) bildungsrelevante Daten für Sekundäranalysen zur Verfügung.

Gefahr des ökologischen Fehlschlusses

Die Daten der amtlichen Statistik beinhalten in der Regel sogenannte Aggregatdaten. Dabei handelt es sich um zusammengefasste (aggregierte) Mengen von Untersuchungseinheiten, die aus Merkmalen einzelner Untersuchungseinheiten abgeleitet sind. Ein Beispiel hierfür ist die Anzahl von Grundschülern einer Schule, die nach der 4. Klasse auf das Gymnasium wechseln. Die Schulstatistik in den deutschen Bundesländern stellt – bis auf wenige Ausnahmen – keine Daten auf Ebene der Individuen zur Verfügung, sondern nur solche aggregierten Daten. So übermittelt eine Schule an das statistische Landesamt nur die absolute Zahl der Schülerinnen und Schüler, die von der Grundschule auf das Gymnasium wechseln, nicht aber, um welche Schüler es sich dabei konkret handelt. Die Analyse solcher Aggregatdaten ist nicht frei von Fallstricken, vor allem dann nicht, wenn Zusammenhänge zwischen Aggregatdaten-Variablen so interpretiert werden, als würden sie auch auf die Ebene der Individuen zutreffen. Beispielsweise könnte man einen Zusammenhang zwischen der Anzahl von Schülern, die die Schule ohne Schulabschluss verlassen und der Zahl jugendlicher Straftäter in den Gemeinden eines analysierten Bundeslandes feststellen. Daraus folgt allerdings nicht zwangsläufig, dass es die Schüler ohne Schulabschluss sind, die straffällig werden. Das Ergebnis einer solchen Vermischung von Aggregatdaten mit Zusammenhängen auf individueller Ebene wird als „ökologischer Fehlschluss" bezeichnet. Denn ohne Informationen über die Individuen sind prinzipiell verschiedene Erklärungen mit den Zusammenhängen auf der Aggregatebene vereinbar. So könnte der Zusammenhang zwischen fehlendem Schulabschluss und Straffälligkeit von Jugendlichen auch dadurch entstehen, dass Schüler ohne Schulabschluss vor allem in Gebieten wohnen, die aufgrund wirtschaftlicher Probleme mit einer hohen Jugendkriminalität zu kämpfen haben. Diese wirtschaftlichen Probleme führen dann dazu, dass viele Schüler keine Berufsperspektive sehen und deshalb die notwendige Motivation für einen Schulabschluss vermissen lassen.

Entstehungsprozess beachten

Neben Aggregatdaten werden in bürokratischen Organisationen auch sogenannte prozess-produzierte Daten erzeugt. Dies sind im weitesten Sinne Aufzeichnungen, die nicht zum Zweck der statistischen oder wissenschaftlichen Analyse, sondern im Rahmen der jeweiligen Aufgaben einer Organisation gesammelt werden. Zu solchen prozess-produzierten Daten gehören z. B. Schülerakten oder die Dokumente der Jugendgerichtshilfe. Bei der Analyse derartiger Daten ist zu beachten, dass diese Angaben nicht frei von Verzerrungen sind. Im Gegensatz zu anderen Datenquellen sind hier sicherlich keine Versuchsleiter- oder Beobachtereffekte zu erwarten. Prozess-produzierte Daten haben jedoch einen Entstehungsprozess, der sich auf die

Güte des Materials auswirkt. So verfügen Mitarbeiter des Jugendamtes als Bearbeiter von Akten und damit als Datenproduzenten bei der Dokumentation ihrer Arbeit über bestimmte Ermessensspielräume oder die Klienten der Jugendgerichtshilfe verfolgen mit den von ihnen gemachten Angaben bestimmte Ziele, die das Verschweigen oder Betonen bestimmter Sachverhalte nahe legen. Die Kenntnis des Entstehungsprozesses einer Datenquelle sowie Informationen zur Operationalisierung und Messung der zu analysierenden Daten gehören damit auch zu den Aufgaben einer seriösen Sekundäranalyse.

Was Sie wissen sollten, wenn Sie Kapitel 6 gelesen haben:

– Sie sollten den Unterschied zwischen „schwachen" und „starken" Forschungsdesigns kennen.
– Sie sollten wissen, welches Forschungsdesign zu wählen ist, um Fragestellungen empirisch valide überprüfen zu können.
– Sie sollten die verschiedenen Forschungsdesigns der längsschnittlichen Forschung kennen.
– Sie sollten methodische Probleme bei Sekundäranalysen kennen.
– Sie sollten über die „Gefahr eines ökologischen Fehlschlusses" referieren können.

Weiterführende Literatur zu Kapitel 6:

ROST, D. H. (2005): **Interpretation und Bewertung pädagogisch-psychologischer Studien. Eine Einführung**. Weinheim. Eine sehr gut verständliches Buch, das Leitlinien für die Interpretation und Bewertung empirischer Studien entwickelt, die auch von wenig erfahrenen Lesern angewandt werden können. Darüber hinaus werden die Forschungsdesigns pädagogisch-psychologischer Forschung kompetent dargestellt und bewertet.
SCHNELL, R., HILL, P.B., ESSER, E. (2005): Methoden **der empirischen Sozialforschung**. München. Dieses Lehrbuch richtet sich an vornehmlich an Sozialwissenschaftler und enthält entsprechende Beispiele. Aber auch Erziehungswissenschaftler finden hier einen sehr guten Überblick über die methodologischen Grundlagen empirischer Forschung.
ROTH, E., HEIDENREICH, K. (1999): **Sozialwissenschaftliche Methoden**. Lehr- und Handbuch für Forschung und Praxis. Ein weiteres umfangreiches und detailliertes Lehrbuch, das ebenfalls einen sehr guten Überblick über empirische Forschungsmethoden liefert.

7 Die Befragung

Umfrageforschung, die sich eines Fragebogens bedient, ist im täglichen Leben allgegenwärtig: Sei es, dass man im Supermarkt zu Produkten und Service Stellung beziehen soll, eine Bank ihren Kunden einen Fragebogen zu Anlagenstrategien übersendet oder man Teilnehmer an einer Haushaltsbefragung der statistischen Landesämter ist. Neben dem oft genutzten Messinstrument Fragebogen gibt es zudem eine Reihe weiterer Formen wissenschaftlichen Befragens, die Gegenstand dieses Kapitels sein sollen.

7.1 Formen wissenschaftlicher Befragung

Allgemein werden unter dem Begriff der Befragung Methoden verstanden, „mit denen Daten (Informationen) gewonnen werden, die aus verbalen Kommunikationen hervorgehen" (IRLE 1983, S. 55). Eine weitere Definition liefert Jaide (1995, S. 309):

Befragung – ein alltägliches Phänomen

> „Mit dem Begriff der Befragung wird die Planung, Ausführung und Auswertung einer Frage-Antwort-Operation bezeichnet, bei der die Befragten durch eine Reihe von thematisch gezielten Fragen zu entsprechender Beantwortung veranlaßt werden."

Betrachtet man diese beiden Definitionen genauer, so wird auf den ersten Blick nicht offenkundig, wie sich denn nun eine wissenschaftliche Befragung von einem alltäglichen Gespräch – das ja ebenfalls aus einer Frage-Antwort-Sequenz besteht – unterscheidet. Auch die an einen Einheimischen gerichtete Frage des Touristen, wie es denn auf kürzestem Weg zum Bahnhof ginge, liefert für den Fragenden Informationen, die aus einer verbalen Kommunikation hervorgegangen sind. Die in der zweiten Definition angesprochene systematische Vorbereitung, Durchführung und Auswertung einer Befragung mag als Kriterium für Wissenschaftlichkeit gelten, lässt sich aber auch in anderen Zusammenhängen finden: Die geplante Veranlassung einer Beantwortung durch Befragte ist auch im Rahmen von Gerichtsverhandlungen notwendig oder beim Gespräch mit dem Hausarzt.

Wir können also festhalten, dass Systematik und Zielgerichtetheit als Kriterien allein nicht ausreichen, um alltägliche Frage-Antwort-Operationen von wissenschaftlichen Befragungen abzugrenzen.

Ein weiteres notwendiges Kriterium wird daher in der Kontrolle jeder einzelnen Phase einer wissenschaftlichen Befragung gesehen. Mit der Prüfung eines jeden Schrittes der Befragung sollen zwei Aufgaben erfüllt werden: Zum einen soll diese Analyse den Einsatz einer Befragung als wissenschaftliches Messinstrument gewährleisten, zum anderen kann nur über die Kontrolle jedes einzelnen Schrittes festgestellt werden, inwieweit Bedingungen und Ergebnisse der Befragung einander beeinflussen.

Kontrolle der Befragungssituation

Ähnlich wie Alltagsbefragungen (z.B. die Frage nach dem kürzesten Weg zum Bahnhof) versucht auch eine wissenschaftliche Befragung, ein Problem oder eine unbeantwortete Frage zu klären. Im Gegensatz jedoch zum alltäglichen Fall, bei dem die Frage konkret und persönlicher Natur ist, sind die Fragestellungen einer wissenschaftlichen Untersuchung **allgemeiner Art**. Im Bereich der Sozialforschung steht beispielsweise die Tatsachenforschung im Sinne deskriptiver Erhebungen im Vordergrund. So sind unsere Kenntnisse über die Zusammensetzung der Bevölkerung, deren sozialstrukturelle Merkmale und Einstellungen sind hauptsächlich das Ergebnis wissenschaftlicher, quantitativer Bevölkerungsbefragungen.

Die Beliebtheit der quantitativen Befragung soll jedoch nicht darüber hinwegtäuschen, dass sie auch bestimmte Gegenstandsbereiche nicht erfassen

Keine Erfassung menschlichen Verhaltens möglich

kann. Dazu zählt z. B. die Untersuchung des menschlichen Verhaltens. Die Informationen, die mit Hilfe von Befragungen gewonnen werden können, lassen sich – in einer Formulierung von Atteslander (2000, S. 114) – lediglich als „menschliches Verbalverhalten" charakterisieren (beispielhaft sei hier die Frage genannt: „Was tun Sie, wenn Sie nach einem stressigen Arbeitstag nach Hause kommen?" Antworten auf diese Frage stellen nicht das tatsächliche Verhalten dar, sondern die Verbalisierung des gewöhnlich in derartigen Situationen gezeigten Verhaltens). In der Regel zielen quantitative Befragungen auf Meinungen, Einstellungen, Attitüden etc. ab.

Um die erwähnte Kontrolliertheit einer wissenschaftlichen Befragung zu gewährleisten, wurden verschiedene Befragungsmethoden entwickelt, mit deren Hilfe die Frage-Antwort-Operationen strukturiert und intersubjektiv nachvollziehbar gestaltet werden. Die für die Sozialwissenschaften zur Verfügung stehenden Befragungsmethoden lassen sich zunächst nach der **Befragungstechnik**, dem **Grad der Standardisierung** und nach der **Art der Administration** unterscheiden (vgl. Hagmüller 1979, S. 93).

Mündliche Befragung

Die Befragungstechnik unterscheidet zunächst zwischen mündlichen und schriftlichen Interviews, wobei für beide Formen generell gilt, dass die Fragen und der Ablauf der Befragung von „völlig offen" bis „vollständig standardisiert" variieren können (vgl. Bortz/Döring 1995, S. 217). Während einer mündlichen Befragung (Interview) unterhält sich der Forscher oder eine von ihm beauftragte Person persönlich mit dem Befragten und erhält so dessen Aussagen auf direktem Wege. Die mündliche Befragung entspricht damit eher der Alltagssituation und kann flexibler an den jeweiligen Befragten angepasst werden, als dies bei der schriftlichen Befragung der Fall ist. Bei mündlichen Befragungen ist mit sogenannten „Interviewer-Effekten" zu rechnen. Dies bedeutet, dass natürliche oder soziale Merkmale des Interviewers (Geschlecht, Hautfarbe, Alter, Attraktivität, Sozialstatus) die Befragungssituation nachhaltig beeinflussen können. So könnten Befragte einem Akademiker mit Doktor- oder Professorentitel gegenüber auskunftswilliger sein, als einem Studierenden, dem womöglich unbewusst weniger Kompetenz unterstellt wird.

Schriftliche Befragung

Bei der schriftlichen Befragung ist kein Kontakt zwischen Forscher und Befragten vorgesehen. Eine schriftliche Befragung ist dann besonders hilfreich, wenn Informationen von einer größeren, homogenen Gruppe gewonnen werden sollen oder wenn die Personen, die zur Gruppe der Befragten gehören, geographisch weit voneinander getrennt leben. Der Nachteil einer schriftlichen Befragung besteht vor allem darin, dass sich die Erhebungssituation selbst der Kontrolle des Forschers entzieht. Dieses Manko kann in der Forschungspraxis dadurch behoben werden, dass die Untersuchungsteilnehmer in Gruppen (z. B. Schulklassen) unter standardisierten Bedingungen bei Anwesenheit eines Untersuchungsleiters befragt werden.

Standardisierte Befragung

Je nach Grad der Standardisierung wird zwischen standardisierter, teilstandardisierter und nicht-standardisierter Befragung unterschieden. Bei der standardisierten Befragung sind der Wortlaut und die Abfolge der Fragen eindeutig vorgegeben. Die Antworten der Befragten können entweder protokolliert und/oder in ein vorgegebenes Antwortschema eingetragen werden. Eine standardisierte Befragung kann somit prinzipiell sowohl als mündliche als auch als schriftliche Befragung durchgeführt werden. (Ein Telefon-Interview, in dem der Interviewer die Fragen von einem Fragebogen abliest und dem Befragten auch die entsprechenden Antwortmöglichkeiten mitteilt, ist beispielsweise eine mündliche, standardisierte Befragung. Bei der standardisierten, schriftlichen Befragung füllt der Befragte eigenständig einen Fragebogen aus). Demgegenüber ist eine nicht-standardisierte Befragung nur als mündliche Befragung, also als Interview, möglich.

„Weder Inhalt der einzelnen Fragen noch Verlauf der gesamten Befragung sind hier festgelegt; nur die Richtung, das Ziel der Befragung ist vorgegeben. Das ungelenkte Interview […] dient in der Regel der Exploration eines neuen, bislang wenig erforschten Problemfeldes." (Krapp/Prell zit. nach Hagmüller 1979, S. 95)

Zwischen den beiden Erhebungstechniken der standardisierten Befragung und dem nicht-standardisierten Interview finden sich Mischformen teilstandardisierter Befragungen (sogenannte „Leitfaden-Interviews"), die mit teils offenen, teils geschlossenen Fragen und mit unterschiedlicher Standardisierung der Interviewführung operieren (für eine vertiefte Auseinandersetzung mit nicht-standardisierten und teil-standardisierten Interviewformen wird die Lektüre des Bandes „Qualitative Methoden der Erziehungswissenschaft" von Burkhard Fuhs in dieser Buchreihe empfohlen).

Offene vs. geschlossene Fragen

Bei offen formulierten Fragen kann der Befragte eine freie Antwort äußern, bei der geschlossenen Form wählt der Proband aus zwei oder mehreren Antwortvorgaben jene aus, die auf ihn zutrifft (siehe Abbildung 7.1). Offene Fragen setzen jedoch voraus, dass sich die befragte Person verbal gut ausdrücken kann. Die Auswertung offener Fragen orientiert sich an dem Verfahren der Inhaltsanalyse (siehe Kapitel 9). Bei der Verwendung geschlossener Fragen müssen die möglichen Antwortkategorien die gesamte Breite aller sinnvollen Antwortmöglichkeiten abdecken (vgl. Wellhöfer 1997, S. 131).

Beispiel für eine geschlossene Frage:

Welchen Schulabschluss soll Ihre Tochter/Ihr Sohn machen?
(Bitte kreuzen Sie einen entsprechenden Schulabschluss an.)

Hauptschulabschluss (nach Klasse 9)/Berufsbildungsreife ☐

Hauptschulabschluss (nach Klasse 10)/erweiterte Berufsbildungsreife ☐

Mittleren Schulabschluss, z. B. Realschulabschluss/Fachoberschulreife ☐

Fachhochschulreife ☐

Allgemeine Hochschulreife/Abitur ☐

Beispiel für eine offene Frage:

Welchen Beruf üben Sie aus?
(Offene Nennung; bitte in Druckbuchstaben eintragen.)

....

Abb. 7.1: Geschlossene und offene Frage in einem Fragebogen

Die Unterscheidung nach **Art der Administration** zielt auf die Frage, ob ein Interview einzeln oder in Gruppen durchgeführt wird (vgl. ebd.). In der Schulforschung wird die schriftliche Befragung von Schülerinnen und Schülern aus Gründen der Kosten- und Zeitersparnis häufig in Form einer Gruppenbefragung (z.B. im Klassen- oder Kursverband) mittels standardisierter Fragebögen durchgeführt. Lehrer oder Schulleiter hingegen werden eher gebeten, den Fragebogen allein auszufüllen.

7.2 Die standardisierte Befragung mittels Fragebogen

Aufgrund der Fokussierung auf quantitative Methoden der erziehungswissenschaftlichen Forschung beschränken wir uns im Weiteren auf einen Überblick über die **Methode der standardisierten Befragung mittels Fragebogen**. Im Fragebogen sind Wortlaut und Reihenfolge der Fragen eindeutig und schriftlich festgelegt. Die durch einen Fragebogen gelieferten Daten sind in der Regel quantifizierbar und damit durch statistische Verfahren analysierbar. Bevor wir Hinweise zur Erstellung eines Fragebogens und zur Formulierung von Interviewfragen geben, weisen wir auf grundlegende Überlegungen hin, die vor dem Einsatz eines Fragebogens als Erhebungsinstrument stehen:

Theoretische Begründung der Messinstrumente

Die Erstellung und Verwendung eines Fragebogens ist mit einer Reihe von Anforderungen verknüpft, die oftmals nur unzureichend reflektiert werden.

„Ein Fragebogen, der das gerade interessierende Gebiet umfasst, ist nach einer weit verbreiteten Meinung schnell erstellt; und es scheint auch, dass man mit seiner Hilfe die gestellten Fragen und Probleme lösen kann." (Wellenreuther 2000, S. 307)

Gerade weil es so einfach scheint, eine Befragung durchzuführen, übersehen viele Anfänger den erheblichen Aufwand, den eine standardisierte Erhebung erfordert. Eine unabdingbare Voraussetzung für die Erstellung eines Fragebogens ist die theoretische Begründung der aufgenommenen Fragen. Der Fehler vieler sozialwissenschaftlicher Untersuchungen liegt nach Ansicht von Friedrichs (1990, S. 55) darin, dass Variablen unbegründet in die Studien eingehen, dass über Erhebungs- und Auswertungsmethoden eher entschieden wird als über das theoretische Konzept, dass zunächst Daten erhoben werden und dann erst nach statistischen Prüfkriterien gesucht wird und dass schließlich die Auswertung relativ planlos, weil ohne Hypothese, erfolgt. Das zentrale Merkmal quantitativer empirischer Forschung – die Überprüfung von wissenschaftlichen Hypothesen – muss demnach bereits bei der Erstellung eines Fragebogens berücksichtigt werden. Die Operationalisierung der in den Forschungshypothesen enthaltenen Begriffe, d.h. die Entwicklung von Indikatoren, die eine zweifelsfreie Beobachtung und Messung des zu untersuchenden Phänomens gewährleisten, muss nicht bei jeder Befragung von neuem erfolgen. Irle (1983) kritisiert zu Recht, dass durch unterschiedlichste Operationalisierungen desselben Sachverhaltes die Ergebnisse empirischer Forschung schwer miteinander vergleichbar sind:

„Originalität ist wünschenswert bei der Erklärung oder Aufklärung problematischer sozialer Sachverhalte, aber doch nicht bei der Konstruktion von Meßinstrumenten! Wo ist der Pool, in dem Meßinstrumente der Umfrageforschung gepflegt werden? […] Nicht einmal in der Klassischen Physik hat der eine räumliche Ausdehnungen so und der andere anders gemessen, es sei denn, die Kompatibilität verschiedener Meßinstrumente wurde nachgewiesen. Eine Wissenschaft wird zuvörderst empirische Wissenschaft, wenn sie sich auf Meßinstrumente einigt, d.h. das bisher Nichtmeßbare meßbar macht. […] Die Konstruktion von Fragen und Skalen und deren empirische Prüfung auf ihre testtheoretisch notwendigen Eigenschaften sind sehr aufwendig, zumal sie vor inhaltlichen Forschungen erfolgen sollten." (IRLE 1983, S. 59f.)

Erst der Rückgriff auf wissenschaftlich etablierte Messinstrumente erlaubt die Vergleichbarkeit zwischen den Ergebnissen empirischer Forschung und ist somit für eine fruchtbare Theorieentwicklung unabdingbar. In der praktischen Konsequenz muss daher nicht mit jedem Fragebogen „das Rad neu erfunden" werden. Mittels gründlicher Literaturrecherche lassen sich zu vielen Bereichen der Erziehungswissenschaft bereits vorliegende Untersuchungen finden und deren Messinstrumente – vorausgesetzt sie erfüllen die Gütekriterien sozialwissenschaftlicher Messung – nutzen.

Eine weitere Überlegung vor dem Einsatz von Fragebögen ist mit den zu überprüfenden Hypothesen einer Untersuchung verbunden: Der Einsatz qualitativ hochwertiger Messinstrumente stellt noch keine hinreichende Bedingung für eine adäquate Prüfung von Hypothesen dar, wenn diese in der Form von **Kausalhypothesen** (z.B. „Je höher der kindliche Konsum von gewalttätigen Computerspielen, desto höher ist die Aggression gegenüber Gleichaltrigen ausgeprägt.") formuliert wurden. Die Kausalstruktur wissenschaftlicher Hypothesen ist nur in Längsschnittuntersuchungen bzw. Experimenten überprüfbar. Werden Befragungen allein zu einem Messzeitpunkt durchgeführt, so muss sich der Forscher einer möglichen **Vermengung der unabhängigen und abhängigen Variablen** bewusst sein,

Problem der Kausalität

„weil in der Regel Informationen zu den unabhängigen und abhängigen Variablen über den Befragten erfasst werden: Die kognitive Struktur des Befragten und seine subjektive Situation sind somit in der Darstellung von Bedingung und Wirkung enthalten." (WELLENREUTHER 2000, S. 324)

Die über eine Querschnittsbefragung gewonnenen Daten lassen demnach keine Kausalanalysen im strengeren Sinne zu, da man die zu untersuchenden Personen zeitgleich zu Bedingungen (Ursachen) und daraus resultierenden Verhalten oder Einstellungen (Wirkungen) befragt. Des Weiteren werden bei Befragungen Sachverhalte oftmals retrospektiv erhoben (z.B. „Wie oft hast Du in diesem Schuljahr wegen Krankheit gefehlt?"). Hierbei sind Verzerrungen aufgrund selektiver Erinnerungen nicht ausgeschlossen. Einen Ausweg aus dieser grundlegenden Problematik bietet die Erhebung der unabhängigen Variablen vor bzw. neben der eigentlichen Befragung. Bei Schülerbefragungen können z.B. unabhängige Variablen durch zusätzliche Befragungen der Eltern, Lehrer oder Schulleiter gewonnen werden.

Eigenentwicklung von Mess- instrumenten
Es wurde bereits erwähnt, dass vor der Konstruktion eines Fragebogens geprüft werden sollte, ob bereits entwickelte Fragebögen anderer Autoren für die eigene Untersuchung geeignet sind. Bei der Einarbeitung in ein Themengebiet stößt man unweigerlich in den einschlägigen Publikationen auch auf Informationen zu geeigneten Erhebungsinstrumenten. Für den Fall, dass trotzdem einzelne Fragen im Rahmen eines Fragebogens selbst formuliert werden müssen, schlägt Wellenreuther (2000) folgende Kriterien der Frageformulierung vor: Verständlichkeit, Eindeutigkeit und Balance.

Verständlichkeit
Die Fragen sollten in der Sprache der Befragten abgefasst sein, so dass die Befragten das Problem sofort, d.h. ohne zusätzliche Schlüsse ziehen zu müssen, verstehen. Zudem sollten die Fragen an die Erfahrungswelt der Befragten anknüpfen und ungeläufige Wörter oder Fremdwörter vermeiden. Wellenreuther (ebd.) illustriert die unterschiedliche Verständlichkeit eines Sachverhaltes anhand eines berühmten Beispiels zum Lösen von mathematischen Textaufgaben. Folgende Aufgabe ist für Schülerinnen und Schüler ziemlich schwierig zu lösen, obwohl bekannte Begriffe darin vorkommen (vgl.: WELLENREUTHER 2000, S. 330).

Es gibt fünf Vögel und drei Würmer.
Um wie viel ist die Anzahl der Vögel größer als die Anzahl der Würmer?

Diese Aufgabe konnte von 17% der untersuchten Kindergartenkinder und 64% der befragten Erstklässler gelöst werden. Der Prozentsatz richtiger Lösungen änderte sich in erstaunlicher Weise, als die Aufgabenfrage umformuliert wurde:

Wie viele Vögel werden keinen Wurm bekommen?

Nun konnten 83% der Kindergartenkinder und alle befragten Erstklässler diese Aufgabe korrekt lösen.

Quelle: HUDSON 1983 in WELLENREUTHER 2000

Zur Verständlichkeit eines Fragebogens gehören auch folgende Aspekte: Die Abfolge von Fragen sollte im Sinne einer aufeinander aufbauenden Gliederung (z.B. zuerst Anknüpfung an Bekanntes, danach Darstellung von etwas Neuem) erfolgen. Die Gestaltung einer Einführungsseite (Deckblatt), auf der über Forschungsziele, die Bedeutung einer gewissenhaften Bearbeitung sowie die Anonymität der Datenauswertung informiert wird, kann einerseits die Motivation der Befragten zum Ausfüllen des Fragebogens erhöhen und ist andererseits schon aus Gründen der Forschungsethik geboten. Auch die optische Gliederung der einzelnen inhaltlichen Abschnitte eines Fragebogens und das einheitliche Layout der einzelnen Elemente (Ausgangsfrage, Bearbeitungshinweise und Antwortkategorien) eines Fragebogens motivieren die Befragten zu einer gewissenhaften und wahrheitsgetreuen Beantwortung.

Eindeutigkeit
Fragen sollten immer einen konkreten Bezugsrahmen aufweisen. So ist es bei Fragen mit einem Zeitbezug besser, nicht zu lange Erinnerungszeiträu-

me zu wählen (z. B. „Wie oft warst Du in den letzten 12 Monaten im Kino?"), sondern nach konkreten Verhaltensweisen in der letzten Woche vor der Befragung zu fragen. Unbedingt zu vermeiden sind Doppelaussagen (Mehrdeutigkeit) innerhalb einer Frage. (Zur Illustration ein schlechtes Beispiel: „Ich habe in den ersten Semestern schon eine realistische Einschätzung der Lehrertätigkeit gewonnen *und* blicke eher optimistisch in die Zukunft.") Diese Frage kann sowohl von jemandem mit „ja" beantwortet werden, der im Lehrerberuf seine Erfüllung sieht, als auch von jemandem, dem nach dem Grundstudium klar geworden ist, dass er wohl niemals als Lehrer tätig sein wird.

Wenn man ein Merkmal erheben will, das in der Stichprobe wahrscheinlich erheblich variieren wird, dann sollten die zu diesem Merkmal formulierten Fragen auch diese Unterschiede aufdecken. Mit einer Frage, bei der fast jeder die gleiche Antwort ankreuzt, kann nichts gemessen werden! *Balance*

Dazu ein Beispiel:

Auf die Frage

> „Ist eine enge Kooperation im Kollegium Ihrer Meinung nach ein wichtiges Kriterium für eine gute Schule?"

wird die Mehrzahl der Lehrer mit „ja" antworten. Diese Situation wird auch dann nicht wesentlich verändert, wenn eine gestufte Antwortvorgabe verwendet wird.

> „Inwieweit stimmen Sie der folgenden Aussage zu?
> Eine enge Kooperation im Kollegium ist ein wichtiges Kriterium für eine gute Schule."
>
> *(Bitte kreuzen Sie die für Sie zutreffende Antwortkategorie an!)*
>
> | Stimme gar nicht zu | Stimme eher nicht zu | Stimme eher zu | Stimme voll und ganz zu |
> |:---:|:---:|:---:|:---:|
> | ☐ | ☐ | ☐ | ☐ |

Zwar werden hier gestufte Antwortvorgaben verwendet, aber für Lehrer wird es immer noch schwer sein, „stimme gar nicht zu" anzukreuzen, da ein guter Teamgeist in der Arbeitswelt als allgemeine Tugend gilt. Wenn man von Kooperation als einem wichtigen Merkmal guter Schule spricht, so bleibt einem Lehrer kaum eine andere Wahl, als dieser Aussage zuzustimmen.

Um nicht nur eine allgemeine Einstellung gegenüber der Kooperation im Lehrerkollegium zu erfassen, ist es notwendig, sich zunächst darüber zu verständigen, wie sich Lehrerkooperation konkret äußert und welchen Effekt dies auf eine gute Schule haben kann.

Vielleicht sind die folgenden Fragen besser geeignet, die tatsächlich vorfindbare Kooperation unter den Lehrern einer Schule angemessen zu erfassen:

„Inwieweit treffen die folgenden Aussagen zur Kooperation mit anderen Kolleginnen und Kollegen zu?"

(Bitte kreuzen Sie die für Sie zutreffende Antwortkategorie an!)

	trifft überhaupt nicht zu	trifft eher nicht zu	trifft eher zu	trifft voll und ganz zu
An unserer Schule kommt es oft vor, dass der Unterricht gemeinsam vorbereitet wird.	☐	☐	☐	☐
An unserer Schule führen die Lehrkräfte häufig gemeinsame Projekte durch.	☐	☐	☐	☐
Wir wissen an unserer Schule, was andere KollegInnen im Unterricht behandeln.	☐	☐	☐	☐

Anonyme Befragung Für die Erstellung eines Fragebogens möchten wir noch die folgenden Hinweise geben: Oftmals wird von Anfängern vergessen, dass standardisierte Befragungen in der Regel anonym erfolgen. Die Forscherinnen und Forscher haben somit keine Kenntnis über Namen und Anschrift der Befragten. Aber insbesondere bei Längsschnittuntersuchungen ist man bemüht, die Antworten einer Person über mehrere Messzeitpunkte hinweg zu verfolgen. Sind dabei Name und Anschrift der Befragten nicht bekannt, ist der Einsatz von so genannten **Codes** unumgänglich. Eine Möglichkeit, einen eindeutigen Code für jeden Befragten zu gewinnen, besteht darin, die Befragten selbst einen nur für sie geltenden Code herstellen zu lassen:

Bevor wir mit den eigentlichen Fragen beginnen, möchten wir Sie bitten, an dieser Stelle Ihren anonymen Code aufzuschreiben, mit dem wir im Falle einer Folgebefragung Ihre Fragebögen einander zuordnen können. Ihre Anonymität bleibt dabei aber auf jeden Fall gewahrt.

Der Code besteht aus folgender Kombination von Buchstaben und Ziffern:

1. Erster Buchstabe Ihres Vornamens
2. Erster Buchstabe des Vornamens Ihrer Mutter
3. Erster Buchstabe des Vornamens Ihres Vaters
4. Erster Buchstabe des Monats, in dem Sie geboren wurden
5. Die ersten beiden Ziffern des Datums Ihres Geburtstags

Ein Beispiel:

Hans Schmidt, Sohn von Luise Müller und Wilhelm Schmidt, ist am 14. Oktober 1986 geboren.

Sein Code heißt:

H L W O 14

Bitte schreiben Sie nun Ihren anonymen Code in die folgenden Kästchen:

☐ ☐ ☐ ☐ ☐ ☐

Abb. 7.2: Fiktiver anonymer Code in einem Fragebogen

Als erste Frage eines Fragebogens verwendet man häufig eine so genannte *Erste Frage im* Kontakt-, Eisbrecher- oder Aufwärmfrage. Die erste Frage sollte leicht zu be- *Fragebogen* antworten sein und den Befragten zum Weiterausfüllen des Fragebogens motivieren.

Lange Fragebatterien sollten nicht an den Schluss eines Fragebogens gestellt werden, da hier Ermüdungseffekte bei den Befragten auftreten können und sich damit die Motivation zur Beantwortung des Fragebogens verringert.

Darüber, wie man mit wichtigen Fragen zu soziodemographischen Daten (z.B. Geschlecht, Schulabschluss, Einkommen etc.) verfährt, besteht in der Literatur keine einheitliche Meinung. Einige Autoren sind der Ansicht, derartige Fragen auf jeden Fall an den Schluss des Fragebogens zu stellen, da diese Fragen von den Befragten oftmals als „Ausspionieren" empfunden werden und sie daher die Antwort verweigern könnten. Andere Autoren sind der Ansicht, solche Fragen besser nicht an den Schluss eines Fragebogens zu stellen, da die damit gewonnenen Informationen wichtig für die späteren Auswertungen sind und man es nicht riskieren sollte, dass diese Fragen aus Zeitmangel oder Ermüdung unbeantwortet bleiben.

Zum Abschluss dieses Kapitels werden die Arbeitschritte bei einer stan- *Ablauf einer* dardisierten Befragung noch einmal in zusammengefasster Form dargestellt: *Befragung*
- Aufarbeitung der Literatur, Aufstellen von Thesen/Hypothesen, Präzisierung der Untersuchungsziele.
- Erstellung eines Pools von Skalen/Fragen zu diesen Untersuchungszielen, die aus bereits vorliegenden Untersuchungen übernommen werden sollten. Dabei die Gütekriterien beachten!
- Entwicklung einer ersten Fassung des Fragebogens.
- Diskussion des Fragebogens mit Experten sowie mit ausgewählten Personen, auf die sich die Befragung bezieht. Anschließende Überarbeitung des Fragebogens.
- Erste Erprobung (Pretest) des Fragebogens an einer kleineren Stichprobe. Verhaltensbeobachtung während des Ausfüllens des Fragebogens!
- Überarbeitung des Fragebogens aufgrund der aus dem Pretest gewonnenen Erfahrungen, möglicherweise zweite Erprobung.
- Erstellung von Adresslisten oder Codenummern, Erstellung von Anschreiben, ggf. Interviewerschulung.
- Durchführung der Haupterhebung.
- Auswertung der Ergebnisse.
- Erstellung des Untersuchungsberichtes.

Was Sie wissen sollten, wenn Sie Kapitel 7 gelesen haben:

Sie sollten in der Lage sein:
- den Unterschied zwischen alltäglichen und wissenschaftlichen Befragungen zu erklären,
- verschiedene Formen der wissenschaftlichen Befragung zu benennen,
- die Anforderungen, die an eine standardisierte Befragung gestellt werden, zu reflektieren,
- die Arbeitschritte bei der Durchführung einer standardisierten Befragung aufzuzählen.

Weiterführende Literatur zu Kapitel 7:

WELLENREUTHER, MARTIN (2000): **Quantitative Methoden in der Erziehungswissenschaft. Eine Einführung.** Weinheim. Speziell für Erziehungswissenschaftler empfehlenswertes Lehrbuch zu Methodologie und Methodik quantitativer Forschung.
KONRAD, KLAUS (1999): **Mündliche und schriftliche Befragung.** Landau. Das Buch gibt praktische Tipps und Ratschläge bei der Durchführung eigener Befragungen. Viele Beispiele und Abbildungen erleichtern die Nachvollziehbarkeit der Darstellung.

8 Die Beobachtung

Alltagsbeobachtung vs. wissenschaftlicher Beobachtung

Alle empirischen Methoden beruhen definitionsgemäß auf menschlichen Sinneserfahrungen. Vor der Erhebung empirischer Daten müssen die zu erforschenden Sachverhalte zunächst einmal wahrgenommen werden. Was aber unterscheidet eine wissenschaftliche Beobachtung vom bloßen Wahrnehmen, dem Hinsehen oder Bemerken im Alltag? In Abgrenzung zu unseren Alltagsbeobachtungen werden wissenschaftliche Beobachtungsmethoden zunächst als systematische Erfassung wahrnehmbarer Tatbestände gekennzeichnet (vgl. LÜDKTE 1995, S. 313). Nun kann auch das Verfolgen eines Fußballspiels als systematische Beobachtung aufgefasst werden: Der begeisterte Zuschauer nimmt anhand allgemein anerkannter Regeln (den Spielregeln) die Verhaltensweisen der Spieler wahr und bewertet sie entsprechend. Der Jubel im Falle eines Torschusses der eigenen Mannschaft ist sicherlich das schönste Ergebnis einer solchen systematischen Beobachtung. Eine wissenschaftliche Beobachtung muss daher weitere Merkmale aufweisen, die sie vom alltäglichen Hinschauen unterscheidet.

„Wenn die übergreifende Absicht ist, eine wissenschaftliche Annahme zu prüfen, und wenn sie in Planung und Bewertung bestimmten Kriterien genügt, dann geht die vorwissenschaftliche in die wissenschaftliche Beobachtung über" (FEGER 1983, S. 3).

Merkmale wissenschaftlichen Beobachtens

In diesem Zitat sind zwei weitere Merkmale aufgeführt, die unsere Wahrnehmungen zu einer wissenschaftlichen Beobachtung machen:
– Zum Einen hat die wissenschaftliche Beobachtung die Überprüfung von Theorien oder Hypothesen zum Ziel. Die Hypothesen können dabei zunächst noch vage sein; in solchen Fällen würde man eher von Vermutungen bzw. einer „explorativen" Beobachtung reden. Das Besondere einer wissenschaftlichen Beobachtung besteht also darin, dass unsere Wahrnehmung, unser Bemerken interessanter Tatbestände, vom Untersuchungsziel und vom Forschungsplan gelenkt wird. Damit ist das wissenschaftliche Beobachten geprägt durch die ausschließliche Konzentration auf die interessierenden Wirklichkeitsausschnitte, die in einer Untersuchung analysiert werden sollen. Doch dieses Vorgehen ist nicht immer frei von Fehlern: Bei einer theoriegeleiteten Beobachtung zu untersuchender Tatbestände besteht die ernstzunehmende Gefahr, nur diejenigen Erscheinungen wahrzunehmen, die unsere vorab aufgestellten Hypothesen bestätigen. (Weitere Fehlerquellen und deren Kontrolle werden später im Text diskutiert.)

– Zum Anderen orientiert sich die wissenschaftliche Beobachtung an den Gütekriterien sozialwissenschaftlicher Forschung. Die Ergebnisse einer Beobachtung sollten wiederholbar sein (Stichwort: Replizierbarkeit) und verschiedene Beobachter desselben Sachverhaltes sollten zu den gleichen Interpretationen gelangen (Stichworte: Objektivität und Reliabilität).

Direkte Verhaltens-beobachtung

Diese kurze Einführung in die wissenschaftliche Beobachtung macht weitere Eingrenzungen nötig: Zunächst sollen die hier vorgestellten Beobachtungsverfahren auf die Erfassung menschlichen Verhaltens beschränkt sein. Weiterhin sei eine direkte Beobachtung, also die Gleichzeitigkeit von Ereignis und Wahrnehmung, unterstellt. Man spricht auch dann von einer direkten Beobachtung, wenn man bei seinen Beobachtungen auf technische Hilfsmittel (z. B. eine Videoaufzeichnung) zurückgreift. Außerdem beschränkt sich dieser Text auf die Fremdbeobachtung menschlichen Verhaltens. Während einer Beobachtung anderer Personen ist es aber nicht ausgeschlossen, dass der Forschende durch Selbstbeobachtung und Selbstkontrolle um die Einhaltung der Gütekriterien empirischer Untersuchungen bemüht ist.

8.1 Formen standardisierter Beobachtungen

Ein Beispiel soll zunächst das allgemeine Vorgehen einer standardisierten Beobachtung verdeutlichen (vgl. GREVE/WENTURA 1997, S. 10f.):

Klassisches Beobach-tungsexperiment

Der bekannte amerikanische Psychologe Albert Bandura widmete sich bei einer seiner zahlreichen Untersuchungen den nachfolgenden Fragen: Lernen Kinder neue Verhaltensweisen bereits dadurch, dass sie dieses Verhalten bei einer anderen Person „abschauen"? Oder wird die Nachahmung von Verhaltensweisen nur dann von einem Kind gelernt, wenn die beobachtete Person für ihr Verhalten belohnt, nicht aber, wenn sie bestraft wird? Während eines Experiments zeigte Bandura (1966) 66 Kindern im Alter von drei bis knapp sechs Jahren eine Filmszene, in der eine Person („Rocky") eine Puppe in Erwachsenengröße recht heftig traktierte und beschimpfte. Die Modellperson Rocky zeigte dabei vier für die Kinder neue Verhaltensweisen; diese sind in Tabelle 8.1 wiedergegeben.

Tab. 8.1 Das Modellverhalten in Banduras Experiment (BANDURA 1966)

Nr. des gezeigten Verhaltens	Rocky ...
1	... legt Puppe auf Boden, ... setzt sich auf Puppe, ... haut ihr auf die Nase, ... sagt „Pow, right in the nose, boom, boom".
2	... richtet Puppe auf, ... schlägt ihr mit einem Holzhammer auf den Kopf, ... sagt „Sockero ... stay down".
3	... tritt die Puppe durch den Raum, ... sagt „Fly away".
4	... wirft Gummibälle gegen die Puppe, ... sagt „Bang".

Für ein Drittel der Kinder endete die Filmszene damit, dass Rocky für sein aggressives Verhalten belohnt wurde; ein weiteres Drittel der Kinder sah eine Bestrafung von Rocky, und die verbleibenden Kinder sahen einen Filmschluss, der ohne Konsequenzen für das gezeigte Verhalten blieb. Nach dem Anschauen der Filmszene wurden die Kinder einzeln in einen „Spielraum" geführt, in dem neben einer Reihe anderer Spielsachen auch die Requisiten des Films (Puppe, Bälle, Hämmer) bereit lagen. Jedes am Experiment teilnehmende Kind durfte dort zehn Minuten für sich alleine spielen. Die Kinder konnten während ihres Spieles durch eine sogenannte „Einwegscheibe", die zwischen Spielraum und Beobachtungsraum eingebaut war, unbemerkt beobachtet werden.

Aufzeichnung der Beobachtung

Die Beobachter hatten die Aufgabe, für jedes 5-Sekunden-Intervall zu notieren, ob eine (und wenn ja welche) der vier im Film gezeigten Verhaltensweisen von den Kindern nachgeahmt wurde. In der Abbildung 8.1 ist ein fiktiver Protokollbogen wiedergegeben, der für solche Beobachtungsaufgaben verwendet werden könnte.

Versuchsperson: .Peter.

Beobachter: Dr...Meier

Zeit in Sekunden

Verhalten	5	10	15	20	25	30	35	40	45	50	55	60	65
1	I	I	I										
2				I	I								
3							I	I	I				
4											I	I	

Abb. 8.1: Fiktiver Protokollbogen der Untersuchung von Bandura

Nach der ersten Phase des Experiments wurden die Kinder an den Film erinnert und aufgefordert, die dort wahrgenommenen Verhaltensweisen nachzuahmen („Zeige mir, was Rocky getan hat"). Dafür wurden den Kindern kleine Belohnungen versprochen. Auch in dieser zweiten Phase wurden die Aktivitäten der Kinder beobachtet. Das Ergebnis des Experiments war, dass das spontane Imitieren der von Rocky gezeigten Verhaltensweisen deutlich davon abhing, ob Rocky im Film bestraft worden war oder nicht. Dieser Unterschied verschwand jedoch in der zweiten Phase des Experiments. Gelernt hatten die Kinder also die im Film gezeigten Verhaltensweisen unabhängig von den Konsequenzen, die Rocky zu ertragen hatte. Ob das Gelernte auch in spontanes Verhalten (im Spielzimmer) umgesetzt wurde, hing jedoch deutlich von diesen Konsequenzen ab.

Systematik der Beobachtungsverfahren

Das hier gewählte Beispiel stellt eine mögliche Form direkter Verhaltensbeobachtungen dar. Es existieren weitere Beobachtungsformen, die sich anhand der folgenden Merkmale klassifizieren lassen:

- *Stellung des Beobachters*
  Protokolliert ein Beobachter lediglich die von ihm wahrzunehmenden Ereignisse, spricht man von nicht-teilnehmender bzw. außenstehender Beobachtung. Ist der Beobachter hingegen selbst in die Handlungen der beobachtenden Personen einbezogen, liegt eine teilnehmende Beobachtung vor.
  In der Untersuchung von Bandura kamen demnach nicht-teilnehmende Beobachtungen zum Einsatz.
- *Sichtbarkeit des Beobachters*
  Wissen die beobachteten Personen vom Beobachtungsvorgang, wird eine offene Beobachtung vorgenommen. Bei so genannten verdeckten Beobachtungen werden Beobachtungsaufgaben verdeckt oder systematisch verschleiert.
  Letzteres war bei dem dargestellten Experiment der Fall. Durch die Einwegscheibe im Labor konnten zwar die Beobachter die Kinder sehen; den Kindern hingegen war nicht bewusst, dass sie beobachtet wurden.
- *Standardisierungsgrad der Beobachtung*
  Eine standardisierte Beobachtung arbeitet mit einem Beobachtungsschema, das die Beobachtungssituation ausführlich strukturiert. Weiterhin ist festgelegt, welche Hilfsmittel zur Verfügung stehen und in welcher Weise die Beobachtungen aufzuzeichnen und auszuwerten sind. Alle davon abweichenden Fälle werden als unstandardisierte Beobachtung bezeichnet.
  Das in der Abbildung 8.1 dargestellte fiktive Beobachtungsprotokoll stellt eine der einfachsten Formen eines Beobachtungsschemas dar, mit dessen Hilfe die Beobachtungssituation (hier das Verhalten der Kinder im Spielzimmer) strukturiert wird. Ob ein Kind während der Beobachtung zur Toilette musste oder sich mit anderen Spielsachen beschäftigte, wurde durch das genutzte Beobachtungsprotokoll nicht erfasst, da diese Verhaltensweisen irrelevant für die zu untersuchenden Hypothesen waren.
- *Art der Beobachtungssituation*
  Dieses klassische Kriterium bezieht sich einerseits auf die streng kontrollierte Erhebungssituation eines Labors (Beobachtungen in künstlichen Beobachtungssituationen), andererseits auf die Beobachtung natürlich gegebener, im Wesentlichen nicht manipulierter Interaktionen und Verhaltensweisen (Beobachtung in natürlichen Beobachtungssituationen).
  Das Experiment von Bandura wurde in der künstlichen Erhebungssituation eines psychologischen Labors durchgeführt.
  Weitere in der Literatur auffindbare Kriterien unterscheiden zwischen der schon erwähnten Fremd- oder Selbstbeobachtung, thematisieren den Standort des Beobachters (stationär vs. variabel) oder berücksichtigen die Zahl der Beobachtungsobjekte (Einzelfallstudie – Mehrfällestudie, komparative Studie).

8.2 Das Beobachtungsschema

Wir haben bereits erwähnt, dass der im vorangegangen Beispiel vorgestellte Protokollbogen auch als Beobachtungsschema bezeichnet wird. In der Literatur werden mindestens drei Arten von Beobachtungsschemata (auch Be-

Drei Arten von Beobachtungsschemata

obachtungssysteme) voneinander unterschieden (vgl. SCHNELL/HILL/ESSER 2005, S. 393):

- **Zeichen-Systeme** erwarten vom Beobachter lediglich das Aufzeichnen des Auftretens einer oder mehrerer Verhaltensweisen, die vorab im Beobachtungssystem festgelegt wurden. Der weitaus größte Teil des Verhaltensstromes wird dabei ausgeblendet. (Ein solches Zeichensystem kam auch im vorgestellten Beispiel zur Anwendung).

- **Kategorien-Systeme** klassifizieren jedes auftretende Verhalten nach zuvor festgelegten Kategorien. So kann das Verhalten einer beobachtenden Person während einer Gruppendiskussion den Kategorien *positive Reaktionen* (zeigt Solidarität, bestärkt die anderen, hilft, belohnt) oder auch *negative Reaktionen* (zeigt Widerstreit, setzt andere herab, verteidigt oder behauptet sich) zugeordnet werden. Kategorien-Systeme sind dann für unabhängig voneinander Beobachtende gleichermaßen nachvollziehbar, wenn die dem System zugrunde liegenden Zuordnungen eindeutig definiert, disjunkt (klar voneinander abgegrenzt) und erschöpfend sind. Darüber hinaus sollten sich die Kategorien am beobachtbaren Verhalten orientieren und dieses durch möglichst viele Verben und Adjektive beschreiben, die leicht verständlich sind und übereinstimmend gebraucht werden. Die Zahl der verwendeten Kategorien sollte nicht zu groß sein, da Beobachter ansonsten überfordert werden. Zwei prinzipielle Möglichkeiten zur Erstellung eines Kategoriensystems sind die rationale und die empirische Vorgehensweise. Während beim rationalen Ansatz die Kategorien als Operationalisierungen der in der Theorie enthaltenen Begriffe abgeleitet werden, entwickelt der empirische Ansatz aufgrund vorgängiger Beobachtungen ein umfassendes Protokollschema, in das die zu beobachtenden Verhaltensweisen eingeordnet werden können. In der Praxis werden beide Verfahren oftmals miteinander verbunden.

- **Schätz-Skalen** (Rating-Verfahren) stellen ein drittes Beobachtungssystem dar. Dieses verlangt vom geschulten Beobachter eine Beurteilung des Ausprägungsgrades eines wahrnehmbaren Verhaltens auf einer Skala, die mindestens Ordinalskalenniveau aufweist. Die Einschätzung der Lautstärke einer sprechenden Person (wahrgenommenes Verhalten) kann beispielsweise in den Ausprägungen *sehr leise, leise, normal, etwas über normal, laut* und *sehr laut* erfolgen. Schätz-Skalen werden oftmals in Kombination mit Zeichen- oder Kategoriensystemen eingesetzt. Da die erforderliche Bewertungsleistung zu einer starken Belastung des Beobachters führt, empfiehlt es sich, die zu beobachtenden Verhaltensweisen mit technischen Hilfsmitteln aufzuzeichnen und nachträglich zu bewerten.

Selektivität wissenschaftlicher Beobachtung

Allen drei Beobachtungssystemen ist gemeinsam, dass sich die Aufzeichnungen eines Beobachters immer nur auf einen Ausschnitt der wahrnehmbaren Gesamtsituation beziehen. Wissenschaftliche Beobachtungen sind in diesem Sinne immer selektiv.

Die während einer Beobachtung notwendige Selektion einzelner Verhaltensweisen kann auch dazu führen, dass nur noch jene Verhaltensweisen wahrgenommen werden, die eine Hypothese oder Theorie bestätigen. Weitere Fehlerquellen, die aus dem schlichten Umstand resultieren, dass der beobachtende Mensch während einer wissenschaftlichen Beobachtung als „Messinstrument" fungiert, sollen im Folgenden kurz skizziert werden.

8.3 Fehlerquellen der wissenschaftlichen Beobachtung

Der Begriff der nicht-teilnehmenden, offenen Beobachtung suggeriert eine Unabhängigkeit des Datenerhebungsprozesses von der zu beobachtenden Situation, die in der Praxis kaum einzulösen ist. Jedes sichtbare Auftreten eines Beobachters führt zu nicht voraussehbaren Reaktionen der zu beobachtenden Personen und damit zu einer (nicht gewollten) Veränderung der zu untersuchenden Situation. Ein prominentes Beispiel für die Reaktivität der beobachteten Personen ist mit dem so genannten Hawthorne-Effekt verbunden. Dieses in den Sozialwissenschaften bekannte Phänomen ist nach den Hawthorne-Werken in Chicago (USA) benannt, in denen in den zwanziger und dreißiger Jahren des 20. Jahrhunderts Untersuchungen zur Arbeitsproduktivität durchgeführt wurden, wobei systematisch die physikalischen Bedingungen der Arbeitsumgebung (z. B. Beleuchtung des Raums) variiert wurden, um den Einfluss dieser Veränderungen auf die Arbeitsproduktivität zu erfassen. Erstaunlicherweise war die Steigerung der Arbeitsproduktivität völlig unabhängig von den variierten Arbeitsbedingungen. Ob nun ein Raum hell erleuchtet oder nahezu dunkel war; die Leistung der Arbeiter wurde sowohl in der Experimentalgruppe als auch in der Kontrollgruppe fast immer gesteigert. Für dieses verblüffende Ergebnis machte man u. a. die erhöhte Beachtung, die den Arbeitern während der Untersuchung zuteil wurde, verantwortlich. Der Hawthorne-Effekt beschreibt also das Phänomen, dass allein das Wissen der Versuchspersonen, an einer Untersuchung teilzunehmen, ausreicht, um entsprechende Effekte in der abhängigen Variablen zu erzielen.

Problem der Reaktivität bei offenen Beobachtungen

Um die nicht geplante Veränderung einer sozialen Situation durch reaktive Effekte zu vermindern, werden verschiedene Strategien vorgeschlagen. Eine davon wurde bereits mit dem Experiment von Bandura vorgestellt. Hier garantierte die Verwendung einer Einwegscheibe zwischen Spiel- und Beobachterraum, dass sich die beobachteten Kinder weitestgehend natürlich verhielten, soweit dies in der für sie fremden Umgebung des Spielzimmers möglich war. Die letztgenannte Einschränkung illustriert, dass derartige Strategien kein vollständiges Verschwinden des Problems der Reaktivität garantieren. Mit dem Einsatz technischer Aufzeichnungsgeräte (Videokameras, Tonband), die auch ohne einen anwesenden Beobachter funktionieren, können reaktive Effekte sicherlich minimiert, aber nie gänzlich ausgeschaltet werden. Allein das Wissen der Beobachteten, dass sie beobachtet werden, kann zu einer Verzerrung ihrer Verhaltensweisen führen (z. B. die Vermeidung sozial unerwünschter Reaktionen). Als Konsequenz dieser Einsicht ist Forschenden anzuraten, offensiv mit reaktiven Effekten umzugehen, diese in der Untersuchungsplanung zu berücksichtigen und ihre Wirkung in der späteren Datenanalyse abzuschätzen (vgl. LÜDTKE 1995, S. 317).

Strategien zur Verminderung der Reaktivität

Eine zweite häufig referierte Fehlerquelle betrifft den Beobachter selbst und ist nur durch gründliche Schulung zu minimieren. Die häufigsten bei der Wahrnehmung menschlichen Verhaltens auftretenden Fehlermöglichkeiten werden im Anschluss kurz vorgestellt; eine ausführliche Beschreibung findet sich bei Faßnacht (1995).

Der Beobachter als Fehlerquelle

Beurteilungs-
tendenzen

Beim Einsatz von Beobachtungsinstrumenten, mit denen eine Einschätzung der Intensität der zu beobachtenden Tatbestände vorzunehmen ist (z.B. Lautstärke des Sprechens einer beobachteten Person), ist häufig eine Beurteilungstendenz zur Mitte festzustellen. Dieser so genannte „Effekt der zentralen Tendenz" besagt, dass Beobachter oftmals davon ausgehen, dass mittlere Intensitätsstufen des menschlichen Verhaltens häufiger vorkommen als extreme Intensitätsstufen und das beobachtete Verhalten entsprechend kategorisieren (vgl. HUBER 1995, S. 140).

Großzügigkeits-
tendenzen

Der Fehler der Milde oder Großzügigkeit ist eine weitere Form der systematischen Verzerrung von zu beobachtenden Tatbeständen. Befürchtet beispielsweise ein Beobachter aufgrund seines Beobachtungsresultats (z.B. bei der Beobachtung der Berufseignung eines potenziellen Auszubildenden) negative Konsequenzen für sich oder die beobachtete Person, so kann er geneigt sein, die Person günstiger zu beurteilen.

Zeitliche Abfolge

Ein dritter Fehler ist mit der zeitlichen Abfolge von Wahrnehmungsinhalten verbunden. Sowohl die erste als auch die letzte Wahrnehmung menschlichen Verhaltens kann einen Einfluss auf die Beurteilung der beobachtenden Person haben. Einige Autoren sehen hierin eine beträchtliche Fehlerquelle, vor allem dann, wenn der Beobachter aufgrund wahrgenommener Verhaltensweisen Sympathien oder Antipathien gegenüber den beobachteten Personen entwickelt.

Halo-Effekt

Ein weiterer bei der Persönlichkeitsbeurteilung auftretender Fehler wird als Halo-Effekt bezeichnet. Dieser Effekt beschreibt die Tendenz, dass sich Beobachter bei der Beurteilung von Persönlichkeitseigenschaften von einem Gesamteindruck oder hervorstechenden Eigenschaften leiten lassen und unzulässig auf noch nicht beobachtete Eigenschaften schließen. So kann die generelle Einschätzung eines Kindes als „sanftmütig" dazu führen, aggressive Verhaltensweisen bei diesem Kind als bloßes „Spielen" zu beurteilen.

Logischer Fehler

Abschließend sei ein Fehler erwähnt, der „logischer" oder auch „theoretischer Fehler" genannt wird. Damit ist die Tendenz von Beobachtern gemeint, die zu beobachtende Situation im Lichte bestimmter „naiver" Annahmen oder Vorurteile (z.B. alle Skinheads sind rechtsradikal) zu beurteilen bzw. wahrzunehmen.

Betrachtet man die dargestellten möglichen Fehlerquellen einer wissenschaftlichen Beobachtung, so steht man vor einem Dilemma (vgl. GREVE/ WENTURA 1997): Einerseits benötigen wir den Menschen als „Messinstrument", andererseits müssen wir beachten, dass die Zuordnungen, die dieses Instrument vornimmt, offenbar nicht immer korrekt sind. Sollte man deshalb auf die Beobachtung als Datenerhebungsmethode verzichten? Das ist offensichtlich nicht nötig, wenn man versucht, den genannten Fehlern vorzubeugen oder, falls die Fehler nicht zu verhindern waren (z.B. die Reaktivität), die Ursachen zu klären und in der Datenauswertung zu berücksichtigen.

Minimierung von
Beobachterfehlern

Eine Minimierung von Beobachterfehlern ist zunächst durch eine gründliche Planung und die standardisierte Durchführung der Beobachtung zu erreichen. Dazu zählen auch die Auswahl und das Training der eingesetzten Beobachter. Dem Beobachtungsschema kommt bei der Fehlerminimierung eine besondere Bedeutung zu: Je eindeutiger das beobachtete Verhalten den Kategorien des Beobachtungsschemas zugeordnet werden kann, desto geringer sind die auftretenden Beobachtungsfehler. Eine weitere Möglichkeit, mit potentiellen Fehlerquellen umzugehen, besteht in der Kontrolle der Beobachter. Dazu werden die Beobachtungsresultate verschiedener Beobachter miteinander verglichen, es wird also überprüft, inwieweit die Beobachtungsergebnisse übereinstimmen. In den meisten Beobachtungsstudien wird die Beobachterübereinstimmung als Maß für die Reliabilität verwendet, wobei das einfachste Maß zunächst der Prozentsatz an Übereinstimmungen zwischen zwei Beobachtern ist. Diese Vorgehensweise berücksichtigt jedoch nicht, dass selbst Beobachter, die rein zufällig das wahrgenommene Verhalten kategorisieren, mit einer bestimmten Wahrscheinlichkeit die gleichen Kategorien wählen werden. Aus diesem Grunde existieren weitere Übereinstimmungsmaße, die eine Korrektur für zufällige Übereinstimmungen beinhalten (siehe dazu ausführlich GREVE/WENTURA 1997, S. 96ff.).

Wird ein Beobachtungsschema von Forschern genutzt, die dieses Instrument nicht entwickelt haben, so stellt sich auch die Frage nach der so genannten „interinvestigator"-Übereinstimmung (also der Übereinstimmung zwischen verschiedenen Forschergruppen), da jede Forschungsgruppe zum einen ein hohes Maß der Beobachterübereinstimmung erreichen, zum anderen aber die verwendeten Kategorien unterschiedlich interpretieren kann (vgl. GALTON 1997, S. 336).

Gültigkeit von Beobachtungen

Für die Überprüfung der Validität von Beobachtungsstudien wird in der Literatur übereinstimmend das Verfahren der simultanen, multiplen Messungen mit verschiedenen Beobachtungsschemata vorgeschlagen. Obwohl dieses – als *Cross-Validierung* bezeichnete – Verfahren als adäquates Mittel zur Kontrolle der Validität gilt, ist es bislang nur bei wenigen Studien eingesetzt worden. Während Friedrichs (1990, S. 288) empfiehlt, das zu erforschende Verhalten auch durch verschiedene Methoden (z.B. Beobachtung und Befragung) zu messen, zeigt Diekmann (2001, S. 479), dass Befragung und Beobachtung durchaus unterschiedliche Ergebnisse liefern können.

Objektivität der Beobachtungen

Die Objektivität der Beobachtungsverfahren wird, wie bereits erwähnt, durch die Ausführlichkeit des Beobachtungsschemas bestimmt. Obwohl die Wahl der Beobachtungskategorien sowie deren Definition sehr subjektiv erscheinen – reflektieren sie doch die Werthaltungen ihrer Entwickler –, ist das Beobachtungsverfahren an sich objektiv. Denn die Kriterien, mit denen die zu beobachtenden Verhaltensweisen beschrieben werden, sind klar definiert und für verschiedene Forscher nachvollziehbar formuliert. Wird das Beobachtungsschema ausführlich dokumentiert und korrekt angewendet, so ist es unanfällig gegen Verzerrungen durch individuelle Beobachter (vgl. GALTON 1997, S. 335).

8.4 Quantifizierung beobachteten Verhaltens

Time-sampling-Verfahren

Ziel einer (quantitativen) Beobachtungsstudie ist, das beobachtete Verhalten zu quantifizieren. Schon Ende der 20er Jahre des vorigen Jahrhunderts wurde von Willard C. Olson (1929) eine der bekanntesten Quantifizierungstechniken entwickelt – das Time-sampling-Verfahren bzw. die Zeitstichprobe (vgl. GALTON 1997, S. 335). Die Zeitstichprobe umfasst wesentliche Merkmale, die dieses Verfahren von anderen abgrenzen: Das Verhalten eines Individuums oder einer Gruppe wird in einer natürlichen Umgebung direkt beobachtet. Vor der Beobachtung definierte Verhaltensweisen werden, abhängig von ihrem Auftreten, in einer spezifizierten Zeiteinheit aufgezeichnet. Die Zeiteinheiten werden mit einer bestimmten Häufigkeit wiederholt. Dieses Vorgehen finden wir auch in Banduras Untersuchung zum Modelllernen, die zu Beginn dieses Kapitels beschrieben wurde. Vor der Beobachtung wurde das Auftreten von aggressiven Handlungen gegenüber der Puppe im Spielzimmer als zu beobachtende Verhaltensweisen definiert. Die Häufigkeit des Auftretens kindlicher Aggressionen wurde in einem 5-Sekunden-Intervall protokolliert.

Aus der Zusammenfassung der (kurzen) Zeit-Teile (short samples), die man mit diesem Verfahren erhält, können quantitative Maße der totalen Häufigkeit, der durchschnittlichen Häufigkeit und der Variabilität der Auftretenshäufigkeiten des Verhaltens abgeleitet werden. Für Bandura und seine Kollegen war es durch die Auszählung der Auftretenshäufigkeit aggressiver Handlungen bei den spielenden Kindern möglich, die aufgestellten Hypothesen zum Modelllernen empirisch zu überprüfen.

Event-sampling-Verfahren   Ein weiteres häufig genutztes Quantifizierungsverfahren ist das Eventsampling bzw. die Ereignisstichprobe. Bei diesem Verfahren werden die zu untersuchenden Verhaltensmuster über einen festgelegten Beobachtungszeitraum (z. B. eine Unterrichtsstunde) immer dann protokolliert, wenn sie wahrgenommen werden. Mit dieser Methode ist die Messung der Häufigkeit und Dauer von Verhaltensereignissen präzise möglich (vgl. FAßNACHT 1995, S. 127). Gerade für Videostudien bietet sich dieses Verfahren an, da durch die technische Unterstützung längere Beobachtungszeiträume realisiert werden können, als dies bei Simultanbeobachtern der Fall wäre. Ein weiterer Vorteil von Videostudien liegt in der objektiven Aufzeichnung der beobachteten Phänomene. So können Beobachter das Geschehen zunächst auf Video aufnehmen und später die zu untersuchenden Verhaltensmuster in das Beobachtungsschema übertragen. Dabei kann das Videomaterial immer wieder gestoppt, vor- und rückgespult und von mehreren Beobachtern betrachtet werden. Mit Videostudien ist somit die Minimierung der Beobachtungsfehler bei gleichzeitiger Erhöhung der Objektivität der Beobachtung möglich. Es ist aber darauf hinzuweisen, dass eine Beobachtung nicht automatisch zu einer Videostudie wird, nur weil eine Kamera das zu Beobachtende aufzeichnet. Videostudien müssen sorgfältig geplant werden, damit auch tatsächlich die zu untersuchenden Verhaltensmuster durch die Videokamera erfasst werden. Einen grundlegenden und nachvollziehbaren Einblick in die Durchführung und die methodischen Fallstricke einer Videostudie gibt eine Publikation des Leibnitz-Institutes für die Pädagogik der Naturwissenschaften (IPN) zur Videostudie „Lehr-Lern-Prozesse im Physikunterricht" (SEIDEL/PRENZEL/DUIT/LEHRKE 2003).

Was Sie wissen sollten, wenn Sie Kapitel 8 gelesen haben:

– Sie sollten den Unterschied zwischen Alltagsbeobachtungen und wissenschaftlichen Beobachtungen erklären können.

- Sie sollten wissen, welche Arten von Beobachtungssystemen zur Anwendung kommen.
- Sie sollten die wichtigsten Beobachterfehler kennen und über Strategien zur Vermeidung dieser Fehler Bescheid wissen.
- Sie sollten Verfahren der Quantifizierung von Beobachtungsinhalten kennen und Aussagen über die Gewährleistung der Gütekriterien sozialwissenschaftlicher Messung machen können.

Weiterführende Literatur zu Kapitel 8:

GREVE, WERNER/WENTURA, DIRK (1997): **Wissenschaftliche Beobachtung. Eine Einführung**. Weinheim. In dieser für Psychologiestudierende konzipierten Einführung werden Vorteile und Stärken der wissenschaftlichen Beobachtung dargestellt, ihre wichtigsten Fehlerquellen diskutiert und Lösungsmöglichkeiten beschrieben.
FAßNACHT, GERHARD (1995): **Systematische Verhaltensbeobachtung. Eine Einführung in die Methodologie und Praxis.** München. Das Standardwerk zur Verhaltensbeobachtung.
FEGER, HUBERT (1983): **Planung und Bewertung von wissenschaftlichen Beobachtungen**. In: Feger, Hubert/Bredenkamp, Jürgen (Hrsg.): Datenerhebung. Enzyklopädie der Psychologie. Bd. 1: Forschungsmethoden. Göttingen, S. 1–75. Eine gelungene und komprimierte Einführung in die Methodik und Bewertung wissenschaftlicher Beobachtung.

9 Die quantitative Inhaltsanalyse

Mit dem Begriff der Inhaltsanalyse wird ein Methodenbündel bezeichnet, dessen Gegenstand die Analyse von Inhalten menschlicher Kommunikation ist. Ähnlich wie bei den bereits vorgestellten Methoden der Datenerhebung knüpft auch die Inhaltsanalyse zunächst an das alltägliche Sprachverstehen an. Im Gegensatz zu der von uns oftmals unbewusst vorgenommenen Interpretation der Äußerungen unserer Gesprächspartner oder der Inhalte von Zeitungsartikeln versteht die Wissenschaft unter dem Begriff der Inhaltsanalyse Methoden, die systematisch und objektiv zuvor festgelegte Merkmale von Kommunikationsinhalten erfassen (vgl. FRIEDRICHS 1990, S. 315).

Wissenschaftliche Inhaltsanalyse

In einigen Lehrbüchern wird die Inhaltsanalyse lediglich als empirisches Datenerhebungsverfahren vorgestellt, obwohl sie nicht nur auf die Erhebung von Daten abzielt, sondern auch deren wissenschaftlich begründete Auswertung umfasst.

Gegenstände der Inhaltsanalyse sind prinzipiell alle menschlichen Kommunikationsinhalte, die in einer auswertbaren Form vorliegen. Obwohl sich die Inhaltsanalyse vorwiegend mit schriftlich fixierten Zeugnissen menschlicher Beziehungen auseinandersetzt, rücken mit der schnellen Entwicklung elektronischer Medien auch weitere Kommunikationsformen, wie Bild, Film oder Internet in den Fokus wissenschaftlicher Untersuchungen.

Inhaltsanalyse und Massenmedien   Diese Entwicklung erstaunt nicht, denn die Inhaltsanalyse ist historisch eng mit der Überprüfung von (massen-)medialen Inhalten verknüpft. Mit dem Aufkommen der Zeitung als Massenmedium in der 2. Hälfte des 19. Jahrhunderts war auch das moralisch-pädagogische Interesse verbunden, mehr über die Inhalte dieses neuen Kommunikationsmediums zu erfahren. So untersuchte Speed 1893 vier New Yorker Zeitungen hinsichtlich der Veränderung ihrer Themenwahl, indem er zwei zufällig ausgewählte Ausgaben aus den Jahren 1881 und 1893 nach ihrem Inhalt kategorisierte und zudem die einzelnen Artikel nach ihrem Flächeninhalt ausmaß. Aus dem so gewonnenen Verhältnis zwischen der Häufigkeit des Erscheinens eines Themas und dem damit verbundenen Flächenanteil folgerte Speed, dass sensationell aufgemachte Themen einer religiösen, literarischen und wissenschaftlichen Berichterstattung den Rang abgelaufen hatten (vgl. ATTESLANDER 2000, S. 207).

9.1 Formen der Inhaltsanalyse

Eine an der quantitativen Forschungsmethodologie orientierte Inhaltsanalyse hat die Aufgabe, Kommunikationsinhalte anhand theoriegeleiteter Kriterien (stilistische, grammatische, inhaltliche oder pragmatische Merkmale) in numerische, auswertbare Informationen umzuwandeln. Ziel ist die Überprüfung von Hypothesen, die an die Kommunikationsinhalte herangetragen werden. Demgegenüber stehen bei der qualitativen Inhaltsanalyse die Interpretation von Texten und die Aufdeckung von Zusammenhängen der Entstehung und Verwendung von Kommunikationsinhalten im Vordergrund des wissenschaftlichen Interesses. Es erscheint jedoch nicht fruchtbar, die Kontroverse der 1950er Jahre, ob die Inhaltsanalyse qualitativ oder quantitativ zu verfahren hat, erneut aufzugreifen.

Ebenen der Inhaltsanalyse   Eine von Haft (1995, S. 415) vorgeschlagene Unterscheidung aufeinander aufbauender Ebenen der Inhaltsanalyse ist eher geeignet, den Kritiken am ausschließlich quantitativen oder qualitativen Vorgehen der Inhaltsanalyse entgegenzutreten:

– Auf einer ersten Ebene ermittelt die Inhaltsanalyse lediglich die (relative) Häufigkeit bestimmter Merkmale von Kommunikationsinhalten. Es werden entweder theoretisch fundierte Kategorien definiert oder diese Kategorien aus dem Textmaterial heraus entwickelt und daran anschließend den vorliegenden Kommunikationsinhalten zugeordnet. Dieses Vorgehen wird häufig bei der Auswertung offener Fragen in einem ansonsten standardisierten Fragebogen angewendet, wenn das Interesse auf einer bloßen Auszählung von unterscheidbaren Kategorien des Wortmaterials beruht. So kann z.B. durch die Häufigkeitsanalyse ausgezählt werden, wie oft Studierende bei einer Lehrveranstaltungsevaluation („Was haben Sie an dieser Lehrveranstaltung als besonders gut empfunden?") die vom Dozenten eingesetzte didaktische Methode der Gruppenarbeit nennen.

– Die zweite Ebene der Inhaltsanalyse wird mit dem Begriff der Präsenzuntersuchung bezeichnet. Auf dieser Ebene ist die Frage zu klären, ob bestimmte kategorial vordefinierte Textmerkmale vorkommen oder nicht.

Die höhere Komplexitätsstufe dieser Ebene ist durch die Notwendigkeit eines von außen heranzutragenden, externen begrifflichen Bezugssystems bedingt, da anders nicht zu entscheiden wäre, welches Vorkommen oder Nicht-Vorkommen von Textmerkmalen zu untersuchen ist. (Die Frequenzanalyse kann demgegenüber noch mit einem aus dem Text selbst gewonnenen Kategoriensystem auskommen.) Ein Beispiel für eine Präsenzanalyse ist die Auszählung der Ankündigungen von Lehrveranstaltungen im Bereich „Empirische Forschungsmethoden/Statistik" anhand der Vorlesungsverzeichnisse deutscher Universitäten mit erziehungswissenschaftlichem Studiengang (vgl. ABEL 1999). Das von außen angelegte Kategorieschema orientiert sich an den Studien- bzw. Prüfungsordnungen der entsprechenden Universitäten, um ein Urteil über die Umsetzung der in den Prüfungsordnungen geforderten Zahl an Lehrveranstaltungen in diesem Bereich fällen zu können.

– Auf der dritten Ebene fragt die Inhaltsanalyse nach den latenten Bedeutungen des Wortmaterials. Hier gilt zu untersuchen, ob der Text Bedeutungen enthält, denen keine bestimmte, abgrenzbare Zeichenmenge eindeutig zugeordnet werden kann (Ironie, Metaphern, „verdeckte" Wertungen) bzw. ob Kodierungen verwendet werden, die zusätzlich für andere als die in der jeweiligen Sprachgemeinschaft üblichen Bedeutungszuordnungen stehen. Ein Beispiel ist die Verwendung des Ausdrucks „Bulle". Je nach Kontexteinbettung, z.B. auf dem Börsenparkett, in der Landwirtschaftszeitung oder in der Umgangssprache jugendlicher Straftäter lassen sich unterschiedliche Bedeutungen dieses Wortes erkennen (vgl. DIEKMANN 2001, S. 485). Die Analyse dieser Ebene ist mit einem erheblichen Komplexitätsgrad der Bezugstheorie verbunden. „Diese muss nicht nur ausweisen, warum und nach welchen manifesten Bedeutungen gesucht werden soll, sondern überdies darlegen, wie solche manifesten Bedeutungen latente Sinnzusammenhänge spiegeln und in welchem Kontext sie entstanden sind." (HAFT 1995, S. 415).

– Die vierte Ebene der Inhaltsanalyse behandelt die Frage nach der (subjektiven) „thematischen Relevanz" (SCHÜTZ/LUCKMANN 1975 in: HAFT 1995, S. 415). Auf dieser Ebene soll geklärt werden, ob dem Textproduzenten nicht eine andere Aussage als die manifest formulierte wichtiger war. Besonders bei Texten, die Teil eines Rituals (z.B.: Schulleiterreden bei der feierlichen Überreichung der Abiturzeugnisse) sind oder unfreiwillig zustande kommen, ist die Frage nach der subjektiven Bedeutung von Äußerungen zu stellen. Gerade in solchen Fällen ist es wahrscheinlich, dass der subjektiv gemeinte Sinn nicht unverfälscht erscheint, sondern in den tatsächlichen Äußerungen nur verzerrt zum Ausdruck kommt. Für die Inhaltsanalyse stellt sich damit die Aufgabe, aufzudecken, welche subjektive Relevanz einer manifesten Äußerung zugrunde liegt.

Betrachtet man die vier aufeinander aufbauenden Ebenen der Inhaltsanalyse, dann ist leicht festzustellen, dass die ersten beiden Ebenen (Frequenz- und Präsenzanalyse) eher dem quantitativen Paradigma und die Ebenen drei und vier (latente Bedeutung und thematische Relevanz) eher dem qualitativen Vorgehen entsprechen. Je nach Fragestellung der Untersuchung ist zu entscheiden, ob ein quantitatives Vorgehen ausreicht oder ob ein „fruchtbares Wechselspiel zwischen quantitativer und qualitativer Vorge-

Quantitative und qualitative Aspekte

hensweise" (MERTEN 1995, S.53) angezeigt ist. Weber (1994, S. 252) ist sogar der Ansicht, dass herausragende Studien immer quantitative und qualitative Verfahren der Inhaltsanalyse nutzen.

Ein Beispiel für die Anwendung beider Formen der Inhaltsanalyse liefert eine Untersuchung von Elizabeth Aries (1973; in WEBER 1994, S. 253f.) zu Geschlechtsdifferenzen im Verhalten kleinerer Sozialgruppen. Unter Nutzung computergestützter Inhaltsanalysen konnte Aries nachweisen, dass die Kommunikation in gleichgeschlechtlichen Gruppen andere Muster als in gemischt-geschlechtlichen Gruppen aufweist. Sind Frauen unter sich, so legen sie in ihrer Kommunikation ein höheres Gewicht auf zwischenmenschliche Aspekte. Frauen diskutieren häufiger über sich selbst, ihr Zuhause und ihre Familien sowie über ihre zwischenmenschlichen Beziehungen. Aries kommt zu dem Schluss, dass sich Frauen in der Kommunikation mit anderen Frauen in hohem Maße über die Beziehungen zu den sie alltäglich umgebenden signifikanten Anderen definieren. In Männergruppen kommt es dagegen selten zu einer direkten Ansprache von zwischenmenschlichen Aspekten. Stattdessen werden persönliche Erfahrungen und Gefühle indirekt durch die Umwandlung des Erlebten in Geschichten oder die Verwendung von Metaphern ausgedrückt. Männergruppen erreichen ein Zusammengehörigkeitsgefühl eher über die verbale Darbietung amüsanter Begebenheiten und gegenseitige Erzählungen ihrer Aktivitäten als über die gemeinsame Diskussion ihrer Befindlichkeiten während des Erlebten. Darüber hinaus beinhalten die Erzählungen in Männergruppen ein höheres Maß an Aggression als dies bei reinen Frauengruppen der Fall ist. In gemischt-geschlechtlichen Gruppen sprachen Frauen deutlich weniger über ihre Familien und ihr Zuhause als in reinen Frauengruppen. Aber auch leistungs- und institutionenbezogene Themen wurden von Frauen in solchen Gruppen seltener angesprochen. Aries deutet dieses Verhalten der Frauen in Gegenwart von Männern als die unreflektierte Übernahme von traditionellen weiblichen Rollenerwartungen. Männer hingegen drückten in gemischt-geschlechtlichen Gruppen ihr Durchsetzungsvermögen weniger über die Erzählung entsprechender Anekdoten als über den Versuch der Übernahme einer Führungsrolle aus. Es ist aber auch festzustellen, dass Männer in der Gegenwart von Frauen häufiger dazu neigen, über sich und ihre Gefühle zu reden.

Verwendung der Inhaltsanalyse

Die Untersuchung von Aries verdeutlicht, dass die Inhaltsanalyse:
- auf wichtige Fragestellungen in der Schnittstelle von Kultur, Sozialstruktur und sozialer Interaktion anwendbar ist,
- genutzt werden kann, um abhängige Variablen eines experimentellen Designs zu spezifizieren,
- und zur Untersuchung kleinerer Gruppen als Mikrokosmos der Gesellschaft dienen kann (vgl. WEBER 1994, S. 253).

Dass demgegenüber rein quantitativ vorgehende Inhaltsanalysen – trotz aller Kritik am selektiven Vorgehen und Vernachlässigung des Kontextes – durchaus zu neuen Erkenntnissen führen können, zeigen Inhaltsanalysen von Schulbüchern. Hierbei konnte festgestellt werden, dass weibliche Akteure vornehmlich in der Rolle von Hausfrauen, Müttern und Krankenschwestern in Erscheinung traten, während den männlichen Akteuren die prestigeträchtigen Berufe vorbehalten waren (vgl. BORTZ/DÖRING 1995, S. 140).

9.2 Das Kategoriensystem einer Inhaltsanalyse

Eine zentrale Idee der Inhaltsanalyse besteht darin, die Vielzahl der Wörter eines Textes in deutlich weniger Kategorien einzuordnen. Die Gesamtheit aller Kategorien einer inhaltsanalytischen Untersuchung wird als Kategoriensystem bezeichnet. Der systematische und objektive Charakter einer quantitativen Inhaltsanalyse ist im Wesentlichen durch dieses Kategoriensystem geprägt, das festlegt, welche Textmerkmale durch Auszählen erfasst werden sollen. Als Beispiel für eine Kategorie führt Atteslander (2000, S. 212) bei Untersuchungen von Zeitungen die Art eines Zeitungsartikels an, wobei „Art des Zeitungsartikels" die Variable und Formen wie Bericht, Reportage, Feature oder Interview Ausprägungen dieser Variable sind. Das Kategoriensystem enthält zudem die Regeln für die Codierung, d.h. die Überführung der Merkmale des Kommunikationsinhaltes in numerische Daten, die dann in einer statistischen Analyse ausgewertet werden können.

Informations-reduktion

Nach Atteslander (ebd.) müssen inhaltsanalytische Kategorien folgende Kriterien erfüllen:

Kriterien für Kategoriensysteme

- Das Kategoriensystem muss sich theoretisch aus den Untersuchungshypothesen ableiten lassen.
- Die Kategorien müssen voneinander unabhängig sein.
- Die Ausprägungen der Kategorien müssen vollständig sein.
- Die Ausprägungen jeder Kategorie müssen disjunkt (wechselseitig exklusiv) sein.
- Die Ausprägungen jeder Kategorie müssen eine einheitliche Dimensionalität aufweisen (einheitliches Klassifikationssystem).
- Die Kategorien und ihre Ausprägungen müssen eindeutig definiert sein.

Eine Sichtung der Literatur zeigt, dass die meisten Autoren die Entwicklung eines Kategoriensystems vor Beginn der Inhaltsanalyse empfehlen und damit dem dargestellten Kriterienkatalog von Atteslander folgen. Dies ist auch deshalb sinnvoll, weil sich das Kategoriensystem auf die Fragestellung der Untersuchung bezieht und unter Rückgriff auf den empirischen Forschungsstand sorgfältig erarbeitet werden muss. Dieses theoriengeleitete (deduktive) Vorgehen kann jedoch in einigen Forschungsvorhaben (z.B. bei der Auswertung offener Fragen eines Fragebogens) nicht immer umgesetzt werden. In diesen Fällen verfährt man induktiv, d.h. erst nach der Sichtung des Textmaterials werden die für eine Auszählung geeigneten Kategorien festgelegt. Dabei abstrahiert man vom konkreten Textmaterial und versucht, übergeordnete Kategorien zu finden. Bortz und Döring (1995, S. 141) weisen zu Recht darauf hin, dass in der Praxis häufig Mischformen zu finden sind, d.h. ein hypothesengeleitetes Kategoriensystem wird im Verlaufe der Auswertungen überarbeitet, wenn sich beispielsweise herausstellt, dass relevante Kategorien vergessen wurden oder eine sorgfältigere Differenzierung der Kategorien notwendig ist.

Die Forderung der Unabhängigkeit der Kategorien bedeutet, dass die Zuordnung eines Textelements nur in eine Kategorie erfolgen darf und nicht fälschlicherweise eine simultane Zuordnung in zwei oder mehr Kategorien erfolgt. So sollte bspw. in der inhaltsanalytischen Auswertung von Kontakt-

Unabhängigkeit

anzeigen das Wort „nett" nur in die Kategorie „Persönlichkeitseigenschaften" fallen. Die Unabhängigkeit der Kategorien ist zudem eine unabdingbare Voraussetzung für die statistische Analyse des kodierten Textes.

Vollständigkeit und Eindeutigkeit

Das Kriterium der Vollständigkeit der Ausprägungen von Kategorien bezieht sich nicht auf alle Elemente des zu analysierenden Textmaterials, sondern nur auf die im Forschungsinteresse liegenden Bedeutungsinhalte. Kategoriensysteme sind – wie andere Datenerhebungsinstrumente auch – in dieser Hinsicht selektiv und weisen daher nur auf die mit der Fragestellung zusammenhängenden Inhalte Vollständigkeit auf. Atteslander (2000) macht darauf aufmerksam, dass in inhaltsanalytischen Untersuchungen häufig gegen die Forderung nach einer Einheitlichkeit des Klassifikationsprinzips der Kategorien verstoßen wird. Ein solcher Verstoß liegt beispielsweise dann vor, wenn die Kategorie „Schulbildung" die Ausprägungen „Hauptschule", „Realschule" und „Abitur" enthält. Während die ersten beiden Ausprägungen Schultypen darstellen, die man (im günstigen Falle) mit oder (im ungünstigen Falle) ohne Abschluss beenden kann, ist das Abitur ein erworbener Abschluss, der zudem in unterschiedlichen Institutionen des Schulsystems (z.B. Gymnasium, Abendgymnasium, höhere Berufsfachschule) abgelegt werden kann.

Ob Kategorien und ihre Ausprägungen eindeutig sind, stellt sich oftmals erst während des Codierens heraus. Bei der Einordnung der zu untersuchenden Textelemente zeigt es sich, ob die Kategorien und ihre Ausprägungen so trennscharf formuliert wurden, dass eine eindeutige Zuordnung durch den Codierer gewährleistet ist.

Inhaltsanalyse von Liebesbriefen

In der Darstellung eines Kategoriensystems zur inhaltsanalytischen Erfassung von semantischen Einheiten in Liebesbriefen (vgl. Rohde-Höft/Laucken/Mees/Schmitt 1999) sollen die bislang eher theoretisch dargestellten Merkmale inhaltsanalytischer Kategorien anhand eines realen Forschungsprojektes illustriert werden. Das Kategoriensystem wurde in einem iterativen Verfahren auf der Basis von 50 Liebesbriefen entwickelt. Als einleitende Erläuterungen zum Kategoriensystem geben die Autoren folgende Hinweise (ebd., S. 3ff.):

„Gegenstand der Inhaltsanalyse sind Liebesbriefe, d.h. Briefe, die eine Person A an eine von ihr geliebte Person B geschrieben hat. Briefe, die sich auf die Liebe zu verwandten Personen, wie z.B. Eltern und Geschwister beziehen, gehören nicht in die Grundgesamtheit der Untersuchung."

Kodiereinheiten

Die zu kodierenden Einheiten sind Aussageeinheiten (z.B. „Ich liebe nur Dich"). Diese müssen nicht mit lexikalisch oder grammatisch bestimmbaren Einheiten (z.B. lieben als Verb) übereinstimmen. Nach welchen Aussageeinheiten unterschieden werden soll, ist durch die unterste hierarchische Ebene des Kategoriensystems vorgegeben. Es werden nur die manifesten Bedeutungen der Aussagen kodiert (und nicht das, was „zwischen den Zeilen" steht).

Jeder Textteil darf nur einer Kategorie des Kategoriensystems zugeordnet werden. Ausnahmen sind Metaphern oder Metonymien (Ersatzbedeutungen). So wird bspw. der Satz „Ich freue mich schon auf das zuckersüße Bonbon" inhaltlich mit der Kategorie „Vorfreude" und zusätzlich mit „ME" kodiert.

Tab. 9.1: Ausschnitt aus dem Kategoriensystem von Rohde-Höft et al. (1999) zur Inhaltsanalyse von Liebesbriefen

Aus-sage	Themen-strang	Kategorie	Unterkategorie	Code	Textbeispiele
Aussagen zur eigenen Liebe	1. Themenstrang: Ich liebe Dich	1.1 Liebesäußerung	1.1.1 Liebeserklärung 1.1.2 Kosenamen 1.1.3 Unbeschreib-lichkeit der Liebe 1.1.4 Beschreibung einer zärtlichen Geste	Kat.: I.1.1.1 Kat.: I.1.1.2 Kat.: I.1.1.3 Kat.: I.1.1.4	Mein Herz gehört Dir. Du bist mein Mäuschen. Ich kann kaum beschreiben, was in mir vorgeht. Ich umarme Dich ganz fest.
		1.2 Beteuerung der Ausschließlichkeit		Kat. I.1.2	Mein Herz gehört *nur* Dir.
		1.3 Kompliment	1.3.1 Allgemeines Kompliment 1.3.2 Kompliment be-zogen aus das Äußere 1.3.3 Kompliment be-zogen auf innere Werte	Kat.: I.1.3.1 Kat.: I.1.3.2 Kat.: I.1.3.3	Alles an Dir ist so toll. Du hast eine tolle Figur. Es gibt keinen zärtli-cheren Mann als Dich.
		1.4 Erbringen von Opfern/Anstrengun-gen/Mühen/Über-windung von (auch inneren) Hindernissen/ Liebestat		Kat.: I.1.4	Ich werde Dir jeden Tag eine Karte schrei-ben.
		1.5 Ergriffenheit/ außer sich sein/ Unwiderstehlichkeit		Kat.: I.1.5	Ich kenn mich nicht mehr wieder.
		1.6 Körperliche Symptome		Kat.: I.1.6	Ich habe weiche Knie.
		1.7 Ernsthaftigkeit der eigenen Liebe/ Vertrauen sichern		Kat.: I.1.7	Du kannst mir glau-ben, ich liebe Dich.
		1.8 An den anderen, an die Beziehung denken, von ihm/ihr träumen		Kat.: I.1.8	Meine Gedanken sind bei Dir.
		1.9 Achtung/ Wertschätzung		Kat.: I.1.9	Es gibt niemanden, den ich so wie Dich ehre.
		1.10 Unerwartetheit und/oder Plötzlichkeit der eigenen Liebe/ Gefühle		Kat.: I.1.10	Nie hätte ich gedacht, dass ich so empfinden kann.
		1.11 Betonung der Wichtigkeit des Partners/der Liebe		Kat.: I.1.11	Ich brauche Dich, wie die Luft zum Atmen.

Hierarchisches Vorgehen   Um die für eine Aussage passende Kodiereinheit zu finden, wird hierarchisch gestuft vorgegangen. Im ersten Schritt ist zu klären, ob es sich um Aussagen handelt, die von der schreibenden Person zur eigenen Liebe gemacht werden (mit I kodiert), ob sich die Aussage auf die Liebe der Partnerin oder des Partners der schreibenden Person bezieht (mit II kodiert) oder ob mit der Aussage die gemeinsame Liebe zwischen beiden Schreibenden (mit III kodiert) thematisiert wird. Der nächste Kodierschritt dient der Bestimmung des Themenstrangs (der Dimension), der durch die Aussage angesprochen wird. Das Kategoriensystem enthält sieben unterscheidbare Themenstränge. Im dritten Kodierschritt werden die Aussageeinheiten innerhalb der Themenstränge Kategorien bzw. Unterkategorien zugeordnet.

Tabelle 9.1 enthält einen beispielhaften Ausschnitt aus dem so definierten Kategoriensystem. Die Einführung von Unterkategorien hat in diesem Kategoriensystem zum einen den Vorteil, dass eine eindeutige Zuordnung des Textmaterials erfolgen kann, und zum anderen ist dadurch bei den einzelnen Hauptkategorien das Hinzufügen weiterer Unterkategorien möglich, falls weitere Textquellen dies notwendig erscheinen lassen.

Der Prozess der Zuordnung von Textmerkmalen zu den Kategorien wird Kodierung genannt. Im erwähnten Beispiel der Inhaltsanalyse von Liebesbriefen (ROHDE-HÖFT et al. 1999) wäre dies die Zuordnung des Satzes „Ich weiß gar nicht, wie ich den Brief beginnen soll" zur Kategorie I.1.1.3 (vgl. Tab. 9.1). Diese Codes dienen dann wiederum der rechnergestützten Auswertung der Textinhalte.

9.3 Inhaltsanalytische Auswertungsstrategien

Das im Rahmen einer inhaltsanalytischen Untersuchung zu erstellende Kategoriensystem impliziert bereits die Zielrichtung der späteren Auswertung und damit auch Art und Umfang der Datenerhebung. Es lassen sich für die quantitative Inhaltsanalyse drei Auswertungsstrategien unterscheiden (vgl. BORTZ/DÖRING 1995, S. 141f.; DIEKMANN 2001, S. 496ff.): die Häufigkeits- oder Frequenzanalyse, die Kontingenzanalyse sowie die Valenz- und Intensitätsanalyse.

Einfache Auszählung   – Die Frequenzanalyse entspricht der schon erwähnten ersten Ebene inhaltsanalytischen Vorgehens. Mithilfe dieser Auswertungsstrategie werden Häufigkeiten bestimmter Wörter oder Wortgruppen, Begriffe, Ausdrücke spezifischer Bedeutung oder Themen erfasst. Das Kategoriensystem einer Frequenzanalyse kann im einfachsten Fall aus einer Kategorie bestehen. Soll z.B. ausgezählt werden, wie oft kindliche Zuschauer potentiell Zeugen von Gewaltszenen im TV-Vorabendprogramm eines Wochentages sein können, so genügt es, eine Hauptkategorie „Gewaltszenen" zu bilden. Diese Hauptkategorie kann durch weitere Unterkategorien (z.B. körperliche Gewalt, verbale Gewalt, Gewalt gegenüber Personen, Tieren oder Gegenständen usw.) präzisiert werden. Je nach Fragestellung der Untersuchung ist das entsprechende Kategoriensystem mehr oder weniger stark zu differenzieren.

– Die Kontingenzanalyse beruht zunächst auch auf der Häufigkeitsauszählung von Textmerkmalen; hierbei wird jedoch das gemeinsame Auftreten bestimmter Merkmale betrachtet. Das Ergebnis der Ermittlung so genannter Assoziationsstrukturen in Texten oder anderen inhaltsanalytischen Materialien wird in Kontingenztabellen eingetragen. So könnte beispielsweise überprüft werden, ob das Auftreten weiblicher Personen in Schulbüchern mit der Darstellung von Tätigkeiten im Haushalt verknüpft ist. Die Kontingenztabelle vergleicht die erwartete Häufigkeit – unter der Annahme dass keine Verknüpfung zwischen den Analyseeinheiten besteht – mit der beobachteten Häufigkeit von Kombinationen der zu analysierenden Textmerkmale. Geht man in dem hypothetischen Beispiel davon aus, dass 40% der in Schulbüchern dargestellten Personen weiblichen Geschlechts sind und 20% der abgebildeten Tätigkeiten im Haushalt durchgeführt werden, so ergibt sich eine Wahrscheinlichkeit des Auftretens beider Analysemerkmale von 8%. Bei einer positiven Assoziation (Verknüpfung) beider Merkmale müsste die relative Häufigkeit des gemeinsamen Auftretens von weiblichen Personen und Haushaltstätigkeiten mehr als 8% betragen. Analog dazu müsste man bei einer negativen Assoziation eine prozentuale Häufigkeit von weniger als 8% vorfinden.

Verknüpfung von Textmerkmalen

– Valenz- und Intensitätsanalysen arbeiten mit ordinal- oder intervallskalierten Variablen, die durch Schätzurteile quantifiziert werden. Bei dieser Art der Auswertung besteht das Kategoriesystem aus einer Reihe von Merkmalen, deren Ausprägungsgrad jeweils von geschulten Urteilern auf Rating-Skalen eingeschätzt wird. Ein Beispiel hierfür wäre die Analyse, ob der Kanzlerkandidat X in den Leitartikeln der Zeitung Y positiver beurteilt wird als in denen der Zeitung Z. Diese Art der Auswertung ist sehr zeitintensiv, da sie in mehreren Arbeitsschritten verläuft (für eine detaillierte Übersicht siehe DIEKMANN 2001, S. 500 ff.).

Einschätzung der Bedeutung von Kommunikations- inhalten

Noch einige Bemerkungen zu den Gütekriterien einer inhaltsanalytischen Untersuchung: Eine Inhaltsanalyse gilt dann als objektiv, wenn die systematische Zuordnung von Textmerkmalen zu Kategorien unabhängig von den Personen ist, die die Zuordnung vornehmen. Weitaus problematischer gestaltet sich die Bestimmung von Reliabilität und Validität einer quantitativen Inhaltsanalyse. Unter Reliabilität wird im Rahmen der Inhaltsanalyse das Ausmaß an Übereinstimmung des Kodierprozesses verstanden. Hierbei bietet sich das Wiederholungsverfahren an: Ein Kategoriensystem wird von verschiedenen Bearbeitern auf denselben Inhalt angewandt. (Eine Variante dieses Verfahrens besteht darin, dass ein Kodierer das Material nach einem gewissen zeitlichen Abstand mit dem gleichen Kategoriensystem noch einmal bearbeitet.) Die Höhe der Reliabilität wird dann durch den Grad der Übereinstimmung der Zuordnungen bestimmt (Intercoderreliabilität) (vgl. ebd.). Zu diesem Zweck steht eine Reihe von inhaltsanalytischen Reliabilitätskoeffizienten zur Verfügung (siehe dazu MERTEN 1995, S. 303 ff.).

Objektivität und Reliabilität

Ein Nachweis der Validität von Inhaltsanalysen ist anhand der zu diesem Thema publizierten Anleitungen und Vorstellungen schwer zu systematisieren. Wir folgen daher den Ausführungen von Bos (1989, S. 62), da sich diese an den schon dargestellten Hauptarten der Validität (Inhalts-, Kriteriums- und Konstruktvalidität) orientieren.

Inhaltsvalidität   Inhaltsvalidität kann nur über den Sachverstand des Analytikers bzw. dem Sprachverständnis des Verkoders sichergestellt werden. Die Verkoder sollten präzise geschult werden, damit eine korrekte Zuordnung des zu analysierenden Materials zu den induktiv oder deduktiv gewonnenen Kategorien erfolgt. Es empfiehlt sich, den Verkodern durch Textbeispiele und Erläuterungen zu illustrieren, was den Kern einer Kategorie ausmachen soll (vgl. BORTZ/DÖRING 1995, S. 142). Zuvor muss die logische Gültigkeit der Operationalisierung von Hypothesen, die sich in der Konstruktion des Kategoriensystems niederschlägt, überprüft werden.

Kriteriumsvalidität   Das bei der Überprüfung der Kriteriumsvalidität herangezogene Außenkriterium wird mittels Vergleich mehrerer unabhängiger Analysen des gleichen Inhalts gewonnen.

„Zwar ist das Voraussetzen der Validität der dazu herangezogenen Kontrolluntersuchungen problematisch, aber immerhin scheint diese Form der Validitätsprüfung besser als die bloße Inhaltsvalidität." (BOS 1989, S. 63)

Konstruktvalidität   Die Konstruktvalidierung erfolgt durch den Vergleich der gemessenen Ergebnisse mit den aufgrund theoretischer Vorstellungen formulierten erwarteten Ergebnissen der Inhaltsanalyse. Ist zwischen beiden Werten eine hohe Übereinstimmung festzustellen, wird von hoher Konstruktvalidität gesprochen. Mit dieser Vorgehensweise ist jedoch kein verbindlicher Nachweis einer fehlerfreien Analyse verbunden, da auch das theoretische Wissen des Analytikers fehlerbehaftet sein kann.

In der Praxis ist die Kontrolle der genannten Validitätsarten nur beschränkt möglich. So scheitert die Kriteriumsvalidierung meist am Fehlen geeigneter Kontrolluntersuchungen. Bos (1989) schlägt aus diesem Grund eine Verbesserung der Inhaltsvalidität mittels einer Reliabilitätsprüfung einzelner Kategorien vor. Im Rahmen eines Pretestes können für jede Kategorie einzeln die Übereinstimmung verschiedener Koder festgestellt werden. Kategorien mit niedriger Übereinstimmung können dann neu überdacht und noch einmal bearbeitet werden. Mit diesem Vorgehen wird eine Verbesserung der Qualität und somit auch der Validität einzelner Kategorien erreicht, da versucht wird, die Feststellung der Reliabilität in den Prozess der Erstellung des Kategoriensystems in Auseinandersetzung mit dem zu analysierenden Material zu integrieren.

„Die Gütekriterien Objektivität, Reliabilität und Validität werden gewissermaßen vereint, wenn die endgültige Dimensionierung inhaltsanalytischer Kategorien durch einen iterativen Prozeß im Spannungsfeld von Deduktion und Induktion erfolgt." (BOS 1989, S. 63)

Was Sie wissen sollten, wenn Sie Kapitel 9 gelesen haben:

– Sie sollten den Unterschied zwischen alltäglichen Interpretationen und wissenschaftlichen Inhaltsanalysen erklären können.
– Sie sollten wissen, welche Anwendungsbereiche mit den unterschiedlichen Analyseebenen der Inhaltsanalyse verknüpft sind.

– Sie sollten wissen, welche Anforderungen an das Kategoriensystem
einer quantitativen Inhaltsanalyse gestellt werden.
– Sie sollten Aussagen über die Sicherstellung von Objektivität, Reliabilität und Validität von quantitativen Inhaltsanalysen treffen können.

Weiterführende Literatur zu Kapitel 9:

BOS, WILFRIED/TARNAI CHRISTIAN (Hrsg.) (1989): **Angewandte Inhaltsanalyse in Empirischer Pädagogik und Psychologie.** Münster. Ein Sammelband mit Beiträgen
mehrerer Autoren zu teils spezifischen Fragen der angewandten Inhaltsanalyse.
MERTEN, KLAUS (1995): **Wissenschaftliche Inhaltsanalyse. Einführung in Theorie,
Methode und Praxis.** Opladen. Gelungene und umfassende Einführung in Theo-
rie, Methode und Praxis der Inhaltsanalyse. Fokus liegt auf sozialwissenschaftlichen
Fragestellungen.
RÖSSLER, PATRICK (2005): **Inhaltsanalyse.** Konstanz. Vor allem ein Buch für Kommuni-
kationswissenschaftler. Bietet aber auch anderen Studierenden eine verständliche
Einführung in die praktische Durchführung von Inhaltsanalysen anhand konkreter
Fallbeispiele.

10 Die Bedeutung von Tests und Skalen für Erhebungsinstrumente

Das Messen von Merkmalen erfordert häufig nicht nur eine einzige Frage. So
ist es zwar möglich, das Merkmal „Alter" durch die Angabe des Geburtsda-
tums zu erfassen, aber Merkmale wie „Intelligenz" oder „Schulqualität" sind
derart komplex, dass ganze Fragebatterien zu ihrer Erfassung notwendig sind.

Diese werden im Falle von Persönlichkeitsmerkmalen wie Intelligenz *Erfassen von*
oder Konzentrationsfähigkeit mit Hilfe von **Tests** gemessen. Nach Lienert *Merkmalen*
und Raatz ist ein Test „ein wissenschaftliches Routineverfahren zur Untersuchung eines oder mehrerer empirisch abgrenzbarer Persönlichkeitsmerkmale mit dem Ziel einer möglichst quantitativen Aussage über den relativen
Grad der individuellen Merkmalsausprägung" (LIENERT und RAATZ 1998,
S. 1). Merkmale wie Schulqualität oder Klassenklima beziehen sich hingegen auf zwischenmenschliche Beziehungen innerhalb von Gruppen wie die
Klasse oder die Schule und können durch das Erfragen von Einstellungen,
Meinungen und Beurteilungen der Akteure mit Hilfe eines **Fragebogens** erfasst werden. Einen anderen Zugang zur Erfassung von Merkmalen stellt die
Analyse von Daten dar, die durch **Beobachtung** oder **Videographie** entstanden sind. Diese Daten können mit den Ergebnissen von Tests oder Fragebögen verknüpft werden und somit ein bestimmtes Merkmal aus verschie-
nen Perspektiven abbilden (wobei allerdings diese Perspektiven die Realität
ganz unterschiedlich erfassen, vgl. z. B. CLAUSEN 2002).

Da komplexe Merkmale verschiedene Facetten aufweisen, gliedern sich *Gliederung von Tests*
Tests häufig in **Subtests,** Fragebögen in diverse **Skalen** und Beobachtungs- *und Fragebogen*
schemata in unterschiedliche **Beobachtungskategorien.** So geht man in der
Sozialklimaforschung davon aus, dass sich das Klima anhand unterschiedli-

cher Wahrnehmungsbereiche der Betroffenen messen lässt, die wiederum in verschiedene Aspekte ausdifferenziert werden können. Ein Beispiel hierfür sind die „Landauer Skalen zum Sozialklima" (LASSO), (v. SALDERN & LITTIG 1987):

Schüler-Lehrer-Beziehung	Schüler-Schüler-Beziehung	Merkmale des Unterrichts	Lernhaltungen der Schüler
Fürsorglichkeit des Lehrers	Ausmaß der Cliquenbildung	Leistungsdruck	Resignation
Aggression gegen den Lehrer	Hilfsbereitschaft der Mitschüler	Zufriedenheit mit dem Unterricht	Reduzierte Unterrichtsteilnahme
Zufriedenheit mit dem Lehrer	Aggressionen gegen Mitschüler	Disziplin und Ordnung	
Autoritärer Führungsstil des Lehrers	Diskriminierung von Mitschülern	Fähigkeit des Lehrers zur Vermittlung von Lerninhalten	
Bevorzugung und Benachteiligung durch den Lehrer	Zufriedenheit von Mitschülern		
	Konkurrenzverhalten von Mitschülern		

Quelle: EDER 1996, S. 53

Im Bereich psychologischer Tests zur Erfassung von Persönlichkeitsmerkmalen liegt eine umfangreiche Literatur zur Entwicklung der entsprechenden Instrumente vor, die im Folgenden kurz vorgestellt werden. Im Bereich der erziehungswissenschaftlichen Forschung sind jedoch häufig Fragen nach Einstellungen, Bewertungen und Meinungen von Interesse, die mit den gängigen psychologischen Testverfahren nicht bearbeitet werden können. Anschließend wird daher auf die Instrumentenentwicklung im erziehungswissenschaftlichen Bereich eingegangen.

10.1 Tests

Testverfahren nehmen einen wichtigen Platz in der Schulforschung ein. Der Begriff „Test" wird in den Sozialwissenschaften in mehrfacher Bedeutung genutzt: Die konkrete Durchführung einer Untersuchung, statistische Prüfverfahren oder Instrumente zur Erfassung von Persönlichkeitsmerkmalen werden als Test bezeichnet (vgl. HAGMÜLLER 1979, S. 108). Im Folgenden soll die Darstellung von Testverfahren auf die zuletzt genannte Bedeutung zielen. Eine allgemeine Definition charakterisiert ein Testverfahren zunächst

„als ein psychologisches Untersuchungsverfahren besonderer Art, mit dem unter möglichst konstant gehaltenen Bedingungen interindividuell unterschiedliches Verhalten in bestimmten, genau definierten Bereichen möglichst zuverlässig und gültig erfaßt und einer möglichst objektiven Auswertung und einheitlichen Interpretation zugänglich gemacht wird." (INGENKAMP in: HAGMÜLLER 1979, S. 109)

Eine einheitlich verwendete Klassifikation der in der Schulforschung ein-gesetzten Testverfahren ist in der einschlägigen Literatur nicht zu finden. Eine Möglichkeit Testverfahren zu systematisieren besteht darin, sie nach der Funktion bzw. dem Gegenstand des Verfahrens zu unterscheiden. Wird diese Sichtweise gewählt, so sind im Rahmen einer funktionalen Klassifika-tion folgende Testverfahren vorhanden (vgl. HAGMÜLLER 1979, S. 113):
Klassifikation von Testverfahren
– Allgemeine Intelligenztests
– Spezielle Intelligenz- bzw. Begabungstests
– Leistungstests
– Persönlichkeitstest
Allgemeine **Intelligenztests** gehen auf die Untersuchungen des französi-schen Psychologen Alfred Binet (1857–1911) zurück und beabsichtigen, den Grad kognitiven Leistungsvermögens global zu erfassen.

Bei der Entwicklung von Intelligenztests wird davon ausgegangen, dass es einen Generalfaktor „allgemeine Intelligenz" gibt, der mithilfe verschiede-ner Aufgaben gemessen werden kann. Im Schulbereich werden Intelligenz-tests in Form von Entwicklungstests (Schulreifetests) oder so genannten all-gemeinen Begabungstests – die zusätzlich auf die Entwicklungsfähigkeit eines Intelligenzmerkmals verweisen – angewendet. Ein Beispiel aus dem deutschen Sprachraum ist der Hamburg-Wechsler-Intelligenztest für Kinder (HAWIK). Aufgrund der Sprachabhängigkeit von Intelligenztests sehen Kriti-ker eine Benachteiligung von weniger sprachkompetenten Personen. Aus diesem Grund wurden sprachunabhängige Tests entwickelt, die allen Pro-banden gleiche Ausgangschancen eröffnen. Beispiele hierfür sind die Pro-gressiven Matrizen von Raven oder der Mann-Zeichen-Test von Gooden-ough (vgl. SKOWRONEK/SCHMIED 1977, S. 195).
Einsatz von Intelligenztests

Während Intelligenz- und Begabungstests allgemein und unspezifisch die intellektuelle Leistungsfähigkeit eines Individuums abschätzen, sind **Leis-tungstests** eher auf die Überprüfung spezifischer und kurzfristiger Unter-richtsvorgänge ausgerichtet. Die Erhebung von Schulleistungen mittels ent-sprechender Tests ist für die Schulforschung von besonderem Interesse, da Schulleistung in vielen Forschungskontexten als abhängige Variable er-scheint (vgl. SKOWRONEK/SCHMIED 1977, S. 195).

Aber nicht nur auf dem Gebiet der Schulforschung erlangen Schulleis-tungstests hohe Aufmerksamkeit. Auch die Bildungspolitik zeigt in zuneh-menden Maße ein Interesse an Schulleistungsdaten. Die „International As-sociation for the Evaluation of Educational Achievment" (IEA) legt seit 1959 die Ergebnisse international vergleichender Schulleistungsuntersuchungen vor. Aktuelle Befunde der „Third International Mathematics and Science Study" (TIMSS) dienen der Organisation für wirtschaftliche Zusammenarbeit und Entwicklung (OECD) als Indikatoren für die vergleichende Darstellung der Leistungsfähigkeit der Bildungssysteme ihrer Mitgliedsstaaten. Für die Zukunft wird von der OECD mit dem „Programme for International Student Assessment" (PISA) ein „System der Dauerbeobachtung für wichtige Quali-fikationsleistungen von Bildungssystemen aufgebaut" (BAUMERT u.a. 2000,
Bedeutung von Leistungstests für die Politik

S. 20). Die aufgezeigten Ansprüche an Schulleistungstests sind mit einem beachtlichen Aufwand an Testentwicklung verbunden. Leistungstests erreichen daher in der Regel hohe Grade an Zuverlässigkeit und Gültigkeit.

Unter dem Begriff **Persönlichkeitstest** werden Testverfahren gefasst, die auf die Erhebung sogenannter nicht-kognitiver Eigenschaften wie Interessen, Einstellungen, Selbst-Konzept, Werthaltungen oder Vorstellungen abzielen. Ein solches Ensemble von Eigenschaften generiert aus psychologischer Sicht die „Persönlichkeit" eines Individuums. Ist das Verhalten eines Individuums über einen längeren Zeitraum und in verschiedenen Situationen relativ konstant, wird eine entsprechende Persönlichkeitseigenschaft als ursächlich angenommen. Einen kritischen Einwand stellt die Situations- und Kontextabhängigkeit von individuellen Eigenschaften dar (vgl. SKOWRONEK/SCHMIED 1977, S. 195). Weiterhin ist bei dem Einsatz von Persönlichkeitstests zu beachten, dass sie in der Regel eine niedrigere Reliabilität aufweisen als kognitive Testverfahren. Im Unterschied zu Intelligenz- und Leistungstests gibt es bei Persönlichkeitstest keine „richtigen" oder „falschen" Antworten. Die Interpretation von Ergebnissen aus Persönlichkeitstests zielt daher weniger auf die Analyse individueller Testwerte als vielmehr auf den Vergleich zwischen verschiedenen Gruppen von Testpersonen bzw. das Aufdecken von Zusammenhängen zwischen nicht-kognitiven und kognitiven Leistungen untersuchter Personen (vgl. MCMILLAN/SCHUMACHER 1997, S. 251).

Eine weitere Einteilung der Testverfahren orientiert sich an den Verfahrensweisen der Testkonstruktion, der Administration oder der Auswertung (vgl. HAGMÜLLER 1979, S. 113). Da diese Einteilung jedoch eher deskriptiv als systematisch aufgebaut ist, folgen wir dem Beispiel von McMillan/Schumacher (1997, S. 245 ff.) und konzentrieren uns in der weiteren Darstellung auf **standardisierte Testverfahren**, wie sie in wissenschaftlichen Forschungskontexten eingesetzt werden.

Standardisierte Testverfahren lassen sich in einer grundlegenden Unterscheidung in **normorientierte** und **kriterienorientierte** Test differenzieren.

Normorientierte Tests

Normorientierte Tests (norm-referenced tests) werden eingesetzt, um individuelle Testergebnisse mit den Leistungen einer großen Norm- oder Eichstichprobe (z. B. Schülerinnen und Schüler in den Abschlussklassen der Sekundarstufe I eines Landes) zu vergleichen. Mithilfe derartiger Tests ist es möglich, Unterschiede zwischen Personen präzise zu analysieren. So kann z. B. bei Schulleistungstests eingeschätzt werden, ob ein Schüler eher unter- oder überdurchschnittliche Leistungen im Fach Mathematik in Bezug auf seine Altersgruppe zeigt (vgl. ebd.). Bei der Entwicklung und Verwendung normorientierter Tests sollten zwei grundlegende Merkmale beachtet werden: Um anhand eines Testes einen Vergleich zwischen Personen vornehmen zu können, ist es zum einen wichtig, dass die Verteilung der Testwerte eine möglichst hohe Streuung aufweist. Eine derartige Streuung kann nur von differenzierungsfähigen Items ausgehen, d. h. Fragen oder Aufgaben, die hinreichend gut zwischen Personen mit hoher oder mit niedriger Merkmalsausprägung unterscheiden. Es ist zum anderen darauf zu achten, auf welche Normgruppe ein Test bezogen ist. So ergibt es beispielsweise wenig Sinn, hochbegabte Schüler eines naturwissenschaftlichen Spezialgymnasiums anhand eines Mathematikleistungstestes zu differenzieren, der für die landesweite Normgruppe altersgleicher Schüler entwickelt wurde.

Bei kriteriumsbezogenen Tests (criterion-referenced tests) dienen vorab festgelegte Leistungsstandards (z. B. Lehrziele eines Curriculums) als Bewertungsmaßstab. Leistungsstandards werden im allgemeinen dadurch operationalisiert, dass eine Klasse oder ein Gebiet von Aufgaben definiert wird, die von den Testpersonen – wenn sie z. B. die Lehrziele eines Curriculums erreicht haben – gelöst werden sollten (vgl. SPADA/MAY 1995, S. 610). Bei kriteriumsorientierten Tests liegt der Focus nicht auf dem Vergleich zwischen Individuen, sondern auf der Gegenüberstellung von individuell erreichtem Testwert und anvisiertem Leistungsziel. Mittels dieser Testverfahren ist es also möglich zu erheben, über welchen Grad an Kompetenzen eine Person verfügt. Derartige Tests werden im Schulalltag implizit eingesetzt: So können von Lehrern entworfene Klassenarbeiten als kriteriumsbezogene Tests angesehen werden (vgl. HOPKINS 1998, S. 175). Diese erfüllen in der Regel jedoch nicht die strengen Kriterien der Testtheorie und werden daher als nicht-standardisierte oder informelle Tests (teacher-made tests) bezeichnet. Sie eignen sich dennoch zur Prüfung von Unterschieden zwischen Gruppen (z. B. verschiedenen Klassen einer Schule, die vom gleichen Lehrer unterrichtet wurden), erlauben darüber hinaus jedoch keine Generalisierungen und sind nicht zur Einzelfalldiagnostik geeignet (vgl. WELLENREUTHER 2000, S. 283).

Kriteriumsbezogene Tests

Die hier getroffene Unterscheidung zwischen norm- und kriterienorientierten Tests, die in vielen Lehrbüchern bis heute unkritisch referiert wird, wird in den letzten Jahren zunehmend in Frage gestellt.

„Lange Zeit wurden in der pädagogisch-psychologischen Forschung normorientierte und kriteriumsorientierte Leistungsmessung als rivalisierende, methodisch unterschiedlich fundierte Verfahren diskutiert. (…) Neuere Arbeiten zur pädagogischen Diagnostik betonen jedoch, dass ein und derselbe Test prinzipiell – je nach Fragestellung – sowohl normorientiert als auch kriteriumsorientiert interpretierbar sein kann." (KLIEME u. a. 2000, S. 114)

In der Forschungspraxis ergibt sich aus dem geplanten Anwendungskontext eines Testverfahrens meist eine eindeutige Entscheidung für eine der Alternativen.

Die Qualitätsanforderungen an Testverfahren sind sehr hoch gesteckt. Zunächst gelten die bereits vorgestellten Gütekriterien sozialwissenschaftlicher Forschung in analoger Weise. Weitere Anforderungen, denen ein Test genügen muss, um aufgrund des Testergebnisses auf die tatsächliche Ausprägung des zu testenden Merkmals zu schließen, sind Gegenstand der **Testtheorie** (vgl. BORTZ/DÖRING 1995, S. 178). Diese wird unterteilt in eine klassische und eine probabilistische Testtheorie.

Qualitätsanforderungen

Die klassische Testtheorie geht davon aus, dass das Testergebnis die wahre Ausprägung des zu messenden Merkmals widerspiegelt, dass aber jede Messung bzw. jedes Testergebnis messfehlerbehaftet ist (z. B. durch Ermüdungseffekte oder ungeeignete Items). Das gewonnene Testergebnis lässt sich als additive Verknüpfung von „wahrem Wert" der Merkmalsausprägung und einer den Testwert vergrößernden oder verkleinernden Fehlerkomponente beschreiben. Demnach setzt sich beispielsweise ein Leistungsscore eines Schülers aus der wahren Performanz des Schülers und Fehlereffekten

Klassische Testtheorie

(z. B. Unkonzentriertheit, Testangst) zusammen. Eine zusätzliche Annahme besteht darin, dass sich bei wiederholter Testanwendung positive und negative Messfehler ausgleichen, d. h. der Mittelwert des Messfehlers Null ist. Auf das Leistungstestbeispiel bezogen, wäre der durchschnittliche Testwert mehrerer Messungen an demselben Untersuchungsobjekt der „wahre" Leistungswert der Testperson.

Die Grenzen der klassischen Testtheorie bestehen darin, dass die „Präzision eines Tests nur dann bestimmbar (ist), wenn wahre Merkmalsausprägung und Fehleranteil getrennt zu ermitteln sind" (BORTZ/DÖRING 1995, S. 179). Aus der Grundgleichung der klassischen Testtheorie lässt sich jedoch nur der Messwert X ausreichend bestimmen. Dessen Aufspaltung in wahren Wert und Fehlerwert ist prinzipiell willkürlich,

„weil der wahre Wert [...] nur durch den Fehlerwert und der Fehlerwert durch den wahren Wert definierbar ist; hieraus ergibt sich die Zirkularität von wahrem Wert und Meßfehler." (HEIDENREICH 1995, S. 361)

Ein weiterer Kritikpunkt an der klassischen Testtheorie ist die Stichproben- bzw. Populationsabhängigkeit der Itemparameter (Reliablität, Validität, Trennschärfe, Schwierigkeit); diese können nicht unabhängig von der Zusammensetzung der realisierten Stichprobe geschätzt werden. Eine Übertragung der Testergebnisse von einer Population in die andere ist daher nicht möglich. Messungen, die sich klassischer Testheorien bedienen sind damit grundsätzlich „norm-orientiert", da sie nur relativ zu einer sozialen Bezugsnorm (Eichstichprobe) interpretiert werden können (vgl. HEIDENREICH 1995, S. 361).

Probabilistische   Einen anderen Zugang bietet die probabilistische Testtheorie. Sie basiert
Testtheorie   auf der Annahme, dass die Wahrscheinlichkeit der korrekten Beantwortung einer Testaufgabe von der Ausprägung einer latenten (=nicht direkt beobachtbaren) Merkmalsdimension abhängig ist. Die Reaktionen von Personen auf Testaufgaben sind direkt beobachtbar, sie lösen die Items richtig oder falsch. Auch die mit einem Test gemessene Leistung stellt eine beobachtbare (manifeste) Variable dar.

„Die Fähigkeit einer Person, die hinter diesem Testergebnis steckt, ist dagegen nicht direkt beobachtbar, sondern muss über die Testleistung erschlossen werden. Deswegen stellt die Fähigkeit eine latente Variable dar." (BAUMERT u. a. 2000, S. 61)

Ein Schüler mit besserer naturwissenschaftlicher Denkfähigkeit löst entsprechende Leistungstestaufgaben mit höherer Wahrscheinlichkeit als ein Schüler mit niedrig ausgeprägter naturwissenschaftlichen Denkfähigkeit.

Aktuellen Testentwicklungen (z. B. bei TIMSS oder PISA) wird als probabilistisches Testmodell das Rasch-Modell (vgl. RASCH 1960) zugrunde gelegt. Dieses Modell formuliert die Lösungswahrscheinlichkeit einer Testaufgabe als Funktion zweier Parameter, der latenten Personenfähigkeit und der Schwierigkeit des Items. Da beim ursprünglichen Rasch-Modell die Beantwortung der Testaufgaben nur mit ja/nein möglich ist und die Berechnung der Antwortwahrscheinlichkeiten durch eine Logarithmierung der Wahrscheinlichkeitsquotienten (odds-ratios) erfolgt, spricht man auch vom dichotom logistischen Modell. Erweiterungen des Rasch-Modells für Items mit mehrkategorialen Antworten sind bei Andrich (1978) und Masters (1982) zu finden (vgl. BAUMERT u. a. 2000, S. 64, vgl. auch Kapitel 3).

10.2 Die Fragebogenentwicklung

In der psychologischen Testliteratur werden die Items eines Tests als Aufgaben verstanden, wobei diese Bezeichnung eher zur Erfassung von Persönlichkeitsmerkmalen wie Intelligenz oder Konzentrationsfähigkeit, weniger jedoch zur Erfassung von Einstellungen oder Meinungen – wie bspw. der Schüler-Schüler-Beziehung in einer Klasse – zutreffend ist. Im Folgenden wird die Bezeichnung „Item" synonym zur konventionellen Bezeichnung „Aufgabe" verwendet.

Erstellung von Testaufgaben

Vorraussetzung für die Erstellung von Testaufgaben ist das **Aufgabenkonzept**, indem die einzelne Aufgabe bzw. das einzelne Item inhaltlich beschrieben wird. Das Aufgabenkonzept kann unter Zuhilfenahme mehrerer Quellen entwickelt werden (vgl. LIENERT UND RAATZ 1998, S. 51): Mit der **Merkmalsanalyse** wird das zu messende Merkmal, wie bspw. die Schüler-Eltern-Beziehung, analysiert, strukturiert und operationalisiert. Die Merkmalsanalyse ist dann von zentraler Bedeutung, wenn es sich um ein Merkmal handelt, welches bislang noch nicht oder nicht zufriedenstellend von anderen Tests erfasst wurde. Weiterhin kann für die Entwicklung von Aufgabenkonzepten auf die **theoretischen oder empirischen Ergebnisse der einschlägigen Forschung** zurückgegriffen werden. Ein bekanntes Beispiel sind die Intelligenzfaktoren, die von Thurstone 1938 mittels einer Faktorenanalyse gewonnen wurden und bereits vielfach der Entwicklung von Intelligenztests dienten.

Der vorangegangene Abschnitt sollte verdeutlichen, dass die Erstellung von Aufgaben auf einem Konzept basieren sollte, das sich an der bisherigen Forschung orientiert. Bei der Einarbeitung in ein Thema stößt man in der Regel auf einschlägige Hinweise zu den verwendeten Erhebungsinstrumenten. In der psychologischen Forschung weiter verbreitet sind Überblickswerke, die Orientierungshilfen für die Erfassung einer Reihe von Merkmalen geben (vgl. z.B. BRICKENKAMP 2002). Für viele neuere Untersuchungen wie für die Leistungsvergleichsuntersuchungen PISA oder IGLU liegen Skalenhandbücher vor, die über die Zusammensetzung der einzelnen Skala sowie über Mittelwerte, Standardabweichungen und Reliabilitätskennwerte in bestimmten Populationen unterrichten.

Ratingskalen

Mit einem Fragebogen werden Untersuchungsteilnehmer nicht nur aufgefordert, Angaben zu ihrem Geschlecht, Geburtsdatum und Beruf der Eltern zu tätigen, sondern auch zur Beurteilung von Äußerungen. So werden Schüler in dem eingangs angeführten Instrument zur Erfassung des schulischen Sozialklimas gebeten, das Schüler-Sozialklima anhand von vorgegebenen Beschreibungen einzuschätzen. Beispielsweise sollte die Richtigkeit der Statements „Wenn jemand in der Klemme ist, kann er sich auf seine Mitschüler verlassen" beurteilt werden. Die hierfür eingesetzten Skalen werden „Ratingskalen" genannt. Bortz & Döring (1995, S. 163) geben an, dass mit

Skalenniveau

diesen „auf unkomplizierte Weise direkt intervallskalierte Urteile erzeugt werden" können.

Zum Skalenniveau von Ratingskalen gibt es jedoch eine lange Kontroverse. „Puristische" Vertreter verneinen das Intervallskalenniveau von Ratingskalen und schließen ihre Analyse mittels parametrischer Verfahren aus. Andere Wissenschaftler wiederum verweisen darauf, dass parametrische Verfahren auch dann zu richtigen Entscheidungen führen, wenn sie nicht auf exakt intervallskaliertes Zahlenmaterial angewendet werden. Bortz und Döring schlussfolgern, dass das das Messen mit Ratingskalen „was die Skalenqualität anbelangt, ein auf Hypothesen begründetes Unterfangen bleibt" (ebd.: 169). Allerdings gehört in der Erziehungswissenschaft die Analyse von Ratingskalen unter der Annahme ihrer Intervallskalierung mangels exakterer Messinstrumente häufig zum Forschungsalltag.

Mittels Ratingskalen soll der Untersuchungsteilnehmer auf einem Merkmalskontinuum eine Einschätzung vornehmen. Hinsichtlich der Gestaltung dieses Merkmalskontinuums sind verschiedene Varianten denkbar:

Zur Erfassung unterschiedlicher Aspekte geplanten Verhaltens setzt z. B. Ajzen (vgl. z. B. 1991) Ratingskalen ein, die durch zwei gegensätzliche Begriffe markiert sind. So sollen bspw. die Untersuchungsteilnehmer einschätzen, in welchem Maße sie eine regelmäßige Seminarteilnahme garantieren können:

Für mich ist eine regelmäßige Seminarteilnahme

Extrem schwierig   1 : 2 : 3 : 4 : 5 : 6 : 7   extrem einfach

zu bewerkstelligen.

Denkbar sind auch Antwortkategorien, deren Beschreibung direkt aus einer Kopfzeile ersichtlich ist. Es ist jedoch unbedingt darauf zu achten, dass die verwendeten Begrifflichkeiten gleiche Distanzen ausdrücken. Ein Beispiel zu ungleichen Distanzen zwischen den Ausprägungen ist durch folgende Antwortkategorien gegeben:

Wie oft hast Du im letzten halben Jahr die Schule geschwänzt?

Nie	1
Manchmal	2
Öfter	3
Sehr oft	4
Immer	5

Hier wird deutlich, dass die sprachliche Distanz zwischen „manchmal" und „öfter" größer ist als die Distanz zwischen „öfter" und „sehr oft".

Urteilsfehler

Beim Einsatz von Rating-Skalen können systematische Urteilsfehler auftreten. Zu nennen wären hier der HALO-Effekt (mehrere unterschiedliche Aspekte eines Objektes werden aufgrund eines Pauschalurteils ähnlich eingeschätzt), die Tendenz zur Mitte (Einstufung von Objekten überwiegend im mittleren Bereich der Skala) und der Primacy-Recency-Effekt (wenn Objekte mit extremer Merkmalsausprägung am Anfang zu beurteilen sind, kann die Beurteilung nachfolgender Objekte davon abhängen). Weitere Urteilsfehler werden bei Bortz und Döring (1995, S. 170ff.) beschrieben.

Was Sie wissen sollten, wenn Sie Kapitel 10 gelesen haben:

- Sie sollten verschiedene Tests und Testverfahren kennen und nach bestimmten Kriterien unterscheiden können.
- Sie sollten über die Vorgehensweise bei der Entwicklung von Testaufgaben informiert sein.
- Sie sollten wissen, unter welchen Bedingungen die eigenständige Entwicklung eines Instrumentes notwendig wird und welche Probleme sich bei seinem Einsatz ergeben können.

Weiterführende Literatur zu Kapitel 10:

LIENERT, G. A./RATZ, U. (1998): **Testaufbau und Testanalyse**. Weinheim: Beltz. Umfassendes, verständlich geschriebenes Grundlagenwerk.

11 Schritte der Datenauswertung

In den einleitenden Kapiteln wurde darauf hingewiesen, dass durch das quantitativ-empirische Vorgehen in wissenschaftlichen Untersuchungen zum einen verallgemeinerbares Wissen über die Erziehungspraxis bereit gestellt und zum anderen die Nachvollziehbarkeit der Arbeitsschritte gewährleistet werden soll. Insbesondere die Datenauswertung greift diese beiden Ziele durch die Anwendung statistischer Verfahren auf. Allgemein betrachtet werden statistische Analysen genutzt, um einen Bezug zwischen den gemessenen Daten und den zu prüfenden Theorien/Hypothesen herzustellen. Letztendlich geht es immer um die Frage, ob die erhobenen Daten als Bestätigung oder Widerlegung einer Theorie anzusehen sind (vgl. WELLENREUTHER 2000, S. 369).

Die bei der Datenauswertung genutzten statistischen Verfahren lassen sich dabei in zwei Gruppen unterteilen: Zum einen in Verfahren zur Beschreibung und übersichtlichen Darstellung der Daten und zum anderen in Verfahren, die die Brauchbarkeit von Hypothesen prüfen, indem die bei einer begrenzten Anzahl von Fällen (z.B. in einer Zufallsstichprobe) gefundenen Ergebnisse auf eine größere Gesamtheit verallgemeinert werden. Die zur ersten Gruppe gehörenden Verfahren bezeichnet man als deskriptive oder beschreibende Statistik, die zur zweiten Gruppe gehörenden als Inferenz- oder hypothesenprüfende Statistik. Die Brücke zwischen beiden statistischen Vorgehensweisen bildet die Wahrscheinlichkeitsrechnung.

Deskriptive und Inferenzstatistische Verfahren

In diesem Kapitel werden zunächst deskriptive Analyseschritte behandelt. Betrachten wir das Vorgehen der deskriptiven Datenanalyse beispielhaft anhand der Auswertung einer fiktiven Fragebogenstudie:

Einer ausgewählten Gruppe von Schülern der sechsten Klasse wurde ein kleiner Fragebogen vorlegt, der ausschließlich geschlossene Fragen enthält (z.B. zum Geschlecht, Alter, Klassenwiederholung). Zudem haben die befragten Schüler an einem Mathematikleistungstest teilgenommen. Um die erhobenen Daten auswerten zu können, müssen die im Fragebogen erfassten Merkmale in numerische Werte überführt werden. So wird z.B. das Geschlecht mit den Werten 1 = weiblich und 2 = männlich kodiert. Allen weiteren Variablen eines Fragebogens werden analog zu dieser Vorgehensweise numerische Werte zugeordnet (siehe dazu auch Kapitel 3). Für eine weitere Analyse dieser numerischen Werte müssen diese vom Fragebogen in eine auswertbare Form, z.B. in eine Datenmatrix, gebracht werden. Ein Ausschnitt aus einer Datenmatrix, die unserem Beispiel entstammt, könnte so aussehen:

Tab. 11.1: Datenmatrix einer Befragung mit Testung (N = 120)

Personen-nummer	Variable 1: Geschlecht	Variable 2: Alter	Variable 3: Klasse	Variable 4: Klassen-wiederholung	Variable 5: Testwert Mathematik
1	1 (= weiblich)	12,2	6	0 (= nein)	137
2	1 (= weiblich)	13,5	6	1 (= 1-mal)	112
3	2 (= männlich)	12,8	6	0 (= nein)	142
...	...	...	...	...	...
120	2 (= männlich)	12,5	6	2 (mehr als 1-mal)	119

Eine derartige Datenmatrix besteht aus n-Zeilen, wobei „n" gleich die Anzahl der Befragten ist, von denen auswertbare Fragebögen vorliegen, und m-Spalten, wobei m die Anzahl der Variablen eines Fragebogens wiedergibt.

Die tabellarische Übersicht einer Datenmatrix vermittelt in dieser Form lediglich Informationen über jeden einzelnen der insgesamt 120 Untersuchungsteilnehmer. Aufgabe der deskriptiven Statistik ist es nun, diese Einzelinformationen zu ordnen und in aussagekräftige Kennwerte und Grafiken zu überführen.

11.1 Häufigkeitsauszählungen und ihre graphische Darstellung

Eine erste Möglichkeit der Zusammenfassung dieser kaum zu überblickenden Einzelinformationen bietet die sogenannte Häufigkeitsverteilung. Eine Häufigkeitsverteilung ergibt sich dadurch, dass ausgezählt wird, wie häufig die Ausprägungen eines Merkmales (z.B. Klassenwiederholung) in der Gesamtheit aller Untersuchungseinheiten aufgetreten sind. Die Häufigkeitsverteilung kann in absoluten Zahlen und in Prozentwerten dargestellt werden. Die Auszählung der Teilnehmer, die jeweils dieselbe Ausprägung eines Merkmales aufweisen, führt zu den **absoluten Häufigkeiten.** Aus Tabelle

11.2 ist ersichtlich, dass 97 Schüler die Ausprägung „nie" bei dem Merkmal „Klassenwiederholung" aufweisen. Die aufaddierten („kumulierten") absoluten Zahlen aller drei Merkmalsausprägungen ergeben die Gesamtzahl der Teilnehmer (N). Anhand der kumulierten absoluten Häufigkeiten kann auch abgelesen werden, wie viele der Teilnehmer unter oder über einem bestimmten Wert liegen. So ist der Tabelle 11.2 zu entnehmen, dass N = 117 Schüler entweder nie oder maximal einmal eine Klasse wiederholen mussten. Werden die für eine Merkmalsausprägung gezählten absoluten Häufigkeiten durch die Gesamtzahl N der Teilnehmer dividiert, erhält man die **relativen Häufigkeiten**. Multipliziert man deren Werte mit 100, erhält man die Angabe der relativen Häufigkeiten in Prozent. Anhand des Beispiels in Tabelle 11.2 kann die Aussage getroffen werden, dass rund 81 Prozent der befragten Schüler bislang keine Klasse wiederholen mussten. Die kumulierten relativen Häufigkeiten ergeben entsprechend 100 Prozent.

Tab. 11.2: Darstellung absoluter und relativer Häufigkeiten
(Klassenwiederholung)

Klassen-wiederholung	absolute Häufigkeiten (N)	kumulierte absolute Häufigkeiten	relative Häufigkeiten (%)	kumulierte relative Häufigkeiten
nie	97	97	80,8	80,8
einmal	20	117	16,7	97,5
mehr als einmal	3	120	2,5	100,0
insgesamt	120		100,0	

Bei solchen diskreten Variablen wie der „Klassenwiederholung" mit relativ wenigen Ausprägungen bereitet die Darstellung von Häufigkeitsverteilungen wenig Schwierigkeiten, da eine überschaubare Anzahl an Ausprägungen vorkommt.

Anders sieht dies bei diskreten Variablen mit vielen Ausprägungen und insbesondere bei stetigen Variablen wie Alter oder Einkommen aus. Hier werden Häufigkeitsverteilungen schnell unübersichtlich, wenn sämtliche mögliche Ausprägungen beibehalten werden. Für eine übersichtliche Darstellung können die Werte derartiger Variablen auch zusammengefasst werden. In diesem Fall spricht man von der **Kategorisierung der Messwerte.**

Zusammenfassung von Ausprägungen

Eine Häufigkeitsverteilung des Alters bei einer N = 200 Teilnehmer umfassenden Untersuchung mit einer Alterspanne von 18–65 Jahren wäre äußerst unübersichtlich, da jedes Altersjahr (18, 19, 20, 21, 22, ... 65) eine Merkmalsausprägung der Variable „Alter" darstellt. Es ist deshalb für eine Häufigkeitsverteilung sinnvoller, Alterklassen zu bilden, etwa: 18–25, 26–30, 31–35, 36–40 ...·61–65. Treibt man derartige Kategorisierungen so weit, dass nur noch zwei Alterklassen, z.B. 18–40-jährige, 41–65-jährige unterschieden werden, spricht man von einer Dichotomisierung der Variablen. Eine von Natur aus dichotome Variable ist z.B. das Geschlecht mit seinen beiden Merkmalausprägungen weiblich und männlich.

Darstellungsform im Text

Bis zu einer Gesamtzahl von N = 100 sollten immer sowohl die absoluten als auch die relativen Häufigkeiten bei Ergebnisdarstellungen angegeben werden, da in diesem Fall Prozentangaben – insbesondere bei geringen absoluten Häufigkeiten – verwirrend wirken können. Bei darüber hinausgehenden Fallzahlen reicht die Darstellung der relativen Häufigkeiten, wobei allerdings immer die absolute Zahl der Fälle, auf die sich die Darstellung bezieht, angegeben werden muss (vgl. Tabelle 11.2).

Graphische Darstellungen ermöglichen dem Betrachter die Erfassung der Datenlage mit einem Blick.

Diagrammtypen

Gängige Diagrammtypen sind das Balkendiagramm, das Säulendiagramm (Histogramm) und das Kreisdiagramm. Die Diagrammtypen sind unterschiedlich gut geeignet, Variablen verschiedener Skalenniveaus darzustellen. Weitere Gesichtspunkte für die Wahl eines Diagrammtyps sind die Anzahl der Merkmalsausprägungen sowie die Darstellung von absoluten vs. relativen Häufigkeiten. Im Folgenden sollen einige Diagrammtypen vorgestellt werden.

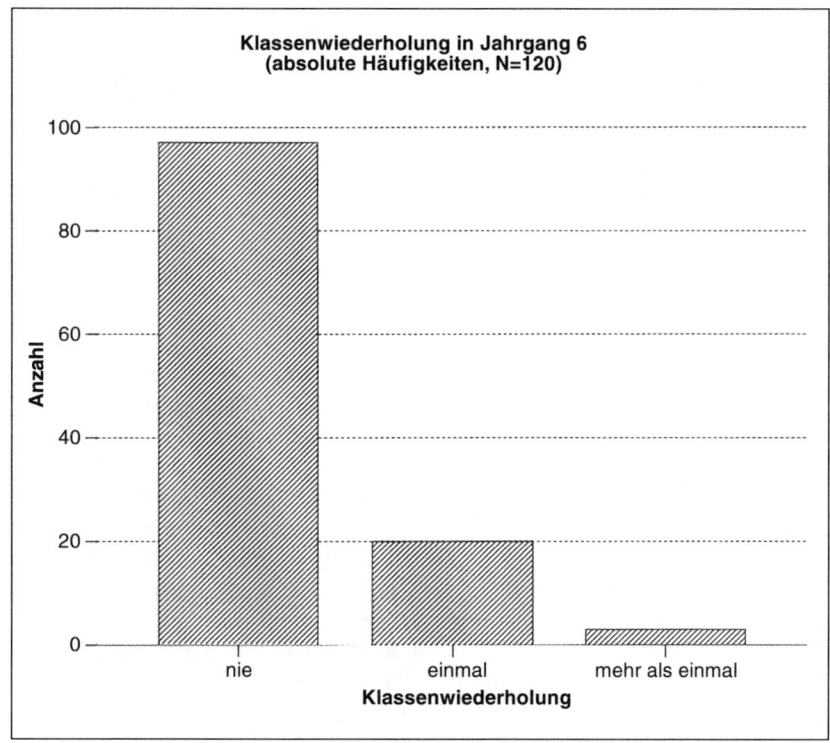

Abb. 11.1: Säulendiagramm

Das **Säulendiagramm** eignet sich für die Darstellung relativer als auch absoluter Häufigkeiten. Auf der X-Achse des Koordinatensystems eines Säulendiagramms werden die Kategorien des darzustellenden Merkmales abgetragen, auf der Y-Achse die absoluten oder relativen Häufigkeiten. Die Höhe des Balkens wird demnach durch die beobachtete absolute oder relative

Häufigkeit der Merkmalsausprägungen bestimmt. Da sich zwischen den Balken jeweils ein Zwischenraum befindet, sollte dieser Diagrammtyp hauptsächlich für diskrete Variablen (Nominal- und Ordinalskalenniveau) verwendet werden. Aus Abbildung 11.1 geht deutlich sichtbar hervor, dass die überwiegende Mehrheit der befragten Schüler noch nie sitzengeblieben ist. Wird ein Säulendiagramm um 90 Grad gedreht (X- und Y-Achse werden vertauscht) erhält man ein **Balkendiagramm,** das dieselben Informationen in waagerechter Darstellung enthält.

Werden stetige Variablen (wie beispielsweise der Testwert eines Mathematikleistungstestes) kategorisiert, sollte die Häufigkeit der Kategorienbesetzung vorzugsweise in einem **Histogramm** dargestellt werden, dessen Säulen aneinandergrenzen. Wie das Säulendiagramm besteht auch das Histogramm aus Säulen, deren Höhe die absolute oder relative Häufigkeit des jeweiligen Variablenkategorie anzeigt. Die Breite der Kategorien entspricht der Breite des zugrundegelegten Intervalls (z.B. 30-Testpunkte). Die Gesamtfläche des Histogramms entspricht 100% oder der Gesamtanzahl N der Untersuchungsteilnehmer. Aus Abbildung 11.2 ist z.B. ersichtlich, dass 14 Schüler einen Testwert zwischen 130 und 160 Punkten aufweisen.

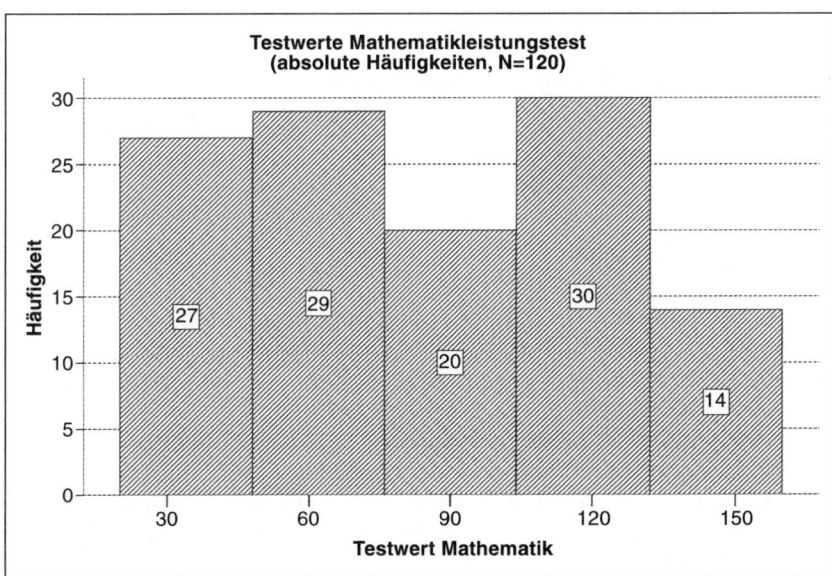

Abb. 11.2: Histogramm

Im **Kreisdiagramm** (auch Tortendiagramm) werden die relativen Häufigkeiten einer diskreten Variable als Kreissektoren dargestellt. Die Aufaddierung der durch die Kreissektoren wiedergegebenen relativen Häufigkeiten ergibt 100%. Die jeweilige Sektorgröße (als Winkel) wird durch die Formel <(360/ x Teilwert)/Gesamtwert> berechnet. In der folgenden Abbildung ist die prozentuale Verteilung der Mathematiknoten unserer fiktiven Fragebogenstudie dargestellt. Anhand des Kreisdiagramms ist auf den ersten Blick erkennbar, dass über die Hälfte der Schülerschaft Noten im Bereich von „sehr gut" bis

„befriedigend" aufweist. Dies wird dadurch sichtbar, weil die erste Kategorie (Note „sehr gut") auf der Position 12 Uhr im Kreisdiagramm beginnt und
sich alle weiteren Kategorien in aufsteigender Reihenfolge anschließen.

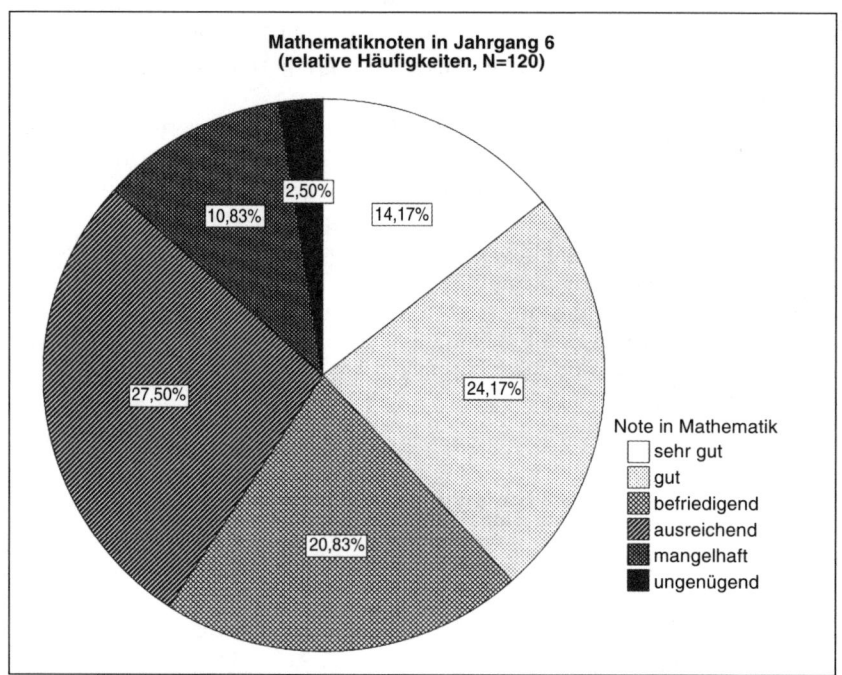

Abb. 11.3: Kreisdiagramm

Korrekte Darstellung
von Diagrammen
Bei der Erstellung von Diagrammen sind einige Vorgaben zu beachten: Die
Wiedergabe eines einfachen Häufigkeitsdiagramms in einem Koordinaten-
system darf nicht dadurch verzerrt werden, dass eine stark gestauchte oder
stark gestreckte Einteilung der Y-Achse (Ordinate) bei Säulendiagrammen
bzw. der X-Achse (Abszisse) bei Balkendiagrammen vorgenommen wird.
Ebenso ist darauf zu achten, dass die Einteilung der Häufigkeitsachse bei
Null beginnt, da ansonsten Differenzen in der Häufigkeitsverteilung vorge-
täuscht werden, die objektiv nicht vorhanden sind. Dies soll anhand der folgenden Abbildungen erläutert werden: In unserer fiktiven Fragebogenstudie
wurden die 120 beteiligten Schülerinnen und Schüler auch danach befragt,
wie zufrieden sie mit ihrem Mathematikunterricht sind. Objektiv gesehen
gibt es nur eine geringe Differenz zwischen jenen, die den Unterricht insgesamt als positiv (sehr zufrieden/eher zufrieden) bewerten und jenen, die den
Unterricht eher kritisch beurteilen (eher unzufrieden/sehr unzufrieden).
Dies geht aus der Abbildung 11.4 (erstes Diagramm) hervor. Die Ordinate
beginnt bei Null, ihre Intervalle sind in Zehnerschritten gegliedert. Wenn
die Ordinate jedoch nicht bei 0, sondern erst bei 20 beginnt und in Einer-
schritten gegliedert ist (zweites Diagramm), wird diese Differenz optisch
weitaus größer dargestellt als sie ist. Damit werden die beobachtbaren geringen Differenzen stark überzeichnet und dramatisiert.

Abb. 11.4: Darstellungsfehler in Säulendiagrammen

a) korrekte Darstellung

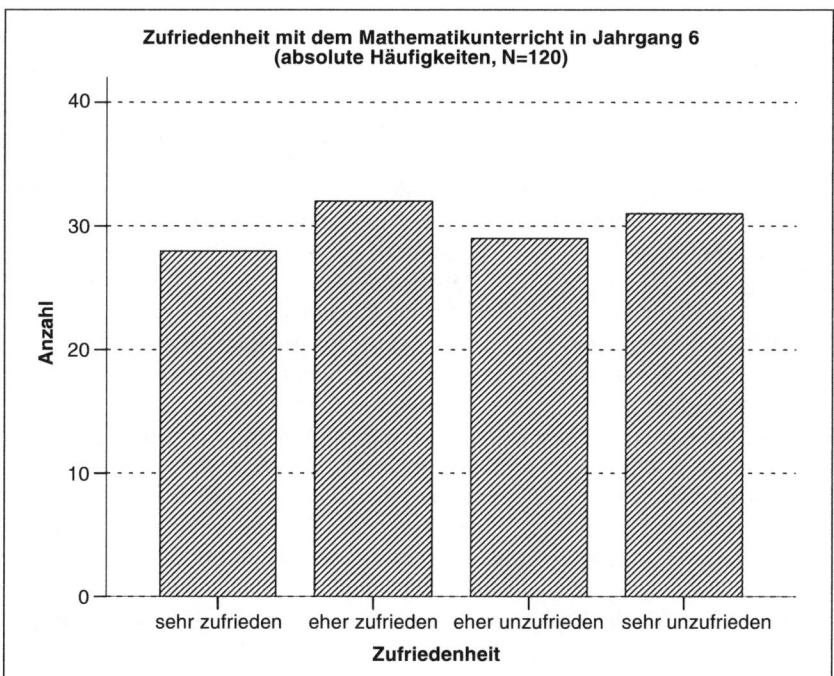

b) fehlerhafte Darstellung (Ordinate beginnt nicht bei Null)

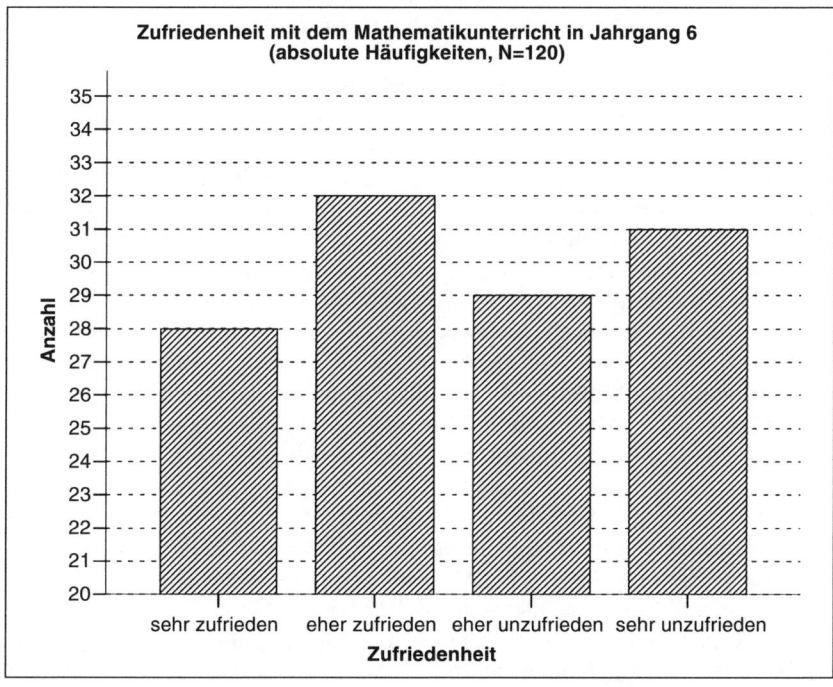

11.2 Statistische Kennwerte

Maße der zentralen Tendenz

Eine Häufigkeitsauszählung informiert über die Gesamtverteilung der Fälle bezüglich der Ausprägungen eines Merkmals. In manchen Fällen jedoch reicht die damit erzielte Informationsreduktion nicht aus. Stattdessen versucht man über einen Kennwert das Charakteristische einer Verteilung wiederzugeben. Mit anderen Worten: Man sucht den Schwerpunkt oder „Mittelpunkt" einer Verteilung, ihre „zentrale Tendenz". Damit kann die gesamte Datenmenge in nur einer Zahl zusammengefasst werden; die Gesamtheit der Einzelinformationen wird auf einen statistischen Kennwert reduziert (vgl. KROMREY 1991, S. 330). Statistische Kennwerte, die sich auf eine Grundgesamtheit beziehen, nennt man **Parameter** (z.B. das mittlere Einkommen deutscher Haushalte). Kennwerte für Teilgesamtheiten (Stichproben) werden als **Statistiken** bezeichnet. Parameter nehmen in einer Grundgesamtheit einen bestimmten, eindeutig fixierten Wert ein. Leider ist dieser Wert für viele Merkmale nicht bekannt (z.B. die mittlere Lesekompetenz aller 15-jährigen Jugendlichen in Deutschland). Eine Aufgabe der Inferenzstatistik ist es daher, diese unbekannten Parameter aus Stichprobendaten zu schätzen. Statistiken hingegen variieren von Stichprobe zu Stichprobe; bei Zufallsstichproben finden diese Schwankungen im Rahmen wahrscheinlichkeitstheoretisch bestimmbarer Intervalle statt.

Als Beispiel für die Verwendung statistischer Kennwerte könnte man danach fragen, wie sich die Teilnehmer unserer fiktiven Befragung hinsichtlich verschiedener stetiger Merkmale wie Alter oder das Abschneiden im Mathematikleistungstest zusammenfassend beschreiben lassen. Eine solche Funktion wird von den Maßen der **zentralen Tendenz** erfüllt, zu deren bekanntesten Maßen der Modalwert, der Median und das arithmetische Mittel gehören.

Voraussetzung für die Nutzung von Kennwerten

Als Voraussetzung für die Nutzung derartiger Kennwerte ist es wichtig, dass die Bildung von Kennwerten auf eine homogene statistische Masse (z.B. Schüler eines Jahrgangs, die an einer Umfrage teilgenommen haben) zurückgeführt wird, dass die zu beschreibende Verteilung ein Mindestmaß an Veränderlichkeit zeigt (wenn z.B. alle Schüler einer Stichprobe 12 Jahre alt sind, braucht kein Mittelwert angegeben zu werden) und dass die zu beschreibende Verteilung eine gewisse Konzentration innerhalb der beobachteten Elemente aufweist, ansonsten würde ein Maß der zentralen Tendenz nichts Typisches über die Datenreihe aussagen.

Das gebräuchlichste Maß zur Kennzeichnung der zentralen Tendenz ist das **arithmetische Mittel** (AM). Im Alltagsgebrauch wird es häufig nur als „Mittelwert" oder „Durchschnitt" bezeichnet. Beim Vorliegen von Einzelmesswerten wird das arithmetische Mittel berechnet, indem sämtliche Einzelmesswerte (z.B. 120 Testwerte im Mathematikleistungstest) addiert und dann durch die Zahl der Fälle (N =120) dividiert werden. In Tabelle 11.3 ist eine Häufigkeitsverteilung des Alters von Studierenden in einer Forschungsmethodenvorlesung dargestellt. Als arithmetisches Mittel der vorliegenden Verteilung ergibt sich ein Alter von rund 22 Jahren.

Da alle Messwerte in die Berechnung des Mittelwertes einfließen, stellt er die beste Beschreibung einer Verteilung dar. Allerdings ist der Mittelwert für

Ausreißer – in unserem Beispiel sehr alte oder sehr junge Personen – anfällig: Sind insbesondere bei kleinen Fallzahlen einige wenige sehr alte Personen (z. B. aus dem Seniorenstudium) dabei, so verschiebt sich der Mittelwert deutlich nach oben. Die Sensibilität des arithmetischen Mittels in Bezug auf Ausreißer ist auf seine algebraische Berechnung zurückzuführen. Das arithmetische Mittel gehört deshalb auch zu den sogenannten rechnerischen Mittelwerten. Von diesen sind die lagetypischen Mittelwerte zu unterscheiden. Diese werden nicht durch algebraische Berechnungen, sondern durch Ordnen bzw. Gruppieren der beobachteten Ausprägungen einer Variablen gewonnen.

Rechnerische und lagetypische Mittelwerte

Tab. 11.3: Häufigkeitsverteilung des Alters von Studierenden einer Vorlesung

Alter in Jahren	absolute Häufigkeit	kumulierte absolute Häufigkeit	relative Häufigkeit (in %)	kumulierte relative Häufigkeit
19	13	13	12,7	12,7
20	19	32	18,6	18,6
21	17	49	16,7	48,0
22	14	63	13,7	61,7
23	10	73	9,8	71,5
24	11	84	10,8	82,3
25	7	91	6,9	89,2
26	3	94	2,9	92,1
27	5	99	4,9	97,0
28	2	101	2,0	99,0
29	1	102	1,0	100,0
Mittelwert: 22,1	102		100%	

Zu diesen lagetypischen Mittelwerten gehören der Median und der Modalwert, die im Gegensatz zum arithmetischen Mittel unempfindlich gegenüber Ausreißer sind.

Der **Median** (MD) bezeichnet jenen Wert, der genau in der Mitte der nach der Größe geordneten Einzelwerte aller Fälle liegt. Bei einer ungeraden Fallzahl ist es der Wert, unter dem genau so viele Fälle wie darüber liegen. Haben beispielsweise fünf Personen ihr Alter mit 20, 23, 24, 27 und 28 angegeben, so ist der Medianwert Md = 24. Bei geraden Fallzahlen bildet das arithmetische Mittel der beiden mittleren Werte einer Verteilung den Median. Kommt z. B. zu der beschriebenen Gruppe noch eine weitere Person mit einem Alter von 30 Jahren hinzu, so wäre Md = (24+27)/2 = 25,5.

In Tabelle 11.3 ist der Median Md = 22, da bei N = 102 die beiden mittleren Fälle (Fallzahl 61 und 62) den Wert 22 aufweisen.

Ausreißer   Der Median hat den Vorteil, dass er unempfindlich gegenüber Ausreißern ist. Dies kann am Beispiel der obigen Tabelle verdeutlicht werden. Der Median für die Studenten der oberen Tabelle beträgt 22 Jahre. Würden im Rahmen des Seniorenstudiums noch 5 Personen im Alter von 69 Jahren an der Veranstaltung teilnehmen, so würde sich das arithmetische Mittel von 22,1 Jahren auf 24,7 Jahre erhöhen. Der Median bliebe hingegen unverändert. Bei kleineren Fallzahlen würde die Wirkung von Ausreißern auf das arithmetische Mittel noch größer ausfallen. Bei schiefen Verteilungen oder bei Verteilungen mit offenen Rändern stellt der Median daher ein geeigneteres Maß der Beschreibung dar als das arithmetische Mittel.

Der **Modalwert** einer Verteilung ist der Wert, der am häufigsten vorkommt. In Tabelle 11.3 wird der Modalwert durch den Wert 20 gebildet: Insgesamt 19 Personen haben ihr Alter mit 20 angegeben. In einer graphischen Verteilung stellt der Modalwert das Maximum dar. Bei Werten, die zu Kategorien zusammengefasst wurden, ist der Modalwert diejenige Kategorie, die am häufigsten besetzt ist. Der Modalwert ist, wie der Median, nicht anfällig gegenüber Ausreißern. Gleichzeitig ist er das einzige Maß der zentralen Tendenz, welches auf alle Skalentypen anwendbar ist, somit auch auf nominalskalierte Variablen.

Dispersionsmaße
(Streuungsmaße)   Die alleinige Verwendung von Kennwerten der zentralen Tendenz wäre eine zu stark vereinfachende Information über die Charakteristika von Verteilungen. Deshalb ist es notwendig, für eine nähere Kennzeichnung von Verteilungen auch sogenannte Streuungs- oder Dispersionsmaße zu berechnen, die Auskunft über die Entfernung der Werte einer Messwertreihe von ihrem Mittelwert geben und Aussagen über die Form von Verteilungen (s. u.) ermöglichen. Anhand eines Beispiels soll verdeutlicht werden, dass die Berechnung von Streuungsmaßen zu einer exakteren Interpretation von Daten beiträgt:

Für jeweils fünf Schüler zweier Klassen soll im Rahmen einer Ganztagsschule ein Fördersprachkurs eingerichtet werden. Auf der Basis von Testwerten aus einem Lesetest soll entschieden werden, ob in beiden Gruppen das gleiche Förderprogramm verwendet werden kann.

Tab. 11.4: Verteilung von Werten eines Lestests in zwei Gruppen

Gruppe 1	Testwert	Gruppe 2	Testwert
Hatice	400	Anton	250
Peter	395	Tescan	600
Larissa	390	Melek	450
Maria	405	Anika	300
Juri	410	Philipp	400
Mittelwert:	400		400
Median:	400		400

Würde man allein auf Basis der Gruppenmittelwerte entscheiden, so wäre die Verwendung des gleichen Förderprogramms für beide Gruppen auf den ersten Blick plausibel.

In Anbetracht der Streuung der individuellen Testwerte jedoch würde ein solches Vorgehen zu sehr unterschiedlichen Ergebnissen in den Gruppen führen, da Gruppe 1 eine leistungshomogene Gruppe darstellt, während Gruppe 2 eine große Ungleichheit in den gezeigten Testleistungen aufweist.

Das einfachste Maß zur Darstellung derartiger Variationen in den Messwerten ist die **Variationsbreite** oder auch **Spannweite** einer Verteilung. Sie berechnet sich aus dem größten Wert einer Verteilung minus dem kleinsten Wert. Für das obige Beispiel beträgt die Spannweite für Gruppe 1 = 20 Testpunkte, für Gruppe 2 = 350 Testpunkte. Die Spannweite ist zwar ein leicht zu ermittelnder Schätzwert für die Variabilität einer Verteilung; sie ist jedoch stark von Ausreißern abhängig und setzt daher normal verteiltes (s. u.) Datenmaterial voraus. Zudem enthält sie keine Informationen über die Variabilität der Punktwerte innerhalb einer Verteilung.

Variationen von Messwerten

Werden die Merkmalsausprägungen einer Variable nach ihrer Größe geordnet, kann jeweils berechnet werden, wie viel Prozent der Fälle welchen Wert erreichen. Die prozentuale Aufteilung einer Verteilung nennt man auch **Perzentile**. Ist im Falle einer stetigen Variable jeder Wert nur einmal vergeben, so bezeichnet der Median das 50. Perzentil, da 50% der Fälle unterhalb dieses Wertes liegen bzw. ihm gleichkommen. Allgemein ist das x-te Perzentil (P_x) diejenige Merkmalsausprägung, die x% der Verteilungsfläche abschneidet. Gebräuchlich ist die Angabe des 25. und des 75. Perzentils, die das untere bzw. das obere Viertel (auch Quartil genannt) einer Verteilung abschneiden. Der Streubereich zwischen dem 25. und dem 75. Perzentil wird auch Interquartilbereich genannt. Als Beispiel sind in Abbildung 11.5 die Perzentilbänder für die Leseleistung der im Rahmen der internationalen Leistungsvergleichsstudie PISA untersuchten 15-jährigen Schüler angegeben: Gut die Hälfte der Schüler (Interquartilbereich) erreicht z.B. eine Punktzahl zwischen 400 und 550. Das Perzentilband für die Schüler, deren Eltern der oberen Dienstklasse angehören, zeigt, dass 50% der Schü-

Prozentuale Aufteilung von Verteilungen

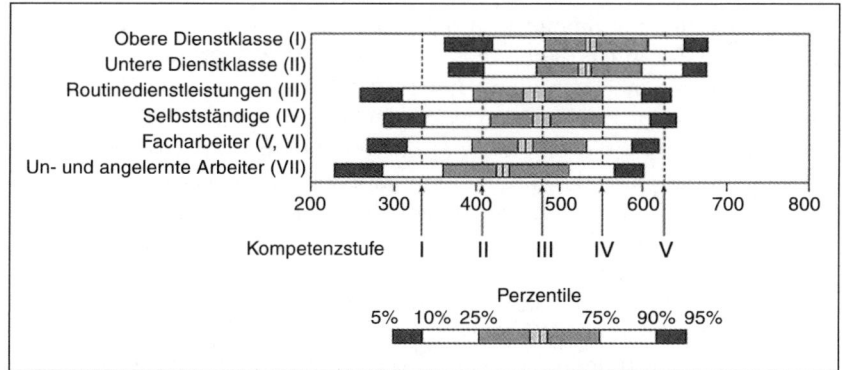

Abb. 11.5: Lesekompetenz nach Sozialschichten (Perzentilbänder)
Quelle: PISA 2000 (http://www.mpib-berlin.mpg.de/pisa/ergebnisse.pdf, S. 36)

ler Punktwerte zwischen ca. 490 und 600 erzielen, 50% der Kinder von an- und ungelernten Arbeitern hingegen erreichen zwischen ca. 360 und 510 Punkten. Auf diese Weise können Gruppendifferenzen anschaulich dargestellt werden. Gleichzeitig ist ersichtlich, wie breit die Werte in den einzelnen Quartilbereichen streuen. So weist die Gruppe der un- und angelernten Arbeiter eine größere Spannweite auf (fast 400 Punkte) als die Gruppe der unteren Dienstklasse (ca. 300 Punkte).

Wenn auch die Streubreite der gemessenen Werte bekannt ist, so sagt sie doch noch nichts über die genauere Verteilung aus – z. B. ob sie durch nur wenige Ausreißer markiert oder ob sie auch in den Randbereichen stärker besetzt ist.

Streuung der Verteilung um den Mittelwert   Im Gegensatz zur Streuungsbreite berücksichtigt die **Varianz** alle Punkte einer Verteilung. Die Varianz wird berechnet, indem man die Abstände der Messwerte vom Mittelwert quadriert, addiert und durch die Anzahl der Messwerte teilt. Sie ist damit ein Kennwert, der angibt, wie stark eine Verteilung um den Mittelwert streut. Zur Beantwortung von wissenschaftlichen Fragestellungen kommt der Varianz eine hohe Bedeutung zu, insbesondere in den inferenzstatistischen Verfahren der Varianzanalyse.

Zur Veranschaulichung der Varianz soll das Beispiel aus Tabelle 11.4 noch einmal aufgegriffen werden. Werden die Differenzen der einzelnen Messwerte zum Mittelwert (MW = 400) quadriert, aufsummiert und dann durch die Anzahl der Fälle (5) geteilt, ergibt sich für die Gruppe 1 eine Varianz der Messwerte von V = 50 und für die Gruppe 2 von V = 15.000.

Wie an diesem Beispiel deutlich wird, wird die Varianz nicht in den Einheiten der ursprünglichen Werte (z. B. wie Punkten im Leistungstest) angegeben, sondern nur als deren Quadrierung. Damit ist die Varianz schlecht interpretierbar. Aus diesem Grunde wird die Quadrierung der Einheiten wieder rückgängig gemacht, indem die Wurzel aus der Varianz gezogen wird. Das daraus resultierende Dispersionsmaß wird als **Standardabweichung** oder auch **Streuung** bezeichnet. Für die Gruppe 1 unseres Beispiels aus Tabelle 11.5 resultiert eine Standardabweichung von s = 7,1 Punkten, für die Gruppe 2 von s = 122,5 Punkten.

Darstellung von Verteilungen   Eine oft gewählte graphische Darstellung von Verteilungen sind Boxplots. In Abbildung 11.6 ist ein Boxplot für die Verteilung des Alters der Vorlesungsteilnehmer aus Tabelle 11.3 dargestellt. Ein Boxplot besteht aus einer „Box" sowie T-förmigen Endpunkten. Die grau unterlegte Box umfasst die mittleren 75% einer Verteilung (Interquartilbereich), der durchgezogene Strich in ihrer Mitte markiert den Median. Die horizontalen Balken der Endpunkte bezeichnen die unteren und oberen Extremwerte. Aus dem unten stehenden Boxplot sind somit die Informationen zu entnehmen, die bereits auch schon auf den vergangenen Seiten beschrieben wurden: 75% der Teilnehmer der Vorlesung sind zwischen 20 und 24 Jahre alt, der Median liegt bei 22 Jahren. Die Extremwerte sind 19 und 29 Jahre.

z-Werte   Noten werden von Schülern und Lehrern oft im Sinne einer objektiven Messung verstanden. So ist zum Beispiel für die Aufnahme in das Gymnasium häufig ein bestimmter Notendurchschnitt in den Hauptfächern Mathematik, Deutsch und Sachkunde die Voraussetzung. Kann jedoch von zwei Schülern, die beide über die Durchschnittsnote 2,3 verfügen, aber aus unterschiedlichen Klassen in verschiedenen Schulen stammen, auch ange-

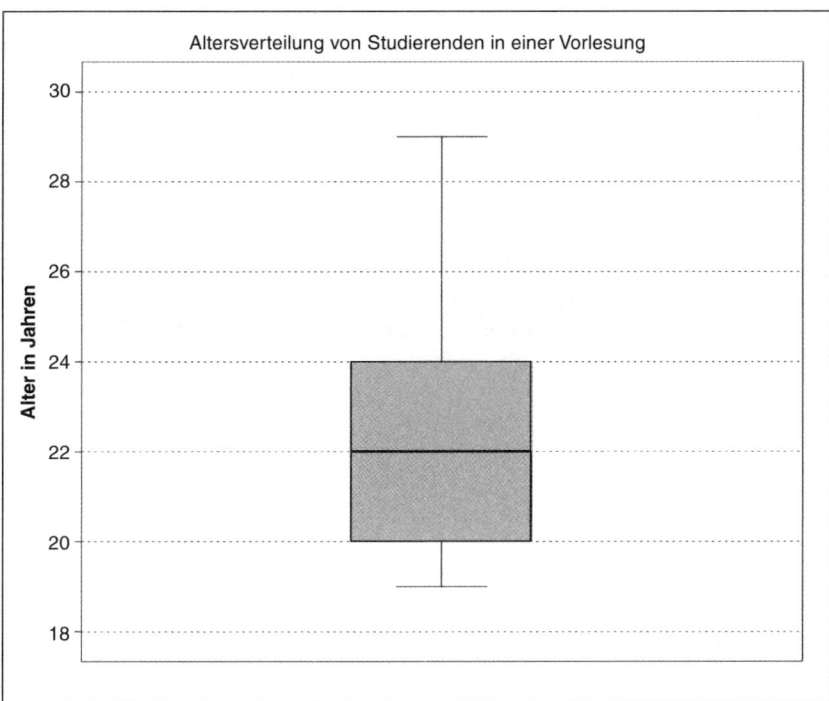

Abb. 11.6: Boxplot (Alter der Teilnehmer einer Vorlesung)

nommen werden, dass sie gleich „gut" sind? Es ist vorstellbar, dass in der ersteren Klasse die Fachlehrer strengere Bewertungsmaßstäbe anlegten und somit der Notendurchschnitt allgemein schlechter ausfiel als in der zweiten Klasse. In der ersten Klasse wäre es damit schwerer gewesen, die Note „gut" zu bekommen als in der zweiten Klasse.

Eine bessere Vergleichbarkeit wäre dann gegeben, wenn die individuelle Leistung der Schüler an der Gesamtleistung der Klasse relativiert werden würde. Dafür wird zunächst von jedem Notenwert der Mittelwert der Klasse abgezogen, um Niveauunterschiede auszugleichen. Die unterschiedliche Streuung der Verteilungen wird kompensiert, indem diese Werte durch die Standardabweichungen ihrer Verteilungen dividiert werden. Der solcherart erhaltene Wert wird als **z-Wert** bezeichnet, die Prozedur als **z-Transformation**. Ein z-Wert von 0 würde demnach bedeuten, dass der Rohwert mit dem Mittelwert zusammenfällt. Ein negativer z-Wert zeigt an, dass der Rohwert unterhalb, ein positiver, dass er oberhalb des Mittelwertes liegt. *Vergleichbarkeit von Messwerten*

Wird der Einfachheit halber im angegebenen Beispiel die Gleichheit der Standardabweichung in beiden Klassen vorausgesetzt, so würde der z-Wert der Durchschnittsnote des Schülers aus der ersten Klasse höher ausfallen als jener des Schülers aus der zweiten Klasse.

Wie bereits schon mehrfach in diesem Kapitel erwähnt, kann die Verteilung der Ausprägungen eines Merkmals verschiedene Formen annehmen, die durch die Position von arithmetischem Mittel, Modalwert und Median- *Verteilungsformen* wert beschrieben werden können. Für außerordentlich viele Merkmale in den Natur- und Verhaltenswissenschaften ergibt sich bei der Auswertung von Daten eine bestimmte Form der Verteilung, die aufgrund der Häufigkeit ihres Auftretens auch als **Normalverteilung** bezeichnet wird. Diese Verteilung entsteht, indem man zum Beispiel den Intelligenzquotienten von Individuen auf einer X-Achse abträgt und darüber als Y-Achse die relativen Häufigkeiten registriert, mit denen die einzelnen IQ-Werte auftreten. Die Normalverteilung, die von dem Mathematiker Friedrich Gauß zu einem statistischen Konzept entwickelt wurde, hat eine typische Glockenform und wird auch als Gauß'sche Glockenkurve bezeichnet. Mit normalverteilten Daten kann man rechnen, wenn eine große Anzahl an Beobachtungen vorliegt und man die Stichprobe zufällig gezogen hat (vgl. HAGMÜLLER 1979, S. 188 f.). Bei einer idealen Normalverteilung liegen Mittelwert, Modalwert und Median auf einem Wert zusammen.

Es gibt jedoch in der Forschungspraxis ebenso häufig auch rechtssteile (= linksschiefe) bzw. linkssteile (= rechtsschiefe) Verteilungen, bei denen die unteren bzw. oberen Werte der Verteilung am häufigsten auftreten.

Was Sie wissen sollten, wenn Sie Kapitel 11 gelesen haben:

- Sie sollten über verschiedene graphische Darstellungsformen von Verteilungen informiert sein und fehlerhafte Darstellungen erkennen können.
- Sie sollten Merkmalsverteilungen tabellarisch darstellen können.
- Sie sollten verschiedene Maße zur zusammenfassenden Beschreibung von Merkmalsverteilungen und deren Eigenschaften kennen.

Weiterführende Literatur zu Kapitel 11:

PFLAUMER, P./HEINE, B./HARTUNG, J. (2005): **Statistik für Wirtschafts- und Sozialwissenschaften: Deskriptive Statistik**. Wien: Oldenburg Verlag. Ausführliche, anwendungsorientierte Einführung in die deskriptive Statistik.
BÜHL, A./ZÖFEL, P. (2002): **Einführung in die moderne Datenanalyse mit Windows**. München: Pearson Studium. Anleitung zur Datenanalyse und Dateninterpretation mit dem Statistikprogramm SPSS.

12 Schließende Statistik

Während sich die deskriptive Statistik mit der zusammenfassenden und ordnenden Beschreibung von empirischen Daten befasst, ist es das Ziel der schließenden Statistik (Inferenzstatistik), verallgemeinerungsfähige Schlussfolgerungen aus Stichprobendaten zu ziehen. So möchte beispielsweise. internationale Leistungsvergleichsstudien wie PISA oder IGLU nicht nur Aussagen über die schulischen Kompetenzen der untersuchten Schüler in der Stichprobe machen, sondern auch darüber, wie sich die schulischen Kompetenzen *aller* altersgleichen Schüler eines Landes in den Testbereichen darstellen. Die methodische Voraussetzung für ein derartiges Vorgehen liefert die Wahrscheinlichkeitstheorie – dabei insbesondere verschiedene theoretische Verteilungsmodelle, von denen der bereits erwähnten Normalverteilung eine besondere Bedeutung zukommt.

In der Inferenzstatistik werden im Prinzip alle Beobachtungsdaten als Ergebnis eines Zufallsexperiments betrachtet. Während ein empirisch forschender Erziehungswissenschaftler Häufigkeitsverteilungen untersucht und Merkmalsausprägungen misst, spricht ein Statistiker von „Ereignissen", die er als Resultat von Zufallsvorgängen interpretiert. Ein Zufallsvorgang im statistischen Sinne ist sowohl ein einmaliger Versuch (z. B. Befragung einer Person) als auch die Gesamtheit wiederholter Versuche (z. B. Befragung vieler Personen). Der Begriff des Zufallsexperiments meint hier also nicht eine bestimmte Methode der Datenerhebung, sondern einen Vorgang, der im Prinzip unter gleichen Bedingungen beliebig oft wiederholbar ist und dessen Ausgang auch nach wiederholten Ausführungen nicht exakt vorhersagbar ist. Ein empirisch Forschender registriert mit seinen Daten gleichsam die Ergebnisse von Zufallsexperimenten, die in der Erziehungswirklichkeit ablaufen. Wenn die Daten dieser Zufallsexperimente statistisch ausgewertet werden, wird jede erhobene Merkmalsdimension (z. B. Lesekompetenz) als Zufallsvariable und ihre beobachteten Ausprägungen (z. B. 470 Punkte im Lesetest) als Realisationen eines Zufallsexperimentes betrachtet. Mit diesen abstrakten Modellvorstellungen wird die Brücke zur Wahrscheinlichkeitstheorie geschlagen und die Anwendung inferenzstatistischer Verfahren ermöglicht.

Zufallsexperiment

Die inferenzstatistischen Methoden können dabei in zwei Bereiche eingeteilt werden: die sogenannten parametrischen (verteilungsabhängigen) und die nicht-parametrischen (verteilungsunabhängigen) Analysemethoden. Wichtige Verfahren in der Inferenzstatistik sind dabei die Parameterschätzung und die Hypothesenprüfung mittels Signifikanztests.

Differenzierung inferenzstatistischer Verfahren

12.1 Parameterschätzung

In der empirischen erziehungswissenschaftlichen Forschung ist es selten der Fall, dass mittels einer Totalerhebung Daten einer kompletten Grundgesamtheit (z. B. alle Grundschüler in Deutschland) erfasst werden.

In der Regel sind Forschende auf Daten auf der Grundlage von Stichproben angewiesen. Aus diesen Stichproben lassen sich dann empirische Kennwerte der zentralen Tendenz oder Streuungsmaße berechnen und mittels deskriptiver Vorgehensweise darstellen. Es bleibt aber die Frage offen, inwieweit diese Stichprobenkennwerte tatsächlich die entsprechenden Kennwerte (Parameter) der Grundgesamtheit wiedergeben. Um im Beispiel der angesprochenen internationalen Leistungstests zu bleiben: Kann man sicher sein, dass die anhand der deutschen IGLU-Stichprobe (2001) mit rund 7.700 Grundschülern ermittelte durchschnittliche Lesekompetenz von 539 Punkten auch für die Grundgesamtheit aller Viertklässler (ca. 900.000 Schüler) in Deutschland zutrifft? Denn diese Stichprobe umfasst noch nicht einmal ein Prozent der Grundgesamtheit und kann aufgrund zufälliger Ereig-

Stichprobe und Grundgesamtheit

nisse (beispielsweise sind zufällig anteilig mehr gute Leser in der Stichprobe gelandet, als in der Grundgesamtheit zu finden sind) erheblich von den Gegebenheiten in der Grundgesamtheit abweichen.

Um die Frage zu klären, inwieweit aus Stichprobendaten auf eine Grundgesamtheit verallgemeinert werden kann, wird in der Inferenzstatistik zunächst ein Gedankenexperiment herangezogen: Aus einer Grundgesamtheit können – zumindest theoretisch – beliebig viele Stichproben gezogen werden. Anzunehmen ist in diesem Fall, dass die empirischen Kennwerte (z. B. Mittelwerte eines in den Stichproben gemessenen Merkmals) der jeweiligen Stichproben nicht identisch sind und diese Stichprobenkennwerte den „wahren" und in der Regel unbekannten Populationsparameter nicht hundertprozentig wiedergeben – sie also fehlerbehaftet sind. Eine statistische Maßzahl zur Ermittlung des Fehlers, den man bei der Verwendung eines Stichprobenkennwertes als Schätzer für den Parameter einer Grundgesamtheit mit hoher Wahrscheinlichkeit begeht, wird als **Standardfehler** bezeichnet. Dieser Standardfehler ist umso größer, je größer auch die Streuung des zu untersuchenden Merkmals in der Grundgesamtheit ist. Mit zunehmender Größe der Stichprobe verringert sich der Standardfehler, da die Grundgesamtheit (Population) immer besser abgebildet werden kann.

Berechnung des
Standardfehlers

Der Standardfehler kann, da Informationen über die Grundgesamtheit nicht zur Verfügung stehen, nur aus den Stichprobendaten geschätzt werden. Bei der Ermittlung des Standardfehlers eines Stichprobenmittelwerts wird unterstellt, dass bei der Ziehung von beliebig vielen Stichproben aus einer Grundgesamtheit die Verteilung der Stichprobenkennwerte in eine Normalverteilung übergeht, d.h bei hinreichend großen Zufallsstichproben verteilen sich die Stichprobenkennwerte in Form einer Gauß'schen Glockenkurve (vgl. Kapitel 11) um den unbekannten Populationsparameter. Der Standardfehler eines Stichprobenmittelwertes entspricht dann der Standardabweichung einer unendlichen Zahl von Mittelwerten. Der Standardfehler gibt demnach an, wie die Verteilung der Stichprobenmittelwerte beschaffen ist, wenn eine vielfach wiederholte Stichprobenziehung erfolgt wäre. Nun lässt sich mit dieser Annahme nicht angeben, wo sich der Mittelwert der Population denn nun genau befindet (dies könnte man nur durch eine Totalerhebung); aber man kann zumindest den Bereich ermitteln, in dem der Populationsmittelwert mit einer bestimmten Wahrscheinlichkeit zu erwarten ist. Diesen Bereich bezeichnet man als **Vertrauensintervall** bzw. Konfidenzintervall.

Grenzen des
Vertrauensintervalls

Für die Ermittlung von Vertrauensintervallen legt man dabei folgenden Gedankengang zugrunde: Aufgrund der Verteilungseigenschaften einer Normalverteilung ist bekannt, dass 68 Prozent aller Stichprobenmittelwerte (aus einer theoretisch unendlich oft wiederholten Stichprobenziehung) in einem Bereich der Normalverteilung angesiedelt sind, dessen Untergrenze um eine Standardabweichung links und dessen Obergrenze um eine Standardabweichung rechts vom unbekannten Populationsmittelwert liegt. Bildet man die Grenzen dieses Bereiches, indem man von zwei Standardabweichungen nach links bzw. rechts vom unbekannten Populationsmittelwert ausgeht, dann sind 95,5 Prozent aller Stichprobenmittelwerte in diesem Bereich zu erwarten. Andersherum kann man auch sagen, dass sich in dem gekennzeichneten Bereich 68 Prozent bzw. 95,5 Prozent aller möglichen Populationsparameter befinden, die den empirisch beobachtbaren Stichprobenmittelwert erzeugt haben können. Für Vertrauensinterintervalle wird in der Regel ein Bereich festgelegt, in welchem der unbekannte Populationsparameter mit 95%iger oder 99%iger Wahrscheinlichkeit liegt. So wird für die Angabe eines 95%-Vertrauensintervalls ein Bereich gebildet, dessen Ober- und Untergrenze jeweils 1,96 Standardfehler von einem empirischen Stichprobenmittelwert entfernt liegen. In der IGLU-Untersuchung aus dem Jahr 2001 erreichten die getesteten deutschen Grundschüler in der untersuchten Lesekompetenz einen Mittelwert von 539 Punkten bei einem Standardfehler von 1,9 Punkten. Will man nun wissen, wo wohl der „wahre" Mittelwert aller Viertklässler in Deutschland liegt, so kann man ein 95%-Vertrauensintervall bestimmen, dessen untere Grenze (Mittelwert − (1,96 x 1,9 Punkte)) durch den Wert 535,28 und dessen obere Grenze (Mittelwert + (1,96 x 1,9 Punkte)) durch den Wert 542,72 markiert wird. In diesem Bereich befindet sich also mit 95%iger Wahrscheinlichkeit (= Sicherheitswahrscheinlichkeit) der Populationsparameter, der den empirisch ermittelten Mittelwert erzeugt haben könnte. Mit 5% Wahrscheinlichkeit (= Irrtumswahrscheinlichkeit) liegt der wahre Populationsparameter außerhalb der vom Vertrauensintervall gebildeten Grenzen. Eine exaktere Bestimmung eines Populationsparameters ist aus Stichprobendaten heraus nicht möglich – möchte man den „wahren" Wert eines Populationsparameters auf den Punkt genau ermitteln, so kann dies nur über eine Totalerhebung der Grundgesamtheit erfolgen.

Da die Größe eines Vertrauensintervalls von der Größe des Standardfehlers abhängt und dieser wiederum von der Größe der Stichprobe und der Streuung des untersuchten Merkmals beeinflusst wird (siehe oben), lässt sich bei größeren Stichproben bzw. bei geringer Streuung des zu untersuchenden Merkmals das Vertrauensintervall enger um einen unbekannten Populationsparameter ziehen als bei kleineren Stichproben bzw. bei hohen Streuungen.

12.2 Die Hypothesenprüfung

Im zweiten großen Bereich der schließenden Statistik – der Hypothesenprüfung – sind, ähnlich wie bei der Parameterschätzung, wahrscheinlichkeitstheoretische Überlegungen die Grundlage der statistischen Verfahren. Die Überprüfung von Hypothesen stellt in der Forschungspraxis das eigentliche Erkenntnisinteresse dar und ist oft wichtiger und interessanter als die Ermittlung von Vertrauensintervallen bestimmter Parameter.

So kann auf der Grundlage von theoretischen Überlegungen angenommen werden, dass Kinder unterer Sozialschichtzugehörigkeit am Ende der vierten Klasse seltener auf das Gymnasium übergehen als Kinder mittlerer oder oberer Sozialschichtzugehörigkeit. Eine solche Annahme, die bislang nicht oder noch nicht hinreichend bestätigt ist, wird als Hypothese bezeichnet. Hypothesen sind in der Regel Behauptungen, dass etwas bei gegebenen Bedingungen der Fall ist, so wie im oben erwähnten Beispiel des

Aufstellung von Hypothesen

Grundschulübergangs. Wissenschaftliche Hypothesen müssen prinzipiell überprüfbar – genauer gesagt: widerlegbar (falsifizierbar) sein. Die von Jean-Jaques Rousseau in seinem pädagogischen Hauptwerk „Emile oder über die Erziehung" aufgestellte Behauptung „Alles ist gut, wie es aus den Händen des Schöpfers kommt; alles entartet unter den Händen des Menschen" ist zwar eine kühne Hypothese, aber niemand kann sie erfahrungswissenschaftlich widerlegen. Hingegen ist es möglich, den Zusammenhang zwischen Sozialschicht und Übergang auf weiterführende Schulen zu prüfen, da beide Variablen messbare, also empirisch erfassbare, Sachverhalte sind.

Schritte der *Hypothesenprüfung* Folgende Schritte, die noch ausführlicher erörtert werden, bestimmen den Gang einer Hypothesenprüfung:
– die Formulierung statistischer Hypothesen;
– die Festlegung des Signifikanznivaus;
– die Auswahl und Anwendung eines Signifikanztestes.

Zur Formulierung statistischer Hypothesen:
Um Hypothesen mittels inferenzstatistischer Verfahren überprüfen zu können, müssen sie in eine Form gebracht werden, die eine mathematisch-statistische Analyse gestatten.

Nullhypothese Eine solche Form stellt die sogenannte Nullhypothese (H_0) dar. Die Nullhypothese ist üblicherweise nicht die auf dem Erkenntnisinteresse des Forscher basierende und ihn eigentlich interessierende Hypothese. Auf das obige Beispiel angewendet, würde eine Nullhypothese lauten, dass der Übergang auf eine weiterführende Schule nicht von der Sozialschichtzugehörigkeit der Kinder abhängt. Mit dieser Formulierung wird zum Ausdruck gebracht, dass die Differenzen in der Übergangshäufigkeit auf Gymnasien zwischen verschiedenen Sozialschichten gleich „Null" sind. Nur diese Form der Hypothese kann in eine mathematische eindeutige Form gebracht werden (z. B. die Differenz zweier Häufigkeiten = 0).

Alternativhypothese Demgegenüber hat die sogenannte Alternativhypothese (H_1), die lauten könnte: „Wenn Kinder aus der unteren Sozialschicht stammen, dann gehen sie seltener auf das Gymnasium als Kinder höherer Sozialschichten" eine theoretisch unendliche Anzahl an mathematischen Gleichungen bzw. Ungleichungen zur Folge. Denn die Differenz von einem Prozentpunkt oder auch von 5, 10, 15 oder 20 Prozentpunkten in der Übergangsquote auf das Gymnasium steht für jeweils mögliche mathematische Manifestationen der Alternativhypothese. Nur die Nullhypothese ist also für einen zu prüfenden Sachverhalt eindeutig mathematisch formulierbar und damit statistisch testbar. Die Vorgehensweise der statistischen Prüfung besteht dann darin, dass man anhand der Nullhypothese ableitet, wie hoch die Wahrscheinlichkeit dafür ist, dass die beobachteten Differenzen in den erhobenen Daten auch zufällig zustande gekommen sein können. Fällt die Hypothesenprüfung so aus, dass man die beobachteten Differenzen nicht mehr als zufällig verursacht ansehen kann, dann ist man berechtigt, die Nullhypothese als falsch zurückzuweisen und sich für die zur Nullhypothese komplementäre Alternativhypothese zu entscheiden. Das Untersuchungsergebnis wird in diesem Falle als signifikant (vom Lateinischen significans; auf Deutsch: deutlich) bezeichnet.

In der Regel formulieren die Nullhypothesen einen skeptischen Standpunkt, während die Alternativhypothesen die „innovative" und den Forscher eigentlich interessierende Aussage beinhalten. Alternativhypothesen können dahingehend unterschieden werden, ob zwischen zwei Merkmalen ein Zusammenhang (**Zusammenhangshypothese**) oder zwischen zwei Gruppen ein Unterschied (**Unterschiedshypothese**) angenommen wird. Mit der Hypothese „Mit steigendem sozioökonomischen Status werden auch bessere Leseleistungen erbracht" wird ein Zusammenhang postuliert. Mit der Hypothese „An Hauptschulen kommen Gewaltdelikte häufiger vor als an Gymnasien" wird hingegen ein Unterschied formuliert. Weiterhin wird differenziert nach **gerichteten** und **ungerichteten Hypothesen:** Mit einer ungerichteten Hypothese wird ein Zusammenhang oder ein Unterschied in positiver oder negativer Richtung erwartet. Wird beispielsweise das Kooperationsverhalten von Lehrern in bestimmten Schulformen untersucht, so kann angenommen werden, dass sich die Lehrer schulformspezifisch voneinander unterscheiden, *ohne* dass Annahmen über die Richtung dieses Unterschieds gemacht werden. Dies ist jedoch der Fall bei gerichteten Hypothesen. Soll beispielsweise die Wirkung einer neuen Unterrichtsmethode, z.B. des Leselernens ohne Fibel, auf das Verstehen von Zusammenhängen überprüft werden, so würde die gerichtete Alternativhypothese lauten, dass die Anwendung des Leselernens ohne Fibel das Verständnis stärker befördere als die Anwendung konventioneller Leselernmethoden.

Arten von Hypothesen

Da sich das Ergebnis einer statistischen Hypothesenprüfung in der Regel nur auf Stichprobendaten, nicht aber auf die Grundgesamtheit bezieht, ist die Entscheidung für oder gegen die Aufrechterhaltung der Nullhypothese mit Unsicherheiten behaftet. Wird im dargestellten Beispiel aufgrund statistischer Hypothesenprüfung die Entscheidung getroffen, dass die Methode „Lesen ohne Fibel" wirkungsvoller ist als die konventionelle Methode mit Fibel, dann könnte bspw. in der Folge „Lesen ohne Fibel" zum Standardprogramm der Aus- und Weiterbildung von Lehrern gehören. Wenn jedoch diese Entscheidung aufgrund der Stichprobendaten fälschlicherweise getroffen wurde – d.h. nicht die Alternativ-, sondern die Nullhypothese trifft eigentlich in der Grundgesamtheit zu – wären die investierten Anstrengungen wirkungslos. Umgekehrt kann auch entschieden werden, dass die Methode „Lesen ohne Fibel" nicht leistungsförderlicher ist als konventionelle Methoden (d.h. Ablehnung der Alternativhypothese und Beibehaltung der Nullhypothese). Wäre diese Entscheidung jedoch aufgrund der Stichprobendaten fehlerbehaftet, so könnte der Schule eine innovative Methode vorenthalten werden, die zur Leistungssteigerung der Schüler im Lesen beitragen würde.

Unsicherheiten bei der Hypothesentestung

Die Entscheidung über das Annehmen oder Ablehnen der Nullhypothese aufgrund von Stichprobendaten kann also zutreffend oder fehlerhaft sein. Für die statistische Hypothesenprüfung ergeben sich damit vier mögliche Ereignisse (s. Abbildung 12.1).

Fehlerarten

Ein empirischer Forscher kann seine Entscheidung nur auf der Grundlage von Stichprobenergebnissen treffen. Da die die Stichproben aus einer Grundgesamtheit jedoch nicht ausnahmslos die Gegebenheiten dieser Population widerspiegeln, kann man sich nie sicher sein, ob die aufgrund von Stichprobendaten vorgenommen Entscheidung zugunsten einer Hypothese

		In der Grundgesamtheit gilt tatsächlich die …	
Aufgrund seiner empirischen Untersuchungs- ergebnisse entscheidet sich ein Forscher für die …		Nullhypothese (H_0)	Alternativ- hypothese (H_1)
	… Nullhypothese (H_0)	zutreffend	β-Fehler
	… Alternativ- hypothese (H_1)	α-Fehler	zutreffend

Abb. 12.1: Ereignisse der statistischen Hypothesenprüfung

die richtige ist. Wird anhand der Stichprobendaten die Alternativhypothese angenommen, obgleich tatsächlich in der Grundgesamtheit die Nullhypothese zutrifft, würde man den sogenannten α-**Fehler** oder auch **Fehler erster Art** begehen. Wird hingegen aufgrund der beobachteten Daten die Nullhypothese angenommen, obwohl in der Grundgesamtheit die Alternativhypothese zutrifft, beginge man den β-**Fehler** oder **Fehler zweiter Art**. Diese Unsicherheit im Entscheidungsprozess ist nicht nur in den empirischen Wissenschaften gegeben.

Zur Festlegung des Signifikanzniveaus
Diese Unsicherheit bei der Hypothesentestung ist auch nicht abschließend zu beseitigen – man kann jedoch das Risiko, einen Fehler zu begehen, minimieren. Dazu wird das Konzept des Signifikanzniveaus herangezogen.

Fehlerrisiko   Das Signifikanzniveau gibt darüber Auskunft, in wieviel Prozent der Hypothesentestungen ein Forscher allenfalls bereit ist, die Alternativhypothese beizubehalten, obwohl nur ein zufälliger Ergebnisunterschied besteht – kurzum: wie oft wird durchschnittlich das Risiko eines falschen Schlusses eingegangen. In der Darstellung empirischer Forschungsbefunde liest sich das dann so: p = 0.01 oder p = 0.05; p ist in diesem Fall das Symbol für ‚probability' (= Wahrscheinlichkeit). Die Symbolik p = 0.01 bedeutet, dass ein gefundener Ergebnisunterschied nur einmal in hundert Anwendungen eines Hypothesentestes auf Zufall beruht. Mit anderen Worten: nur in einem von hundert Hypothesentests lässt der Forscher das Auftreten des α-Fehlers zu. Analog dazu entspricht ein Signifikanzniveau von p = 0.05 das Auftreten von fünf falschen Testentscheidungen bei hundert Testanwendungen.

Konsequenzen von Entscheidungen in empirischen Untersuchungen   Würden aus empirischen Untersuchungen schwerwiegende Entscheidungen (z.B. die kostenintensive Einführung neuer Unterrichtsmethoden mittels Computerlernplätzen) resultieren, dann sollte ein strengeres Signifikanzniveau gewählt werden, z.B. p = 0.001 (= 0,1 Prozent Zufallwahrscheinlichkeit). Dies würde bedeuten, dass ein Forscher nur in einem von tausend Hypothesentests das Risiko eines falschen Schlusses einzugehen wagte. In der empirischen erziehungswissenschaftlichen Forschung stellen Signifikanzschranken von 0,1 Prozent, 1 Prozent und 5 Prozent die gebräuchlichen Zufallswahrscheinlichkeiten dar – während eine Signifikanzschranke auf dem 10-Prozent-Niveau nur in explorativen (entdeckenden)

Untersuchungen ein gerade noch vertretbares Maß für die Annahme oder Ablehnung einer Hypothese ist. Mit der Festlegung des Signifikanzniveaus vor dem eigentlichen Hypothesentest hat also der Forscher das Risiko eines potentiell falschen Schlusses kundgetan und kann abschließend den Signifikanztest durchführen. Eine nachträgliche Festlegung des Signifikanzniveaus würde der Festlegung des Mittelpunktes einer Zielscheibe nach dem Bogenschuss gleichkommen.

Noch ein Wort zu dem hier gewählten Begriff der Zufallswahrscheinlichkeit: In vielen Statistikbüchern ist stattdessen „Irrtumswahrscheinlichkeit" zu lesen. Wie Hans-Peter Beck-Bornholdt und Hans-Hermann Dubben (2005) jedoch feststellen, lässt sich die Wahrscheinlichkeit für einen Irrtum nicht berechnen; es lassen sich lediglich Aussagen darüber machen, ob etwas mit hoher Wahrscheinlichkeit auf Zufall oder systematische Einflüsse zurückzuführen ist.

Zur Auswahl und Anwendung eines Signifikanztestes
Signifikanztests haben die Aufgabe, zu überprüfen, ob die Wahrscheinlichkeit für die Ablehnung einer zu prüfenden Hypothese kleiner oder gleich einer bestimmten Grenzwahrscheinlichkeit – dem bereits erläuterten Signifikanzniveau – ist.

Die Inferenzstatistik unterscheidet dabei grundlegend zwischen parametrischen (verteilungsabhängige) und nonparametrischen (verteilungsunabhängige) Prüfverfahren. Für beide Arten von Prüfverfahren werden im Kapitel 13 Signifikanztests vorgestellt. Bei den parametrischen Prüfverfahren wird angenommen, dass die untersuchten Merkmale durch eine bestimmte Art der Verteilung gekennzeichnet sind (in der Regel wird angenommen, dass sie normalverteilten Populationen entstammen) und dass die Varianzen in untersuchten Populationen (z. B. weibliche vs. männliche Grundschüler) annähernd gleich sind. Zudem sollten die analysierten Daten zumindest Intervalldatenniveau besitzen. Nonparametrische Verfahren berücksichtigen dagegen die Verteilung und die Varianz von Populationsparametern nicht und können daher auch für Daten auf dem Nominal- und Ordinalskalenniveau eingesetzt werden. *Parametrische und nonparametrische Prüfverfahren*

Die Grundfrage eines jeden Signifikanztestes lautet: Mit welcher Wahrscheinlichkeit ist mit dem empirisch beobachteten oder einem extremeren Ergebnis zu rechnen, *wenn die Nullhypothese zutrifft*? Auf das Beispiel des Grundschulübergangs übertragen könnte die Frage eines Signifikanztestes lauten: Wie hoch ist die Wahrscheinlichkeit, dass eine Differenz von z. B. 5 Prozentpunkten in den Übergangsquoten auf das Gymnasium zwischen Arbeiter- und Akademikerkindern auf Zufall beruht? Die Nullhypothese dieses Beispiels dagegen würde lauten, dass es keine Differenzen in den Übergangsquoten gibt. Nun ist die Frage, ob eine geringe beobachtbare Differenz in den Übergangsquoten noch für die Nullhypothese spricht (diese Differenzen aufgrund der Stichprobendaten also zufällig zustande kamen) oder bereits ein Indiz für die Alternativhypothese (Arbeiter- und Akademikerkinder unterscheiden sich systematisch in ihren Übergangsquoten auf das Gymnasium) ist. *Grundfrage von Signifikanztests*

Für jeden Signifikanztest lässt sich für den zu untersuchenden Populationsparameter (in unserem Beispiel die Differenz zwischen Anteilswerten) *Stichprobenkennwerteverteilung* eine Stichprobenkennwerteverteilung konstruieren, die angibt, mit welcher Wahrscheinlichkeit empirisch beobachtbare Stichprobenergebnisse auftreten können, wenn die Nullhypothese zuträfe. Mit dieser Stichprobenkennwerteverteilung wird nun das in der Untersuchung ermittelte Ergebnis verglichen (siehe dazu die Beispiele in Kapitel 13). Zeigt eine derartige Kennwerteverteilung, dass die Wahrscheinlichkeit für das Auftreten eines empirisch beobachtbaren Ergebnisses (z.B. die Differenz von fünf Prozentpunkten in den Übergangsquoten zwischen Arbeiter- und Akademikerkindern) unter Gültigkeit der Nullhypothese sehr gering ist, wird die Nullhypothese zurückgewiesen. Mit anderen Worten: Es wäre sehr unwahrscheinlich, dass die Ergebnisdifferenz auf purem Zufall beruht. Dazu wird das vorher festgelegte Signifikanzniveau als Entscheidungskriterium herangezogen. Beträgt zum Beispiel die Wahrscheinlichkeit des Auftretens einer beobachteten Ergebnisdifferenz (im obigen Beispiel die 5 Prozentpunkte in den Übergansquoten) bei Geltung der Nullhypothese lediglich 2 Prozent und ein Forscher hat vorab ein Signifikanzniveau von 5 Prozent angelegt, so ist die Auftretenswahrscheinlichkeit der Ergebnisdifferenz kleiner als das Signifikanzniveau, und die Nullhypothese kann daher zurückgewiesen werden. Hat der Forscher jedoch vorher ein Signifikanzniveau von 1 Prozent oder gar 0,1 Prozent festgelegt, dann muss er die Nullhypothese beibehalten, d.h. die beobachtete Ergebnisdifferenz wird als zufällig erzeugt betrachtet.

12.3 Verfahren jenseits des Signifikanztestsrituals

Gegen das Signifikanztesten als dominantes Verfahren zur Auswertung von Forschungsresultaten kann eingewendet werden, dass es bestimmte, für die Beurteilung von Befunden jedoch höchst relevante, Informationen nicht zur Verfügung stellt. So gibt es beispielsweise keine Antwort darauf, wie *bedeutsam* signifikante Ergebnisdifferenzen eigentlich sind – bei großen Stichproben sind bereits geringfügige Ergebnisunterschiede hochsignifikant, ohne dass sie eine für die Praxis relevante Bedeutsamkeit aufweisen. Insbesondere bei kleinen Stichproben müssen nichtsignifikante Ergebnisse nicht bedeuten, dass es nicht beachtenswerte Unterschiede zwischen den Gruppen gibt; bereits ein „Ausreißer" kann das Ergebnis stark beeinflussen. Weiterführender wäre hier eine Analyse der Datenstruktur. Entscheidungen, die sich lediglich auf die Signifikanz eines Ergebnisses stützen, könnten somit unangemessen sein. Im Folgenden werden zwei Herangehensweisen zur Ergänzung von Signifikanztests näher beschrieben: das Verfahren der explorativen Datenanalyse sowie die Bestimmung von Effektgrößen.

Die hier vorgestellten **Verfahren der explorativen Datenanalyse (EDA)** dienen der (semi)graphischen Beschreibung von Mustern oder Zusammenhängen (vgl. SEDLMEYER 1996, S. 46). Peter Sedlmeyer weist in Anlehnung an Tukey (1977) darauf hin, dass Überraschungen erwünscht sind:

„Eine Abbildung ist dann besonders wertvoll, wenn sie uns zwingt, das zu sehen, was wir nie erwartet hätten."

Da die Anwendung der von Sedlmeyer vorgestellten Verfahren eine spezielle Software voraussetzt, soll hier nur ein Verfahren herausgegriffen werden, welches auch mit dem Programm SPSS ausgeführt werden kann:

Mittels Boxplots kann ein schneller Überblick über die Verteilung der Rohwerte und ihre Auffälligkeiten gegeben werden; sie ermöglichen damit einen ersten Eindruck von der Unterschiedlichkeit oder Übereinstimmung der jeweiligen Gruppenstruktur. Abbildung 12.2 zeigt einen Boxplot für die Reaktionszeiten neuropsychologischer Patienten in einem fiktiven Datensatz, die in Abhängigkeit von Krankheitsmerkmalen zwei Gruppen zugeteilt wurden (vgl. SEDLMEYER 1996, S. 46). Die Gruppenunterschiede sind nicht signifikant. Der Boxplot verweist jedoch auf recht unterschiedliche Gruppenprofile, die aus dem p-Wert nicht hervorgehen. So ist an der Angabe des Medians (Abbildung 12.2) erkennbar, dass die Verteilung der Werte in beiden Patientengruppen nicht symmetrisch, sondern in Gruppe A etwas links- und in Gruppe B etwas rechtsschief ist. Der Median zeigt, weil er unempfindlich gegen Ausreißer ist, somit einen deutlicheren Gruppenunterschied an als der Mittelwert.

Boxplots als Verfahren zur Erfassung von Auffälligkeiten

Gleichzeitig zeigt der Boxplot, dass in Gruppe A ein „Ausreißer" mit 279 Millisekunden das Gruppenergebnis verzerrt. Der damit einhergehende große Standardfehler führt zu dem nichtsignifikanten Testergebnis.

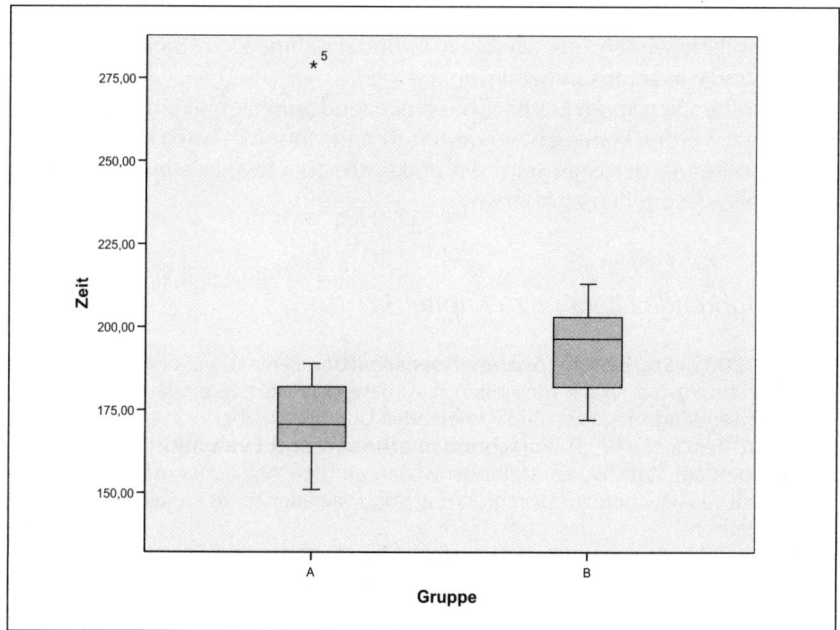

Abb. 12.2: Box-Plotdarstellungen der Reaktionszeiten (in msec) in Gruppe A und B (nach Sedlmeyer 1996, S. 49).

Wenn auch EDA-Verfahren für die Analyse kleiner Stichproben besonders bedeutungsvoll sind, sind sie auch bei großen Stichproben geeignet, interessante Informationen sichtbar zu machen.

Maße zur Ergänzung von Signifikanztests, insbesondere bei großen Stichproben, sind sogenannte Effektgrößen.

Praktische Bedeutsamkeit von signifikanten Ergebnissen

Eine Bestimmung von Effektgrößen dient der Einschätzung der praktischen Bedeutsamkeit einer als signifikant herausgearbeiteten Ergebnisdifferenz. Denn die Stichprobengröße beeinflusst den Standardfehler einer Teststatistik: Je größer die Anzahl der Befragten, umso kleiner ist der Standardfehler und umso eher wird eine Ergebnisdifferenz als signifikant ausgewiesen. Somit werden bei großen Stichproben bereits Differenzen signifikant, die unter Umständen keinerlei praktische Bedeutsamkeit haben. Die Kenntnis dieses Unterschiedes zwischen statistischer Signifikanz und praktischer Bedeutsamkeit ist besonders dann wichtig, wenn beispielsweise aus Ergebnissen großer Stichproben, wie sie bei internationalen Leistungsvergleichen erhoben werden, praktische Konsequenzen abgeleitet werden sollen, die von großer Reichweite sind. Für die wichtigsten Signifikanztests lassen sich Effektgrößen angeben (eine Übersicht dazu in: BORTZ/DÖRING 1998, S. 564).

Was Sie wissen sollten, wenn Sie Kapitel 12 gelesen haben:

- Sie sollten verschiedene Verfahren der Interferenzstatistik kennen und beschreiben können.
- Sie sollten wissen, auf welchen Grundannahmen ein Signifikanztest fußt und was seine Grenzen sind.
- Sie sollten Verfahren kennen, die ergänzend zum Signifikanztesten eingesetzt werden können bzw. weiterführende Informationen bieten.
- Sie sollten in der Lage sein, die praktische Reichweite empirischer Ergebnisse beurteilen zu können.

Weiterführende Literatur zu Kapitel 12:

BORTZ, J. (2005): **Statistik für Sozialwissenschaftler**. Berlin u. a.: Springer. Detaillierte Einführung u. a. in die Methoden der Inferenzstatistik, verbindet Formelwissen mit Anwendungsbeispielen und vertiefenden Übungsaufgaben.

BORTZ, J./DÖRING, N. (1998): **Forschungsmethoden und Evaluation**. Berlin: Springer. Überträgt statistisches Methodenwissen auf den Anwendungsfall Evaluation; Informative Anleitung zur Durchführung von Evaluationen im sozialwissenschaftlichen Bereich.

COHEN, J. (1988): **Statistical Power Analysis for the Behavioral Sciences**. Hillsdale: Lawrence Erlbaum Associates. Grundlagen der Berechnung und Anwendung von Effektgrößen.

13 Überprüfung von Unterschieds- und Zusammenhangshypothesen

Im vorangegangenen Kapitel wurde dargestellt, dass sich die auf inferenz-statistischen Grundlagen beruhenden Signifikanztests nach parametrischen und nonparametrischen Verfahren unterscheiden lassen. In diesem Kapitel sollen für beiden Verfahrensbereiche ausgewählte Signifikanztest vorgestellt werden, auch soll die Logik von Signifikanztests anhand konkreter Beispiele vertieft werden. Für die Wahl eines geeigneten Signifikanztestes ist nicht nur die Art der Hypothesen (Unterschieds- und Zusammenhangshypothe-sen), sondern auch die Skalenqualität, die Verteilung der erhobenen Daten und die Anzahl der betrachteten Stichproben und Messzeitpunkte relevant. Aus einer Vielzahl bestehender Signifikanztests soll zunächst der Chi-Quad-rat-Test als Beispiel eines nonparametrischen Verfahrens und daran an-schließend der t-Test als Beispiel eines parametrischen Verfahrens herausge-griffen werden.

13.1 Chi-Quadrat-Test

Die Bezeichnung Chi-Quadrat-Test wird im Allgemeinen für zwei unter-scheidbare Testsituationen verwendet: zum einen, ob die vorliegenden em-pirischen Daten einer bestimmten Verteilung entsprechen (Verteilungs- oder Anpassungstest) und zum anderen, ob zwei Merkmale stochastisch voneinander unabhängig sind (Unabhängigkeitstest). Die grundlegende Vor-gehensweise bei der Anwendung eines Chi-Quadrat-Testes soll durch ein Beispiel illustriert werden:

In einer von den Autoren durchgeführten Studie (vgl. Avenarius et al. 2001) wurden u. a. Schülerinnen und Schülern der 8. Jahrgangsstufe unter-sucht. In der Tabelle 13.1 ist dargestellt, wie das Merkmal Geschlecht unter Schülern der Hauptschule in der (für das Merkmal Geschlecht repräsentati-ven) Untersuchungsstichprobe verteilt ist:

Tab. 13.1: Verteilung der untersuchungsrelevanten Merkmale auf die Hauptschüler der 8. Klasse (in %)

	Geschlecht		Insgesamt
	weiblich	männlich	
Anzahl	339	524	863
%	39,3	60,7	100,0

Eine Frage, die sich für Bildungsforscher bei Betrachtung dieses Geschlech-terverhältnisses in der Hauptschule stellt, lautet: Spiegelt das Geschlechter-verhältnis in der Hauptschule das Verhältnis der Geschlechter in der ent-sprechenden Altergruppe (13–14-jährige) aller Jugendlichen wieder? Oder lässt sich in der Hauptschule eine überproportionale Häufung eines be-stimmten Geschlechtes feststellen?

Um diese Fragestellung empirisch zu überprüfen, bietet sich ein Chi-Quadrat-Test an, bei dem die Stichprobenverteilung gegen die vorliegende Verteilung in der Grundgesamtheit getestet wird. Wie in Kapitel 12 beschrieben, beginnt eine Signifikanztestung mit der Formulierung von Null- und Alternativhypothese.

Formulierung der Nullhypothese

Für die interessierende Fragestellung lässt sich die folgende Nullhypothese formulieren: „Das Geschlechterverhältnis unter den Schülern der 8. Klasse an Hauptschulen unterscheidet sich nicht vom Geschlechterverhältnis in der Grundgesamtheit aller 13–14-jährigen Jugendlichen." Zur Prüfung dieser Hypothese muss natürlich das Geschlechterverhältnis in der Grundgesamtheit bekannt sein. In der niedersächsischen Kohorte der im Jahr 2001 13–14-Jährigen, waren 48% weiblichen und 52% männlichen Geschlechts. Wenn die Verteilung der Schüler nach Geschlecht in der 8. Klasse exakt ihrer Verteilung in der Grundgesamtheit aller 13–14-Jährigen entspräche (wie es die Nullhypothese vorgibt), dann müssten die für die Grundgesamtheit berechneten Anteile auch für die Schüler der 8. Klasse zutreffen. D.h., für N = 863 Schüler müsste erwartet werden, dass 414 (48%) Schüler weiblich und 449 (52%) Schüler männlich sind (vgl. Tabelle 13.2).

Ein Blick in Tabelle 13.2 zeigt jedoch, dass die für die Stichprobe der Hauptschüler beobachteten Häufigkeiten auffällig von den in der Grundgesamtheit auftretenden und den laut Nullhypothese zu erwartenden Werten abweichen.

Tab. 13.2: Vergleich der Geschlechteranteile von Hauptschülern der 8. Klasse zwischen Stichprobe und Grundgesamtheit

	Geschlecht		Insgesamt
	weiblich	männlich	
Beobachtete Werte in der Stichprobe	339 (39,3%)	524 (60,7%)	863
Erwartete Werte aufgrund der Situationin der Grundgesamtheit	414 (48,0%)	449 (52,0%)	863

Grundstruktur von Chi-Quadrattests

Diese Betrachtung stellt bereits die Grundstruktur aller Chi-Quadrat-Tests dar, die auf einen Vergleich zwischen empirisch beobachteten und aufgrund der Nullhypothese erwarteten Häufigkeiten gründen. Ist die Nullhypothese gültig, so dürften die beobachteten Häufigkeiten nicht von den erwarteten Häufigkeiten abweichen. Ist dies jedoch der Fall, muss die Nullhypothese abgelehnt werden und die Alternativhypothese als gültig angesehen werden. Im hier beschriebenen Fall lautet die Alternativhypothese: „Das Geschlechterverhältnis unter den Schülern der 8. Klasse an Hauptschulen unterscheidet sich systematisch (= überzufällig) vom Geschlechterverhältnis in der Grundgesamtheit aller 13–14-jährigen Jugendlichen."

Prüfwert Chi-Quadrat

Allerdings reicht eine rein deskriptive Betrachtung für eine Entscheidung zur Alternativhypothese nicht aus, da die beobachtbaren Differenzen durch die Stichprobenziehung auch zufällig hätten entstehen können. Um dieses auszuschließen, müssen die Abweichungen der beobachteten von den erwarteten Häufigkeiten in einen statistischen Prüfwert überführt werden. Dieser Prüfwert sollte eine monoton steigende Funktion sein, die umso höhere Werte liefert, je größer der Unterschied zwischen dem Nullhypothesenszenarium und den empirisch beobachteten Daten ist. Ein solcher Prüfwert ist Chi-Quadrat (χ^2). Formeln für die Berechnung von Chi-Quadrat sind in jedem Statistikbuch zu finden. Dieser Prüfwert kann als Zufallsvariable (vgl. Kapitel 12) betrachtet werden, die je nach untersuchter Stichprobe variiert.

Verteilung von Chi-Quadratwerten

Nun ist aus Kapitel 12 ebenfalls bekannt, dass sich Zufallsvariablen bei unendlich oft durchgeführter Stichprobenziehung normal verteilen (in Form der Gauß'schen Glockenkurve). Die Verteilung von Chi-Quadrat-Werten ist demnach auch aus der Normalverteilung ableitbar, aber nicht mit dieser identisch, da in der Formel zur Berechnung von Chi-Quadrat-Werten eine Quadrierung erfolgt. Aufgrund dieser Quadrierung ergibt sich eine neue Klasse von Verteilungen: die Chi-Quadrat-Verteilung. Die Wahrscheinlichkeitsverteilungen vieler statistischer Prüfmaße (z.B. t-Verteilung, F-Verteilung) sind aus der Normalverteilung ableitbar. Deshalb ist man in der Lage, die Wahrscheinlichkeit des Auftreten solcher Prüfmaße bei Geltung der Nullhypothese zu bestimmen. Allgemein gilt dabei, dass je größer der Wert eines Prüfmaßes in einem Signifikanztest ist, desto geringer ist die Wahrscheinlichkeit, dass dieser Wert durch Zufall zustande gekommen ist.

Wahrscheinlichkeitstafel

Für das vorgestellte Beispiel ergibt sich ein Prüfwert von $\chi^2 = 26.3$. Wie wahrscheinlich ist das Auftreten eines solchen Wertes bei Geltung der Nullhypothese? Die Antwort auf diese Frage liefert ein Blick in sogenannte Wahrscheinlichkeitstafeln, die meist im Anhang von Statistiklehrbüchern enthalten sind und je nach eingesetztem Signifikanztest unterschiedliche Verteilungen wiedergeben.

Tab. 13.3: Ausschnitt aus der Wahrscheinlichkeitstafel der c²-Verteilung

Freiheitsgrade (d.f.)	Fläche der Chi-Quadratverteilung, unter der ein χ^2-Wert liegt:		
	95%	99%	99,9%
1	3,84	6,63	10,83
2	5,99	9,21	13,82
3	7,81	11,34	16,27
4	9,48	13,28	18,47

Die konkrete Form einer Chi-Quadrat-Verteilung ergibt sich aus den sogenannten Freiheitsgraden. Beispiel: Wenn 12 Stücke einer Geburtstagstorte auf sieben Gäste zu verteilen sind und wir erfahren, dass sich sechs unserer Gäste bereits 2 Stücke der leckeren Torte einverleibt haben, so geht der letzte Gast mit absoluter Sicherheit leer aus, d.h. der letzte Wert ist durch die Information über die hungrigen anderen sechs Gäste festgelegt. Ähnliche

Freiheitsgrade

Überlegungen führen bei der Berechnung von statistischen Kennwerten und Prüfgrößen zur Berücksichtigung von Freiheitsgraden (= degrees of freedom: df). Für das obige Beispiel der Hauptschülerstichprobe ergibt sich ein Freiheitsgrad von 1 (bei unserer Stichprobe kann bei Kenntnis der Gesamtanzahl der Schüler nur die Anzahl eines Geschlechts variieren, da mit der Angabe der Anzahl der Jungen die Anzahl der Mädchen automatisch festgelegt ist).

Signifikanztestung   In den Wahrscheinlichkeitstafeln ist je nach Freiheitsgrad dargestellt, bei welchem Wert welche Auftretenswahrscheinlichkeit in der Chi-Quadrat-Verteilung besteht. So hat bei einem Freiheitsgrad ein Chi-Quadrat-Wert von 3,84 eine Auftretenswahrscheinlichkeit bei Geltung der Nullhypothese von 5 Prozent (100% Verteilungsfläche – 95% Verteilungsfläche). Der im Beispiel berechnete Wert von $\chi^2 = 26.3$ ist weitaus größer und die Wahrscheinlichkeit des Auftretens dieses Werts bei Geltung der Nullhypothese grenzt fast an Null (p χ 0,00000003). D. h. es ist höchst unwahrscheinlich, dass der beobachtete Chi-Quadrat-Wert aus einer Stichprobe stammt, die mit den Gegebenheiten der Grundgesamtheit übereinstimmt.

Im Kapitel 12 wurde bereits dargestellt, dass vor der Signifikanztestung ein Signifikanzniveau angegeben werden muss. Würden wir uns für ein 1%-Signifikanzniveau entscheiden, dann ist die Auftretenswahrscheinlichkeit unseres empirisch ermittelten Chi-Quadrat-Wertes bei Geltung der Nullhypothese deutlich geringer als das von uns vorab festgelegte Signifikanzniveau. Die Nullhypothese kann daher guten Gewissens mit einer in Kauf genommenen Zufallswahrscheinlichkeit von 1 Prozent zurückgewiesen werden. Ein Vergleich der beobachteten mit den erwarteten Werten zeigt demnach nicht nur augenscheinlich, sondern auch mit statistisch nachgewiesener Signifikanz, dass sich in der Hauptschule deutlich mehr Jungen und weniger Mädchen befinden, als nach ihrem Verhältnis in der Grundgesamtheit erwartet werden könnte.

13.2 Vergleich von Mittelwerten

Liegen die empirisch erhobenen Daten auf Intervallskalenniveau vor, können zwei oder mehr Verteilungen auf ihre Mittelwertsunterschiede hin überprüft werden. Die entsprechenden Methoden zählen zu den parametrischen Verfahren. Diese beruhen oftmals auf der Voraussetzung, dass die zu untersuchenden Merkmale in der zugrunde liegenden Grundgesamtheit normal verteilt sind. Zudem sollten die interessierenden Merkmale in den zu prüfenden Verteilungen gleiche Streuungen (Varianzen) aufweisen.

Die gängigen Methoden derartiger Mittelwertsvergleiche sollen am Beispiel zweier konkreter Fragestellungen vorgestellt werden:
– Unterscheiden sich Jungen und Mädchen einer Klassenstufe in einer Schule in ihren durchschnittlichen Leseleistungen voneinander?
– Unterscheiden sich die Schülerinnen und Schüler einer Klassenstufe der drei Schularten Gymnasium, Realschule und Hauptschule hinsichtlich ihrer sozioökonomischen Herkunft (SES; gemessen mit einer metrischen Skala des beruflichen Status) voneinander?

Für die Beantwortung beider Fragen wird auf Daten eines fiktiven Datensatzes zurückgegriffen, dessen statistische Kennwerte für die relevanten Merkmale in der folgenden Tabelle aufgeführt werden.

Tab. 13.4: Verteilung der untersuchungsrelevanten Merkmale

	Geschlecht (n = 68)					Schulart (n = 3.062)					
	weiblich (n = 27)		männlich (n = 41)			HS N = 726		RS N = 1265		GY N = 1071	
	MW	s	MW	s		MW	s	MW	s	MW	S
Lesetest	404	65.51	394	79.58	SES	39.04	12.83	45.59	13.85	56.80	15.53

Die *Frage 1)* bezieht sich auf Mittelwertsunterschiede zwischen *zwei Untersuchungsgruppen.* Diese beiden Gruppen zeichnen sich dadurch aus, dass sie stochastisch unabhängig voneinander sind, d.h. die Wahrscheinlichkeit, dass ein Mädchen in die Stichprobe gelangt, ist nicht davon beeinflusst, ob vorher ein Junge oder ein anderes Mädchen für die Stichprobe ausgewählt wurde. (Genauso sind Münzwürfe voneinander unabhängig, da das Ergebnis eines Münzwurfes nicht davon abhängt, welche Seite der Münze bei einem Wurf zuvor zu sehen war.) Es handelt sich also bei dem vorliegenden Vergleich zwischen Jungen und Mädchen um zwei unabhängige Stichproben. Dies ist wichtig zu wissen, da unterschiedliche Signifikanztests, je nach Abhängigkeit oder Unabhängigkeit von Stichproben, existieren.

Unabhängige Stichproben

Von abhängigen Stichproben spricht man, wenn ein Wert aus der ersten Stichprobe den Wert in der zweiten Stichprobe beeinflusst. So ist z.B. bei mehrmaliger Messung der Intelligenz davon auszugehen, dass Personen mit einem hohen Intelligenzwert zum ersten Messzeitpunkt auch zum zweiten Messzeitpunkt eine hohe Intelligenz zeigen, d.h. die Ergebnisse beider Messungen sind nicht unabhängig voneinander, da sie sich nicht zufällig unterscheiden, sondern ein systematischer Zusammenhang zwischen ihnen (die Intelligenz der Untersuchungsperson) vorliegt. Generell bilden Stichproben aus wiederholten Erhebungen derselben Untersuchungspersonen zu unterschiedlichen Zeitpunkten (Längsschnittstudien) abhängige Stichproben.

Abhängige Stichproben

Mit einem sogenannten t-Test für unabhängige Stichproben kann überprüft werden, ob sich die beobachteten Leistungsdifferenzen im Lesen zwischen Mädchen und Jungen unterscheiden. Die zu prüfende Nullhypothese lautet in diesem Fall: Die Mittelwerte der Leseleistung unterscheiden sich nicht zwischen Mädchen und Jungen. (Oder mathematisch korrekt: Die Differenz der mittleren Leseleitungen von Mädchen und Jungen ist gleich Null).

t-Test

Eine entsprechende ungerichtete Alternativhypothese würde lauten, dass sich die durchschnittlichen Leseleistungen von Mädchen und Jungen systematisch unterscheiden.

Der für die Überprüfung derartiger Unterschiedshypothesen bei zwei Stichproben verwendete statistische Kennwert ist die Mittelwertsdifferenz des beobachten Merkmals (im Beispiel die Lesekompetenz). Diese wird in einen statistischen Prüfwert, den sogenannten t-Wert, transformiert. Auch dieser t-Wert stellt analog zum Chi-Quadrat-Wert eine Zufallsvariable dar, deren Verteilung aus der Normalverteilung ableitbar ist und als t-Verteilung bezeichnet wird.

In unserem Beispiel verfügen die befragten 27 Mädchen über einen mittleren Testwert von 404 Punkten, die 41 Jungen über einen Testwert von 394 Punkten. Die Differenz beträgt demnach 10 Punkte. Für diesen empirischen Mittelwertunterschied wird ein t-Wert von rund 2,37 errechnet. Die Frage lautet auch hier wieder: Wie wahrscheinlich ist die Beobachtung eines solchen t-Wertes, wenn man von der Geltung der Nullhypothese ausgeht? Mit anderen Worten: Ist die beobachtete Differenz der mittleren Leseleistungen zwischen Jungen und Mädchen aufgrund der Stichprobenziehung zufällig zustande gekommen und besteht diese Differenz in der Grundgesamtheit gar nicht? Oder ist der beobachtete t-Wert Ausdruck für die Geltung der Alternativhypothese, die behauptet, dass sich die mittleren Leseleistungen von Mädchen und Jungen nicht nur in der Stichprobe sondern auch in der Grundgesamtheit systematisch voneinander unterscheiden?

Signifikanztestung
Die t-Verteilung geht bei Stichprobenumfängen von $n > 50$ in eine Standardnormalverteilung über. Daher kann bei unserem Stichprobenumfang von $n = 66$ die Wahrscheinlichkeitstafel zur Verteilungsfunktion der Standardnormalverteilung (in jedem Statistikbuch zu finden) verwendet werden. Legen wir für den Test ein Signifikanzniveau von fünf Prozent zugrunde, dann müssen wir in der Wahrscheinlichkeitstafel nach demjenigen t-Wert suchen, der bei Geltung der Nullhypothese eine Auftretenswahrscheinlichkeit von maximal 5% hat. Dieser Wert ist laut Wahrscheinlichkeitstafel $t = 1,65$. Der berechnete t-Wert aus unserem Beispiel liegt mit $t_{empirisch} = 2,37$ deutlich über diesem kritischen Wert. Das heißt, dass die Wahrscheinlichkeit, dass bei Geltung der Nullhypothese ein Mittelwertunterschied von 10 Punkten (und damit ein Prüfwert von $t = 2,37$) zu beobachten wäre, deutlich kleiner als 5% ist. Damit kann die Nullhypothese zurückgewiesen und die Alternativhypothese akzeptiert werden. Aufgrund der Richtung der Mittelwertdifferenzen kann geschlussfolgert werden, dass die befragten Mädchen signifikant besser lesen können als die befragten Jungen.

Für die zweite Fragestellung sollen Mittelwertdifferenzen (im Beispiel die Differenzen im sozioökonomischen Status der Schüler) zwischen *mehr als zwei Gruppen* (hier: drei Schularten) überprüft werden. Der sozioökonomische Status wird in der Regel über die Bildungs- und Berufsabschlüsse der Eltern erfasst. Je höherwertiger ein Bildungs- und Berufsabschluss ist, desto höher ist die Entlohnung und desto mehr Geld können Eltern in die Bildung ihrer Kinder investieren. Es ist daher zu erwarten, dass Schüler, deren Eltern einen hohen sozioökonomischen Status haben, eher auf Realschulen und Gymnasien als auf Hauptschulen zu finden sind.

Varianzanalyse
Die gängige Methode stellt in einem solchen Fall die Varianzanalyse dar. Ziel der Varianzanalyse ist es, auf der Basis von beobachtbaren Mittelwertdifferenzen zwischen mehr als zwei Vergleichsgruppen diese Ergebnisunterschiede auf Signifikanz zu überprüfen. Es werden bei diesem Verfahren jedoch nicht die Mittelwertdifferenzen selbst zugrunde gelegt (wie z.B. beim

t-Test), sondern die **Variation** (= Streuung) der einzelnen Messwerte wird herangezogen. Die Grundannahme der Varianzanalyse ist dabei, dass sich die gesamte Variation der Messwerte zerlegen lässt in einen Teil, der durch die Gruppenzugehörigkeit (im Beispiel die Schulart) bestimmt wird und eine „Restvariabilität", die nicht auf die Gruppenzugehörigkeit zurückgeführt werden kann. Ist die Variabilität der Messwerte in den drei Schularten eher gering (d.h. innerhalb der jeweiligen Schulart haben die Schüler einen vergleichbaren sozioökonomischen Status), zwischen den Gruppen jedoch groß (d.h. zwischen den Schularten bestehen deutliche Differenzen im sozioökonomischen Status), so kann davon ausgegangen werden, dass die Schulartzugehörigkeit (= Gruppenzugehörigkeit) von Bedeutung für die Messwerte ist.

Zerteilung der Gesamtstreuung

Ein Maß für die Unterschiedlichkeit aller Messwerte stellt die Summe der quadrierten Abweichungen aller Messwerte vom Gesamtmittelwert des sozioökonomischen Status dar, die sogenannte **Gesamtstreuung** (oder Gesamtquadratsumme). Diese Gesamtquadratsumme lässt sich unterteilen in die durch die Gruppenzugehörigkeit **erklärte Streuung** (auch Treatmentquadratsumme) sowie in die **nicht-erklärte Streuung** (auch Fehlerquadratsumme). Setzt man die erklärte Streuung zu der Gesamtstreuung ins Verhältnis, erhält man den Wert ε^2 (eta^2), der ein Maß für die Varianzaufklärung darstellt. Multipliziert mit 100 ergibt dieser Wert den prozentualen Anteil an der Gesamtvarianz, der auf die Schulartzugehörigkeit zurückzuführen ist. Für das vorgestellte Beispiel ergibt eine entsprechende Berechnung, dass rund 19 Prozent der Varianz des sozioökonomischen Status (d.h. die Streuung aller Messwerte dieser Variablen) auf die Schulartzugehörigkeit zurückgeführt werden können. Dies ist ein für erziehungswissenschaftliche Untersuchungen bedeutsamer Anteil an erklärter Varianz. Inhaltlich bedeutet dies, dass mit höherem beruflichem Status der Eltern für die Kinder eine höhere Wahrscheinlichkeit für den Besuch einer höheren Schulart einhergeht. Es heißt aber umgekehrt nicht, dass in allen Fällen der sozioökonomische Status der Eltern die besuchte Schulart des Kindes beeinflusst. Wie gesagt, kann rund ein Fünftel der Varianz im sozioökonomischen Status der untersuchten Schüler auf deren besuchte Schulart rückgeführt werden. Letztendlich bleiben aber auch vier Fünftel der Varianz nicht erklärt, d.h. dass z.B. an Gymnasien durchaus auch Schüler mit niedrigem sozioökonomischem Status oder an Hauptschulen Schüler mit hohem Status der Herkunftsfamilie zu finden sind.

Signifikanztestung

Geprüft werden muss nun, ob der Anteil der Gesamtvariabilität der Messwerte, der auf die Gruppenzugehörigkeit zurückgeführt werden kann, ausreicht, um die Nullhypothese zu verwerfen. Die formale Prüfung erfolgt wiederum anhand eines statistischen Prüfwertes. Im Fall der Varianzanalyse ist dies der F-Wert, der bei Geltung der Nullhypothese die gleichnamige F-Verteilung aufweist. Um die Nullhypothese verwerfen zu können, muss sich ein F-Wert ergeben, der mit einer geringeren Wahrscheinlichkeit als die vor dem Test festgelegte Zufallswahrscheinlichkeit (Signifikanzniveau) auftritt.

Für eine Beurteilung des empirischen F-Wertes wird – analog zu dem vorgestellten Signifikanztest – die Wahrscheinlichkeitstafel der F-Verteilung herangezogen. In unserem Beispiel müsste sich laut Wahrscheinlichkeitstafel bei einem fünfprozentigen Signifikanzniveau mindestens ein F-Wert von größer als 19,3 ergeben, um die Nullhypothese auf diesem Niveau zurückweisen zu können. Der berechnete F-Wert liegt tatsächlich weit darüber. Somit kann die Alternativhypothese angenommen werden, nach der die Zugehörigkeit zu einer bestimmten Schulart im Zusammenhang mit dem sozioökonomischen Status der Schüler steht. Allerdings sagt der F-Test der Varianzanalyse noch nichts darüber aus, ob sich alle drei betrachteten Schularten hinsichtlich des sozioökonomischen Status ihrer Schüler voneinander unterscheiden oder beispielsweise nur das Gymnasium von der Hauptschule. Für die statistische Überprüfung der einzelnen Gruppendifferenzen können beispielsweise paarweise Vergleiche der Gruppenmittelwerte (diese werden auch in einschlägigen Statistiklehrbüchern vorgestellt) durchgeführt werden. In unserem Beispiel zeigt sich bei Verwendung eines solchen Tests, dass sich der mittlere sozioökonomische Status der Schülerschaft einer jeden Schulform signifikant von den anderen Schulformen unterscheidet.

13.3 Korrelationsanalysen

Während in den vergangenen Abschnitten verschiedene Tests zur Prüfung von Unterschiedshypothesen vorgestellt wurden, widmet sich der letzte Abschnitt dieses Kapitels der Überprüfung von Zusammenhängen.

Prüfung von Zusammenhangs-hypothesen
Während sich Unterschiedshypothesen auf Gruppen (z.B. die beiden Geschlechter oder Schularten) beziehen, stellen Zusammenhangshypothesen die Beziehungen zwischen Variablen (z.B. der Zusammenhang zwischen Intelligenz und Schulerfolg) her. Die hier vorzustellende Methode der Korrelationsanalyse kann sowohl der deskriptiven Statistik als auch der Inferenzstatistik zugeordnet werden. In der Logik der deskriptiven Statistik liefern Korrelationen ein numerisches Maß für die Stärke und Wirkungsrichtung von Zusammenhängen. Im Rahmen der Inferenzstatistik wird zusätzlich geprüft, ob die in Stichprobendaten beobachteten Zusammenhänge zwischen Variablen auch auf eine Grundgesamtheit zu verallgemeinern sind.

Allgemeines Ziel der Korrelationsrechnung ist es, numerisch gestützte Aussagen über den Zusammenhang zweier Merkmale zu ermöglichen. So kann z.B. gefragt werden, ob bei Schülern einer bestimmten Klassenstufe ein Zusammenhang zwischen den Testwerten im Lesen und in Mathematik besteht. Mit anderen Worten: Können gute Leser auch gut rechnen? Theoretischer Hintergrund für diese Frage könnte die Annahme sein, dass für die Auseinandersetzung mit mathematischen Aufgaben Lesekenntnisse unerlässlich sind.

Graphische Darstellung von Zusammenhängen
Das folgende sogenannte Streudiagramm gibt die Beziehung zwischen beiden Merkmalen für eine fiktive Stichprobe von n = 433 Schülern wieder. Ein Streudiagramm enthält die grafische Verteilung der Messwerte für die betrachteten Variablen. Im Beispiel sind die Lesetestwerte auf der X-Achse (Abszisse) und die Mathematiktestwerte auf der Y-Achse (Ordinate) abgetragen. Aufgrund der Beobachtungen in der Stichprobe ergeben sich insgesamt 433 Punkte, deren zweidimensionale Platzierung durch die für jeden Schü-

ler gemessene Ausprägung der beiden Testwerte im Lesen und in Mathematik festgelegt ist.

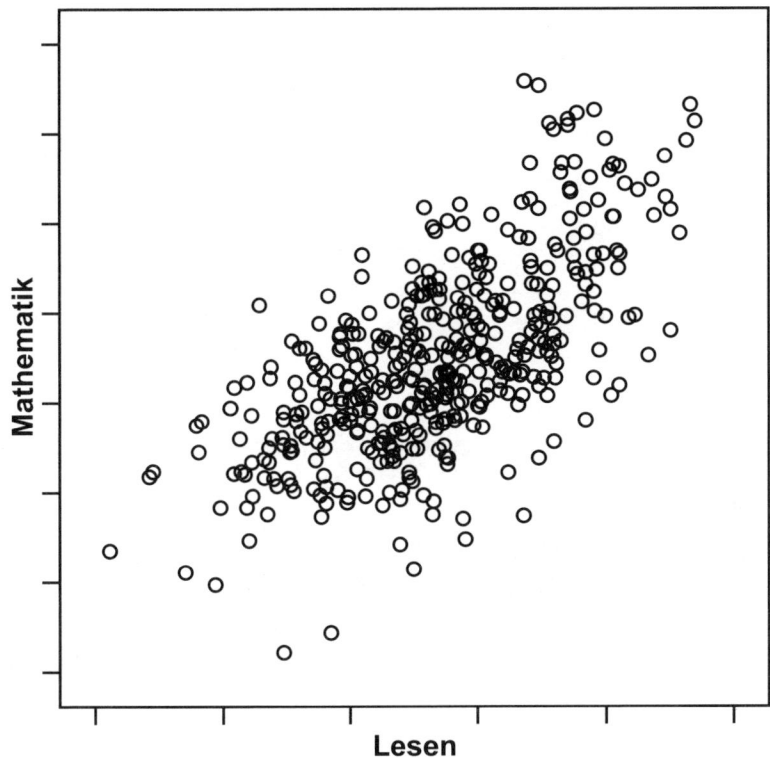

Abb. 13.1: Zusammenhang zwischen Leseleistung und Mathematikleistung

Man kann an der Form dieser sogenannten Punktewolke relativ deutlich erkennen, dass mit steigender Leseleistung auch eine steigende Mathematikleistung verbunden ist. In diesem Fall liegt ein positiver Zusammenhang vor (im Sinne von je mehr, desto mehr). Ein negativer Zusammenhang (im Sinne von je mehr, desto weniger) läge dann vor, wenn mit *steigender* Leseleistung eine *sinkende* Mathematikleistung verbunden wäre. Die Punktewolke würde dann gespiegelt von links oben nach rechts unten im Streudiagramm verlaufen.

Statistikern und empirischen Forschern reicht es nun aber nicht aus, den Zusammenhang zwischen zwei Merkmalen anhand einer Punktewolke zu beurteilen. Eine statistische Maßzahl, die Richtung (positiv oder negativ) und Stärke (schwach, mittel, stark) eines Zusammenhangs darstellt, ist der **Korrelationskoeffizient r.**

Maßzahl für Richtung und Stärke des Zusammenhangs

Dieser Koeffizient r kann in den Grenzen zwischen –1 und +1 alle beliebigen Werte annehmen; wobei Werte unter 0 für einen negativen Zusammenhang und Werte über 0 für einen positiven Zusammenhang stehen. Der absolute Betrag des Koeffizienten r informiert über die Stärke eines Zusammenhangs zweier Variablen: Ein r von +1 bzw. –1 steht für einen perfekten (positiven bzw. negativen) Zusammenhang. Ein r von 0 zeigt demgegenüber an, dass kein Zusammenhang vorhanden ist. Eine gebräuchliche Klassifikation des Absolutbetrages eines Korrelationskoeffizienten ist in Tabelle 13.5 aufgeführt:

Tab. 13.5: Interpretation des Absolutbetrages eines Korrelationskoeffizienten

Wert	Interpretation
bis 0,2	sehr geringe Korrelation
bis 0,5	geringe Korrelation
bis 0,7	mittlere Korrelation
bis 0,9	hohe Korrelation
über 0,9	sehr hohe Korrelation

Wichtig ist, dass für diese Klassifikation der Absolutbetrag herangezogen wird. So zeigt eine Korrelation von r = −0.95 einen deutlich engeren Zusammenhang als die Korrelation r = 0.70.

In unserem aufgezeigten Beispiel des Zusammenhangs zwischen Lese- und Mathematikleistung wird ein r von 0.66 berechnet. Damit besteht ein mittlerer Zusammenhang zwischen beiden Merkmalen.

Signifikanztestung　　Soll von diesem Stichprobenergebnis auf die Grundgesamtheit geschlossen werden, muss ein Signifikanztest vorgenommen werden. Überprüft wird wieder eine Nullhypothese, nach der es keinen Zusammenhang zwischen Mathematik- und Leseleistung gibt (mathematisch korrekt: r = 0). Berechnet wird die Prüfgröße t, deren Verteilung bei einem n > 3 t-verteilt ist. Für unser Beispiel (r = 0.66) ergibt sich t = 18.24. Bei einer Zufallswahrscheinlichkeit von 5 Prozent wird ein t-Wert von 2.58 erwartet. Da der berechnete t-Wert weit darüber liegt, kann die Nullhypothese zurückgewiesen und die Alternativhypothese angenommen werden: Die Korrelation zwischen Lese- und Mathematikleistung ist signifikant.

Berechnung von Korrelationen für verschiedene Skalenniveaus　　Voraussetzung für die Berechnung einer sogenannten Produkt-Moment-Korrelation, wie sie im Beispiel angewandt wurde, ist das Intervallskalenniveau der Variablen. Natürlich kann auch die Stärke des Zusammenhangs zwischen ordinal- oder nominalskalierten Daten berechnet werden. Die Korrelation zweier ordinalskalierter Variablen wird durch die **Rangkorrelation** nach Spearman (r_s oder rho) berechnet. Ein Beispiel wäre hier der Zusammenhang von den Noten, die in einer Klassenarbeit erzielt wurden, und der elterlichen Unterstützung bei der Vorbereitung (wenn diese beispielsweise erfasst wird als „sehr intensiv – intensiv – wenig – sehr wenig – gar nicht").

Für zwei nominalskalierte Variablen wird **der Kontingenzkoeffizient C** berechnet. Er ist eng mit dem Chi^2-Test verknüpft und gibt dann, wenn dieser signifikant ist, den Grad der Abhängigkeit beider Merkmale wider. Ein Beispiel könnte hier der Zusammenhang zwischen dem Bildungsabschluss der Eltern (Hauptschulabschluss, mittlerer Schulabschluss, Abitur) und der Schulartzugehörigkeit ihrer Kinder (Hauptschule, Realschule, Gymnasium) sein. Im Falle zweier dichotomer Variablen wird der **Phi-Koeffizient** berechnet, der sich auch aus dem Chi^2-Wert ergibt. Dieser würde z.B. berechnet werden für den Zusammenhang zwischen Geschlecht und (männlich/weiblich) und dem Sitzenbleiben (ja/nein).

Was Sie wissen sollten, wenn Sie Kapitel 13 gelesen haben:

- Sie sollten den Unterschied zwischen Unterschieds- und Zusammenhangshypothesen kennen.
- Sie sollten in der Lage sein, in Abhängigkeit von Ihrer Fragestellung und dem Niveau der verwendeten Skalen ein bestimmtes Verfahren auszuwählen.
- Sie sollten die Grundlagen der hier besprochenen Verfahren verstanden haben.

Weiterführende Literatur zu Kapitel 13:

BORTZ, JÜRGEN/LIENERT, GUSTAV, BOEHNKE, KLAUS (2000): **Verteilungsfreie Methoden in der Biostatistik**. Berlin u.a.: Springer. Detailliert aufbereitetes und sehr informatives Grundlagenwerk zu verteilungsfreien Methoden, für Anfänger jedoch eher ungeeignet.

BACKHAUS, KLAUS/ERICHSON, B./PLINKE, W./WEIBER, R. (2006): **Multivariate Analysenmethoden: Eine anwendungsorientierte Einführung**. Berlin u.a.: Springer. Eine verständliche und anschaulich geschriebene Einführung in verschiedene multivariate Verfahren mit praktischen Anwendungsbeispielen und Hinweisen zur Berechnung mit dem Programm SPSS.

AGRESTI, A. (2002): **Categorical Data Analysis**. New York: Wiley. Verständlich geschriebener Überblick über die signifikantesten Verfahren zur Analyse von Daten mit Nominalskalenniveau.

D Verwendung wissenschaftlicher Ergebnisse

14 Zeitliche und finanzielle Planung eines Forschungsvorhabens

Zu den theoretischen, methodischen und statistischen Aspekten der Forschung gibt es umfangreiche wissenschaftliche Literatur. Relativ wenig erfährt der Forschungsanfänger über Forschung als Organisations- und Planungsaufgabe. Doch wäre es sträflich, diesen Aspekt der Forschung zu vernachlässigen. Für den Erfolg von Projektanträgen bei Forschung fördernden Stellen ist es entscheidend, dass der Antragsteller nicht nur eine gute Forschungsidee hat, sondern auch darstellen kann, wie er diese Idee in ein zeitlich strukturiertes Arbeitsprogramm umsetzt. Deshalb befasst sich dieser letzte Abschnitt mit der häufig in ihrer Bedeutung unterschätzten Organisation eines Forschungsprozesses. Zudem wird in weiteren Abschnitten auf zwei Phasen des Forschungsprozesses eingegangen, die die vorangegangenen Abschnitte ausgespart haben. Zum einen wurde die Nutzung von Informationsangeboten für die Aufarbeitung des Forschungsstands, zur Sichtung von Erhebungsinstrumenten und von Untersuchungen, die für Sekundäranalysen zur Verfügung stehen, nicht behandelt. In den letzten Jahren ist für diese Vorarbeiten zu Forschungsvorhaben eine „Infrastruktur" entstanden, die jeder junge Studierende und Wissenschaftler kennen sollte. Zum anderen soll auch die Phase der Verschriftlichung und Veröffentlichung der Ergebnisse nicht unerwähnt bleiben. Für die Verbreitung und Verwendung wissenschaftlicher Erkenntnisse ist deren gute Präsentation in geeigneten wissenschaftlichen Publikationsorganen von großer Wichtigkeit. Speziell für die Präsentation empirischer Forschungsergebnisse können Hinweise gegeben werden, die Studierende bereits für Haus- und Examensarbeiten berücksichtigen sollten. Der letzte Abschnitt dieses Kapitels befasst sich mit der Verwendung der Ergebnisse empirischer Forschung.

14.1 Organisation des Forschungsprozesses

Phasen des Forschungsprozesses

Zwischen der Definition einer Forschungsfrage und der Abfassung des Ergebnisberichtes über eine durchgeführte Untersuchung kann ein mehrjähriger Prozess liegen. Wie die Phasen dieses Prozesses abzugrenzen und zu benennen sind, darüber gibt es aber keine einheitliche Auffassung. Eine Möglichkeit sind die 18 meist nacheinander zu erledigenden Arbeitsschritte, die Heine von Alemann (1984, S. 144, daran angelehnt ATTESLANDER 1991, S. 34–35) unterschieden hat:

Definitions-Phase	1. Problemwahl 2. Literaturanalyse 3. Entwicklung des theoretischen Bezugsrahmens 4. Operationalisierung der Grundbegriffe 5. Festlegung von Grundgesamtheit und Analyseeinheit 6. Entwicklung des Forschungsplans
Durchführungs-Phase	7. Erarbeitung der Forschungsinstrumente 8. Aufstellung des Auswahlplans 9. Vortest und Exploration 10. Vorbereitung der Hauptuntersuchung 11. Durchführung der Hauptuntersuchung 12. Verkodung der Daten
Analyse-Phase	13. Dateiaufbau und Datenbereinigung 14. Auswahl des Analyseprogramms 15. Deskriptive Analyse 16. Kausal- und Modellanalyse
Verbreitungs-Phase	17. Schreiben der Forschungsberichte 18. Publikation der Ergebnisse

Wellhöfer (1984) unterscheidet zwischen der (1) Vorbereitungsphase, der (2) konkreten Durchführungsplanung, der (3) Durchführung und Auswertung sowie der Phase 4: „Veröffentlichung und Konsequenzen".

Oft unterschätzt wird insbesondere die Zeit, die erforderlich ist, um eine Fragestellung zu entwickeln und ein Untersuchungsdesign zu entwerfen, das eine methodisch kontrollierte Untersuchung dieser Frage gestattet. Die Durchführungs- und Analysephase ist meist recht gut zeitlich planbar, weil mit dem Forschungsplan die einzelnen Untersuchungsschritte festgelegt sind, deren zeitliche Dauer über Erfahrungswerte bestimmt werden kann. In der Schulforschung ist für die Planung von Erhebungen die Berücksichtigung des Schuljahrs mit seinen unterschiedlichen Abschnitten von großer Bedeutung. Neben den Ferienzeiten sind Prüfungsphasen vor den Zeugniskonferenzen usw. zu beachten, in denen Erhebungen nicht möglich sind. Auch können bestimmte Fragestellungen es erforderlich machen, die Erhebung zu bestimmten Zeiten im Schuljahr durchzuführen (Leistungsentwicklung innerhalb eines Schuljahrs mit Erhebungen am Beginn und am Ende; Wirkung des Übergangs auf eine weiterführende Schule mit einer Befragung im 5. Schuljahr ca. 6 Wochen nach Schuljahresbeginn). An Universitäten sind Erhebungen bei Studierenden kaum außerhalb der Vorlesungszeit durchführbar. Diese Verzögerungen müssen gegebenenfalls mit eingeplant werden.

Entscheidend für die Mindestdauer eines Forschungsvorhabens ist der „kritische Weg". Damit wird die Zeit bezeichnet, die benötigt wird, um den Teil der Untersuchung durchzuführen, der die längste Zeit benötigt (s. Abbildung aus v. ALEMANN 1984, S. 270).

„kritischer Weg"

In diesem Beispiel besteht eine Untersuchung aus drei Teilen, mit unterschiedlichem Zeitbedarf. Die erforderliche Zeit für das Projekt wird aber durch die Fragebogenuntersuchung bestimmt, die hier mit 15 Monaten den

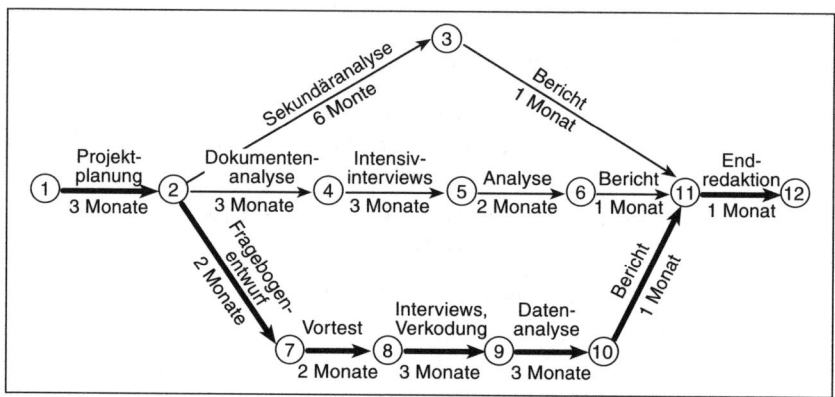

größten Zeitbedarf hat. Häufig wird der Zeitbedarf für die Durchführung einer empirischen Studie unterschätzt. Deshalb sollte auf eine ehrliche Zeitplanung einer geplanten Untersuchung niemals verzichtet werden.

Neben der projektbezogenen Forschungsförderung (SCHMIDT/WEISHAUPT 2008; WEISHAUPT/BÖHM-KASPER/KRAUL/SCHULZECK/ZÜGENRÜCKER 2008) ist für den wissenschaftlichen Nachwuchs auch die personengebundene Förderung über Promotionsstipendien von Studienförderungswerken und anderen Einrichtungen von wachsender Bedeutung. Jedenfalls sind die Bemühungen um die Finanzierung eines Forschungsvorhabens bzw. um die Förderung des eigenen Lebensunterhalts während eines Forschungsvorhabens eine wichtige Organisationsaufgaben im Kontext der Forschung.

Qualifizierung über Forschung Zwar haben Projekte erziehungswissenschaftlicher Forschung selten mehr als zwei bis drei Mitarbeiter. Dennoch sollten auch mögliche Probleme der internen Abstimmung beachtet werden. Günstig ist, wenn es gelingt, klar abgegrenzte und unterschiedliche Aufgaben für die Mitarbeiter vorzusehen, die ihnen jeweils eigenständige Profilierungs- und Qualifizierungsmöglichkeiten eröffnen. Für die berufliche Laufbahn ist es nicht von Vorteil, wenn man mehrere Jahre in Forschungsvorhaben ohne sichtbaren Ertrag gearbeitet hat. Dieser Gesichtspunkt sollte schon bei der Planung von Studien beachtet werden und bei der Entscheidung über die Mitwirkung in einem Forschungsprojekt sollte stets der mögliche individuelle Ertrag ein wichtiges Kriterium sein.

14.2 Informationsangebote für die empirische erziehungswissenschaftliche Forschung

Nutzung von Informationsangeboten In der Definitions- oder Vorbereitungsphase einer empirischen Studie ist es grundsätzlich wichtig, sich über den Stand der Forschung zu informieren, damit die eigene Studie sich darauf beziehen kann. Oft haben unerfahrene Forscher ein Untersuchungsinteresse, für dessen Analyse sie ein Erhebungsinstrument konstruieren und damit ihre Erforschung durchführen. Sie sehen nicht, dass sie auf diese Weise häufig das „Rad neu erfinden" und mit ihrer Studie keinen wirklich gewinnbringenden Beitrag zum wissenschaftlichen

Fortschritt leisten. Inzwischen gibt es eine erdrückende Fülle empirischer Untersuchungen in allen pädagogischen Bereichen, durch die sich ein solches naives Vorgehen verbietet. Vier Schritte sind daher vor der Planung einer eigenen empirischen Studie zu tun:
- Sichtung der wissenschaftlichen Literatur zum Forschungsgegenstand,
- Information über durchgeführte und laufende Forschungsprojekte in dem für die eigene Studie vorgesehenen Forschungsgebiet,
- Information über Untersuchungen, die für Sekundäranalysen zur Verfügung stehen und die einschlägige Fragen für das eigene geplante Vorhaben gestellt haben,
- Information über Frageformulierungen, Tests und Einstellungsskalen, die sich bereits in der Forschung bewährt haben und sich auf Aspekte beziehen, die in der eigenen Studie untersucht werden sollen.

Die Sichtung der wissenschaftlichen Literatur ist keine spezifische Aufgabe, die nur entsteht, wenn ein quantitativ-empirisches Vorhaben geplant ist. Auf sie kann aber auch in diesem Fall unter keinen Umständen verzichtet werden. Mit der Literaturdatenbank des Fachinformationssystems Bildung (www.fachportal-paedagogik.de/fis_bildung/fis_form.html) steht für die deutschsprachige Literatur eine umfangreiche Datenbank für Recherchen zur Verfügung. Daneben ist die Suche in der Datenbank ERIC-Education Resources Information Center (www.eric.ed.gov) für die Sichtung englischsprachiger Literatur unverzichtbar. Bei Bedarf kommen weitere Literaturdatenbanken für Recherchen in Frage. Da inzwischen viele Zeitschriften im Internet verfügbar sind und wissenschaftliche Bibliotheken auch über die Zugangsrechte verfügen, wurde der Zugang zu Zeitschriftenartikeln sehr erleichtert. Um sich über ein Forschungsgebiet zu informieren, gibt es zunehmend auch Überblicksartikel, die den aktuellen Forschungsstand zu einem Thema systematisiert aufarbeiten. Lexika (z.B. KRÜGER/GRUNERT 2006; TENORTH/TIPPELT 2007) und Handbücher sind weitere Ausgangspunkte, um einen schnellen Zugang zu zentraler Literatur und dem Forschungsstand in einem Forschungsgebiet zu finden. In der Erziehungswissenschaft liegen aktuelle Handbücher zur Bildungs-, Schul-, Familien-, Kindheits- und Jugend- und Erwachsenenbildungsforschung vor, die regelmäßig neu aufgelegt und aktualisiert werden.

Literatursichtung

Die Forschungsliteratur vermittelt auch Informationen über durchgeführte Untersuchungen und deren Ergebnisse. Unabhängig davon kann es aber sein, dass Projekte noch nicht abgeschlossen sind oder nur an entlegenen und von der sonstigen Forschung nicht beachteten Stellen publiziert wurden. Deshalb ist es ratsam, sich über eine Forschungsdatenbank einen Einblick in die aktuelle „Forschungslandschaft" zu verschaffen. Das Informationszentrum Sozialwissenschaften (IZ) der Gesellschaft Sozialwissenschaftlicher Infrastruktureinrichtungen (GESIS) erhebt regelmäßig mit seiner Datenbank SOFIS alle sozialwissenschaftlichen Forschungsprojekte in Deutschland, Österreich und der Schweiz. Diese Datenbank steht für kostenlose Recherchen zur Verfügung (www.gesis.org/Information/FORIS/Recherche/Index.htm). SOFS enthält selbst ausführliche Informationen über die Forschungsvorhaben oder ist mit einem Link mit der forschenden Einrichtung verknüpft. Dies gestattet die Kontaktaufnahme zu den Forscherinnen und Forschern, um sich über den aktuellen Bearbeitungsstand zu infor-

*Projekt-
dokumentationen*

mieren. Es gibt auch Bemühungen, eine internationale sozialwissenschaftliche Forschungsdatenbank einzurichten. Doch ist dies bisher nicht gelungen. Englischsprachige Forschungsvorhaben sind über ERIC recherchierbar.

Datenarchive und Forschungs- datenzentren

Das Zentralarchiv für Empirische Sozialforschung (GESIS-ZA) ist eine weitere sozialwissenschaftliche Infrastruktureinrichtung, die vor der Durchführung einer eigenen Untersuchung kontaktiert werden sollte (www.gesis. org/ZA). Dort werden Datensätze von sozialwissenschaftlichen Untersuchungen bereits seit mehreren Jahrzehnten archiviert und für sekundäranalytische Forschung bereitgestellt. Einen aktuellen Überblick über größere Untersuchungen, die sich auf das Bildungswesen beziehen, enthält eine dort erhältliche CD-ROM „Längsschnittforschung im Bildungsbereich" (SCHMIDT/WEISHAUPT 2004). Für die Leistungsuntersuchungen der letzten Jahre im Schulwesen wurde ein eigenes Forschungsdatenzentrum am Institut für Qualitätsentwicklung im Bildungswesen (IQB) in Berlin geschaffen, das auch Informationsveranstaltungen und Beratungen durchführt, damit sich Interessenten in die oft sehr komplexen Datensätze einarbeiten können. Auch das Statistische Bundesamt sowie die Statistischen Ämter der Länder unterhalten inzwischen Forschungsdatenzentren, um deren Daten für die Wissenschaft besser zugänglich zu machen. Forscher können dort Daten auswerten, die sonst nur Mitarbeitern der Statistischen Ämter zugänglich sind.

Damit deutet sich in der Sozialforschung eine Entwicklung an, verstärkt auf umfangreiche und aussagekräftige Datensätze zurückzugreifen, soweit diese geeignet sind, eigene Forschungsfragen zu beantworten. Das inzwischen sehr umfangreiche Datenangebot ist auch geeignet, Fragestellungen anzuregen, die man zunächst nicht ins Auge gefasst hat, weil man sich nicht in der Lage sah, eine entsprechende eigene Untersuchung durchzuführen. Auch wenn eine in Frage kommende Studie nicht allgemein zugänglich sein sollte, besteht die Möglichkeit, über eine direkte Absprache mit den Forschern diese Daten durch Dritte auszuwerten. Die Durchführung eigener empirischer Forschung ist folglich nicht an die eigene Erhebung von Daten gebunden. Insbesondere für Examensarbeiten hat die sekundäranalytische Forschung den Vorteil, nicht auf den Erfolg einer eigenen Datenerhebung angewiesen zu sein, sondern einen für eigene Auswertungen bereits aufbereiteten Datensatz verwenden zu können. Dadurch wird auch der Zeitbedarf für eine empirische Arbeit überschaubar. In jedem Fall sollte – auch aus forschungsökonomischen Gründen – die Notwendigkeit einer eigenen Studie unter Berücksichtigung vorliegender Untersuchungen begründbar sein.

Test- und Skalen- dokumentationen

Ergibt sich auch nach den Recherchen, dass eine eigene Erhebung sinnvoll ist, so stellt sich die Frage nach dem Erhebungsinstrument und dessen Entwicklung. Auch diese Entwicklungsarbeit sollte nicht begonnen werden, ohne sich zuvor detailliert über bereits erprobte Instrumente zu einzelnen Befragungs- oder Beobachtungsdimensionen oder über Kategorienschemata zu informieren. Da die eigene Untersuchung an den erreichten Forschungsstand anknüpfen soll, ist es unverzichtbar, bereits erprobte Instrumente und Erhebungsteile in das eigene Untersuchungsinstrument einzubauen. Auf diese Weise können die eigenen Ergebnisse mit bereits vorliegenden Befunden verglichen werden. Die Möglichkeit, Erhebungsinstrumente zu übernehmen, ist bei Befragungsstudien sicher am ehesten gegeben. Aber auch für Beobachtungsstudien kann auf Beobachtungsschemata zurückgegriffen werden, beispielsweise aus der Unterrichtsbeobachtung oder der Beobachtung von Gruppendiskussionen. Inhaltsanalytische Studien sollten ebenfalls darauf achten, dass das verwendete Kategorienschema Vergleichsmöglichkeiten mit anderen Untersuchungen eröffnet.

Anders als bei der Forschungsliteratur und den Forschungsprojekten gibt es keine erziehungswissenschaftliche Instrumentendatenbank, bei der man sich über bereits eingesetzte Erhebungsinstrumente und die mit ihnen gesammelten Erfahrungen informieren kann. Es gibt allerdings gute Informationen über Testverfahren, deren Einsatzmöglichkeiten und Gütekriterien (BRICKENKAMP 2002). Über sozialwissenschaftliche Erhebungsinstrumente, also Instrumente zur Messung von Einstellungen zu den verschiedensten gesellschaftlichen Bereichen, gibt es ein im Internet verfügbares Elektronisches Handbuch ZIS (www.gesis.org/Methodenberatung/ZIS/zis.htm). Zudem gibt es zu vielen Studien Dokumentationen über die in ihnen verwendeten Einstellungsskalen. Schließlich dokumentieren auch viele Forscher ihre Erhebungsinstrumente in ihren Publikationen oder im Internet. Insgesamt ist nach der Entscheidung über die in einer Untersuchung zu erfassenden Erhebungsdimensionen die Entscheidung über die konkreten Fragestellungen, Itembatterien und Tests eine nach wie vor zeitraubende und von persönlichen Vorlieben und Interessen bestimmte Tätigkeit. Das dahinter stehende Anliegen – eine neue Untersuchung an den bisherigen Forschungsstand anzuschließen – darf darüber aber nicht verloren gehen.

14.3 Was ist beim Schreiben eines Forschungsberichts zu beachten?

Wissenschaftler verstehen sich meist nicht als Schriftsteller, dennoch ist die Abfassung wissenschaftlicher Berichte eine literarische Aufgabe. Nur über eine angemessene sprachliche Form, eine einleuchtende Argumentationsweise und eine verständliche Ausdrucksweise kann der Forscher seine Leser überzeugen. Der Leser einer wissenschaftlichen Abhandlung erwartet keinen entspannenden Text, er freut sich aber auch bei einem wissenschaftlichen Text darüber, wenn er argumentativ durchdacht und gut strukturiert ist. Insbesondere besteht bei Berichten über empirische Untersuchungen die Gefahr, den Leser mit einer Fülle von Einzelbefunden zu langweilen und zu überfordern. Die wichtigen und weiterführenden Befunde bleiben dann leicht vom Leser unbemerkt. Auch ist eine verständliche und eindeutige Sprache wichtig, um Missverständnisse zu vermeiden. Deshalb ist es wichtig, auch Forschungsberichte leserfreundlich zu gestalten und gut zu gliedern. Eine knappe Beschreibung eines Gliederungsschemas gibt v. Alemann (1984, S. 137f.):

Der Forscher als Literat

„1. *Inhaltsübersicht*: Ein kurzes Statement über die Forschungstradition und die wichtigsten Ergebnisse, das auch als „abstract" weiterverwendet werden kann.
2. *Einführung*: In der vor allem die Forschungstradition und das Forschungsproblem beschrieben werden.

3. *Theoretischer Bezugsrahmen*: Hier wird das Forschungsproblem in die Wissenschaftssprache übersetzt und es werden die forschungsleitenden Hypothesen entwickelt.

4. *Methodische Vorgehensweise*: In diesem Abschnitt erfolgt die Diskussion der wichtigsten Probleme bei der Umsetzung des Forschungsplans in die Forschungspraxis, wobei insbesondere der Auswahlplan, die Definition der Analyseeinheit und die wichtigsten Skalen und Indexkonstruktionen beschrieben werden müssen.

5. *Forschungsergebnisse*: Hier werden die Ergebnisse der Hauptuntersuchung in bezug auf den theoretischen Bezugsrahmen dargestellt.

6. *Diskussion der Ergebnisse*: Die eigenen Ergebnisse werden im Zusammenhang mit dem theoretischen Bezugsrahmen bewertet (Ablehnung oder Annahme der Hypothesen, usw.) und die Ergebnisse anderer Untersuchungen werden zur Interpretation und Erklärung mit herangezogen.

7. *Zusammenfassung und Kritik*: In diesem Abschnitt werden noch einmal Einschränkungen in den Schlussfolgerungen beschrieben bzw. eine abschließende Bewertung des Vorhabens vorgenommen und es können Hinweise darauf gegeben werden, in welcher Richtung sich die weitere Forschung bewegen solle."

Anforderungen an einen Forschungsbericht

Da die intersubjektive Überprüfbarkeit und Replizierbarkeit der Ergebnisse ein wichtiges Kriterium für wissenschaftliche Forschung ist, muss der Forschungsbericht alle wichtigen Informationen geben, die ein Wissenschaftler benötigt, um eine gleichartige Studie durchzuführen. Dazu dienen auch Anmerkungen und Literaturhinweise im Text, die aber den Text nicht überfrachten sollen. Ein guter Forschungsbericht zeichnet sich allerdings nicht nur durch das überzeugende methodische Vorgehen und die zielbezogene Ergebnisdarstellung aus: Unverzichtbar für gute Forschung sind die Bedeutsamkeit der Fragestellung und der Ertrag dieser Untersuchung für den Erkenntnisfortschritt in einem wichtigen Forschungsfeld (vgl. Friedrichs 1973, S. 396f.).

Gute wissenschaftliche Praxis

Gelegentlich kam es in der Vergangenheit zur Fälschung von Forschungsergebnissen und zur verzerrten Darstellung von Forschungsbefunden. Deshalb hat die Deutsche Forschungsgemeinschaft im Jahr 1998 Vorschläge zur Sicherung guter wissenschaftlicher Praxis verabschiedet, um die wissenschaftliche Kontrolle und Überprüfung von Forschungsergebnissen zu verbessern. Insbesondere wird verlangt,

„lege artis (nach den Regeln des aktuellen theoretischen und methodischen Wissens, Anmerkung der Autoren) zu arbeiten, Resultate zu dokumentieren (und) strikte Ehrlichkeit im Hinblick auf die Beiträge von Partnern, Konkurrenten und Vorgängern zu wahren." (DFG 1998, S. 4)

Um eine Überprüfung von veröffentlichten Forschungsergebnissen zu gestatten, sollen die ihnen zugrunde liegenden Daten mindestens 10 Jahre aufbewahrt werden.

Ein häufig kontroverser Punkt ist die Frage der Autorenschaft bei wissenschaftlichen Berichten. Grundsätzlich hat nur die Person Anspruch auf eine (Mit-)Autorenschaft, die auch einen substanziellen Beitrag zum Forschungsbericht selbst verfasst hat. Die Beteiligung an der Einwerbung der Drittmittel, die Voraussetzung für das Forschungsvorhaben waren oder die Leitung der Einrichtung, an der die Forschungsarbeit entstanden ist, reichen dazu beispielsweise nicht aus. Ein Eingriff in die Autorenrechte wäre es auch, wenn Teile aus Qualifikationsarbeiten von Studierenden ohne Nennung deren Mitautorenschaft in andere Forschungsberichte übernommen würden. An den Universitäten wurden inzwischen meist Vertrauenspersonen gewählt, an die man sich bei einem Verdacht wissenschaftlichen Fehlverhaltens wenden kann.

14.4 Die Verwendung der Forschungsergebnisse in der pädagogischen Praxis und durch die Bildungspolitik

Für die Veröffentlichung von Forschungsergebnissen gibt es zwei Möglichkeiten: das Buch oder den Zeitschriftenaufsatz. Da die meisten Forschungsvorhaben in Dissertationen münden, die als Buch verfasst werden müssen, werden viele Forschungsberichte als Monographien veröffentlicht, obwohl Verlage diese Publikationen wenig schätzen, weil sie sich nicht besonders gut verkaufen. Neben offenen Dissertationsreihen gibt es bei Verlagen zunehmend auch Schriftenreihen mit Qualifikationsarbeiten, in die nur Arbeiten nach einer neutralen Begutachtung aufgenommen werden. Dadurch sollen bedeutsame Beiträge für die Forschung besonders herausgestellt werden. Eine Begutachtung durch wenigstens zwei Personen – häufig mit einer anschließenden Überarbeitung des Aufsatzes – ist meist auch die Voraussetzung für die Aufnahme eines Forschungsberichts in eine wissenschaftliche Zeitschrift.

Publikationsformen

Während die historische und geisteswissenschaftliche Forschung noch stark auf eine Buchpublikation ausgerichtet ist, überwiegt für die Veröffentlichung quantitativ-empirischer Forschungsergebnisse (sofern es sich nicht um eine Dissertation handelt) der Zeitschriftenaufsatz, in dem die zentralen, weiterführenden Ergebnisse einer Untersuchung konzentriert vermittelt werden. Für eine Buchpublikation sind kleinere empirische Untersuchungen wegen des Umfangs des Ergebnisberichts nicht geeignet; größere Studien lassen sich in mehreren Aufsätzen publizieren.

Neben der Publikation der Ergebnisse dienen wissenschaftliche Tagungen dazu, Forschungsergebnisse bekannt zu machen und der Kritik der Fachkollegen auszusetzen. Zusätzlich zu kleinen Workshops spezialisierter Forschungsgruppen gibt es in Deutschland regelmäßige Tagungen der Untergliederungen der erziehungswissenschaftlichen wissenschaftlichen Fachgesellschaft, der Deutschen Gesellschaft für Erziehungswissenschaft (DGfE; www.dgfe.de). Die Sektion „Empirische Bildungsforschung" mit den beiden Kommissionen „Arbeitsgruppe für empirisch-pädagogische Forschung" und „Kommission Bildungsorganisation, Bildungsplanung, Bildungsrecht" versammelt vornehmlich die quantitativ-empirisch Forschenden in dieser Fachgesellschaft zu regelmäßigen Tagungen. Ähnliche Fachgesellschaften gibt es auch in Österreich und der Schweiz. Auf europäischer und internationaler Ebene führen weitere wissenschaftliche Gesellschaften Fachtagungen und internationale Kongresse durch.

Wissenschaftliche Tagungen

Erziehungswissenschaftliche Forschung als eine auf eine gesellschaftliche Praxis bezogene Forschung muss in besonderer Weise damit rechnen, dass die pädagogische Praxis, die Bildungspolitik und -verwaltung und nicht zu-

Forschungsergebnisse und Öffentlichkeit

letzt die Öffentlichkeit die Ergebnisse ihrer Forschung aufgreift und verwertet. Dies freut den Forscher, wenn die Ergebnisse in seinem Sinne aufgegriffen werden. Das lässt sich aber nicht gewährleisten. Gerade die quantitativ-empirische Forschung liefert häufig griffig zu verwendende Zahlen, die dann nicht selten verkürzt und entstellend in der politischen Diskussion Verwendung finden. Zunehmend gehen deshalb die Forscher dazu über, selbst über Presseerklärungen, Pressekonferenzen und kurze Zusammenfassungen die Ergebnisse ihrer Untersuchung in die Öffentlichkeit zu tragen, um von Anfang an Fehlinterpretationen zu vermeiden, denn es ist so gut wie aussichtslos, fehlerhafte Darstellungen in der Öffentlichkeit über Presseerklärungen und Gegendarstellungen wieder aus der Welt zu schaffen.

Die meisten empirischen Forschungsvorhaben im erziehungswissenschaftlichen Bereich werden aus öffentlichen Mitteln finanziert, und viele Personen stellen ihre Zeit für die Durchführung von Untersuchungen zu Verfügung. Deshalb hat die Öffentlichkeit ein legitimes Interesse an der Information über die Ergebnisse einer wissenschaftlichen Untersuchung und die Forscher sollten selbst die Verbreitung der Ergebnisse als Teil ihrer gesellschaftlichen Rechenschaftspflicht sehen. Die Veröffentlichung und Verbreitung der Forschungsergebnisse sollte folglich – neben den Fachkollegen – gerade auch im Bereich der erziehungswissenschaftlichen Forschung die Öffentlichkeit außerhalb der Wissenschaft einbeziehen. Dies bietet sich auch deshalb häufig an, weil quantitativ-empirische erziehungswissenschaftliche Forschung überwiegend keine Grundlagenforschung ist, sondern zur rationalen Begründung pädagogischer und bildungspolitischer Entscheidungen beitragen soll. Anwendungsorientierte Forschung und die Evaluation von Reformvorhaben führen oft zu Ergebnissen, an denen die Betroffenen, Politiker und Bildungsverwalter unmittelbar interessiert sind. Der Umgang mit der Öffentlichkeit, der Kontakt zu den Medien und die öffentliche Präsentation von Forschungsergebnissen werden vermutlich noch eine wachsende Bedeutung für die erziehungswissenschaftliche Forschung haben. Sie sollte sich darauf einstellen.

Was Sie wissen sollten, wenn Sie Kapitel 14 gelesen haben:

- Ihnen sollte die Bedeutung der Organisation eines Forschungsprozesses für erfolgreiche Forschung ins Bewusstsein gerückt worden sein.
- Sie sollten über Literatur- und Forschungsdatenbanken für die erziehungswissenschaftliche Forschung informiert sein.
- Sie sollen vor allem auch wissen, dass für Forschungsvorhaben eine große Zahl häufig recht umfangreicher Studien zur Verfügung steht und es für viele Fragestellungen nicht mehr erforderlich ist, eigene Daten zu erheben.
- Schließlich sollte Ihnen ein erster Eindruck davon vermittelt werden, dass heute mit der Publikation der Ergebnisse wissenschaftlicher Forschung in einer von Medien geprägten Welt der Forscher keine Kontrolle mehr über die Interpretation und Verwendung seiner Ergebnisse hat. Dies sollte er vorab schon berücksichtigen.

Weiterführende Literatur zu Kapitel 14:

V. ALEMANN, HEINE (²1984): **Der Forschungsprozeß. Eine Einführung in die Praxis der empirischen Sozialforschung**. Stuttgart. Leider wurde diese Einführung zum Verständnis der Forschung als Prozess nicht mehr aktualisiert neu aufgelegt.

TILLMANN, KLAUS-JÜRGEN (1991): **Erziehungswissenschaft und Bildungspolitik**. In: Zeitschrift für Pädagogik, 37. Jg., H. 6, S. 955–974. Guter Einstieg in Fragen zum Verhältnis von Erziehungswissenschaft und Bildungspolitik.

Literaturverzeichnis

ABEL, JÜRGEN (1999): Probleme der Ausbildung in Empirie und Statistik an erziehungswissenschaftlichen Fachbereichen. Empirische Pädagogik 13 (4), S. 355–369

AJZEN, ICEK (1991): The Theory of Planned Behaviour. Organizational Behaviour and Human Decision Process, Vol. 50, S. 179–211

V. ALEMANN, HEINE (1984): Der Forschungsprozeß. Eine Einführung in die Praxis der empirischen Sozialforschung. Stuttgart: Teubner

ANDRICH, DAVID (1978): A rating formulation for ordered response categories. In: Psychometrika, Jg. 43, H. 4, S. 561–573

ARIES, ELISABETH J. (1976): Interaction patterns and themes of male, female, and mixed groups. In: Small Group Behavior, 7 (1), S. 7–18

ATTESLANDER, PETER (2000): Methoden der empirischen Sozialforschung. 9., neu bearb. und erw. Aufl. Berlin: de Gruyter (De-Gruyter-Studienbuch)

ATTESLANDER, PETER/BENDER, CHRISTIANE/CROMM, JÜRGEN/GRABOW, BUSSO/ZIPP, GISELA (1991): Methoden der empirischen Sozialforschung. Berlin/ New York: de Gruyter

AVENARIUS, HERMANN/DÖBERT, HANS/KNAUSS, GEORG/WEISHAUPT, HORST/WEISS, MANFRED (2001): Stand und Perspektiven der Orientierungsstufe in Niedersachsen. Gutachten im Auftrag des Niedersächsischen Kultusministeriums. Frankfurt: Deutsches Institut für Internationale Pädagogische Forschung

BANDURA, ALBERT (1966): Influence of models' reinforcement contingencies on the acquisition of imitative response. In: Journal of Personality and Social Psychology, Jg. 1, S. 589–595

BAUMERT, JÜRGEN/BOS, WILFRIED/LEHMANN, RAINER. (2000): Untersuchungsstand und Fragestellungen. In: diess. (Hrsg.): Mathematische und naturwissenschaftliche Grundbildung am Ende der Pflichtschulzeit (TIMSS/III – Dritte Internationale Mathematik- und Naturwissenschaftsstudie – Band 1). Opladen: Leske + Budrich, S. 19–30

BAUMERT, JÜRGEN/ROEDER, PETER-MARTIN (1994): „Stille Revolution". Zur empirischen Lage der Erziehungswissenschaft. In: Krüger, Heinz-Herrmann/Rauschenbach, Thomas (Hrsg.): Erziehungswissenschaft. Die Disziplin am Beginn einer neuen Epoche. Weinheim/München: Juventa

BECK-BORNHOLDT, HANS-PETER/DUBBEN, HANS-HERMANN (2005): Der Hund, der Eier legt. Erkennen von Fehlinformation durch Querdenken. Reinbek bei Hamburg: Rowohlt

BORTZ, JÜRGEN (2005): Statistik für Sozialwissenschaftler. Berlin: Springer

BORTZ, JÜRGEN/DÖRING, NICOLA (1995): Forschungsmethoden und Evaluation. Berlin: Springer

BOS, WILFRIED (1989): Reliabilität und Validität in der Inhaltsanalyse. Ein Beispiel zur Kategorienoptimierung in der Analyse chinesischer Textbücher für den muttersprachlichen Unterricht für Auslandschinesen. In: W. Bos/C. Tarnai (Hrsg.): Angewandte Inhaltsanalyse in Empirischer Pädagogik und Psychologie. Münster: Waxmann, S. 61–69

BOS, WILFRIED/TARNAI CHRISTIAN (Hrsg.) (1989): Angewandte Inhaltsanalyse in Empirischer Pädagogik und Psychologie. Münster: Waxmann

BRICKENKAMP, ROLF (2002): Handbuch psychologischer und pädagogischer Tests. Göttingen: Hogrefe

CLAUSEN, MARTEN (2002): Unterrichtsqualität: eine Frage der Perspektive. Empirische Analysen zur Übereinstimmung, Konstrukt- und Kriteriumsvalidität. Münster: Waxmann

COHEN, LOUIS/MANION, LAWRENCE/MORRISON, KEITH (2000): Research Methods in Education. London: Routledge Falmer

DEUTSCHE FORSCHUNGSGEMEINSCHAFT (DFG) (1998): Empfehlungen der Kommission „Selbstkontrolle in der Wissenschaft". Vorschläge zur Sicherung guter wissenschaftlicher Praxis.

DEUTSCHE GESELLSCHAFT FÜR ERZIEHUNGSWISSENSCHAFT (1986): Standards erziehungswissenschaftlicher Forschung. Resolution der Deutschen Gesellschaft für Erziehungswissenschaft. In: Zeitschrift für Pädagogik, 32. Jg., Heft 4, S. 597–602

DIEKMANN, ANDREAS (2001): Empirische Sozialforschung. Grundlagen, Methoden, Anwendungen. Reinbeck: Rowohlt

DÖRPINGHAUS, ANDREAS/POENITSCH, ANDREAS/ WIGGER, LOTHAR (^{2}2008): Einführung in die Theorie der Bildung. Darmstadt: Wiss. Buchges.

EDER, FERDINAND (1996): Schul- und Klassenklima.

Ausprägung, Determinanten und Wirkungen des Klimas an weiterführenden Schulen. Innsbruck: Studienverlag

FAßNACHT, GERHARD (1995): Systematische Verhaltensbeobachtung. Eine Einführung in die Methodologie und Praxis. München: Reinhardt

FEGER, HUBERT (1983): Planung und Bewertung von wissenschaftlichen Beobachtungen. In: Hubert Feger & Jürgen Bredenkamp (Hrsg.): Datenerhebung (Enzyklopädie der Pychologie, Bd. 1, Forschungsmethoden). Göttingen: Hogrefe, S. 1–75

FRIEDRICHS, JÜRGEN (1973): Methoden empirischer Sozialforschung. Reinbek: Rowohlt

FRIEDRICHS, JÜRGEN (1990): Methoden empirischer Sozialforschung. Opladen: Westdeutscher Verlag

FUHS, BURKHARD (2007): Qualitative Methoden in der Erziehungswissenschaft. Darmstadt: Wiss. Buchges. (Grundwissen Erziehungswissenschaft)

GALTON, MAURICE (1997): Classroom Observation. In: John P. Keeves (Hrsg.): Educational research, methodology and measurement: an international handbook. Oxford: Pergamon, S. 334–339

GANZEBOOM, HARRY B.G./DE GRAAF, PAUL M./TREIMANN, DONALD J. (1992): A standard international socio-economic index of occupational status. Social Science Research 21: S. 1–56

GLENN, NORVAL D. (2003): Distinguishing age, period, and cohort effects. In: Mortimer, Jeylan T./Shanahan, Michael J. (Hrsg.): Handbook of the life course. New York: Kluwer Academic/Plenum Publishers (Handbooks of sociology and social research), S. 465–476

GREVE, WERNER/WENTURA, DIRK (1997): Wissenschaftliche Beobachtung. Eine Einführung. Weinheim: Beltz

HAFT, HENNING (1995): Inhaltsanalyse. In: Henning Haft; Hagen Kordes (Hrsg.). Methoden der Erziehungs- und Bildungsforschung (Enzyklopädie Erziehungswissenschaft – Band 2). Stuttgart: Ernst Klett, S. 411–418

HAGMÜLLER, PETER (1979): Empirische Forschungsmethoden. Eine Einführung für pädagogische und soziale Berufe. München: Kösel

HEIDENREICH, KLAUS (1995): Die Verwendung standardisierter Tests. In: E. Roth (Hrsg.): Sozialwissenschaftliche Methoden. Lehr- und Handbuch für Forschung und Praxis. München: Oldenbourg, S. 389–406

HOPKINS, KENNETH D. (1998): Educational and Psychological Measurement and Evaluation. Boston: Allyn and Bacon

HORSTKEMPER, MARIANNE/TILLMANN, KLAUS-JÜRGEN (2004): Schulformvergleiche und Studien zu Einzelschulen. In: Helsper, Werner/Böhme, Jeanette (Hrsg.): Handbuch der Schulforschung. 1. Aufl. Wiesbaden: VS Verl. für Sozialwiss., S. 285–320

HUBER, OSWALD (1995): Beobachtung. In: Erwin Roth (Hrsg.): Sozialwissenschaftliche Methoden. Lehr- und Handbuch für Forschung und Praxis. München: Oldenbourg, S. 126–145

IRLE, MANFRED (1983): Umfrageforschung – auch in Zukunft der „Königsweg der Empirischen Sozialforschung? In: Max Kaase/Werner Ott/Erwin K. Scheuch (Hrsg.): Empirische Sozialforschung in der modernen Gesellschaft. Frankfurt/New York: Campus

JAHODA, MARIE/LAZARSFELD, PAUL/ZEISL, HANS (1933): Die Arbeitslosen von Marienthal. Ein soziographischer Versuch über die Wirkungen langdauernder Arbeitslosigkeit. Leipzig: Hirzel

JAIDE, WALTER (1995): Befragung. In: Henning Haft/Hagen Kordes (Hrsg.): Methoden der Erziehungs- und Bildungsforschung (Enzyklopädie Erziehungswissenschaft – Band 2). Stuttgart: Ernst Klett, S. 309–313

JOINT COMMITEE ON STANDARD FOR EDUCATIONAL EVALUATION (2000): Handbuch der Evaluationsstandards. Opladen: Leske+Budrich

KLAFKI, WOLFGANG (1971): Erziehungswissenschaft als kritisch-konstruktive Theorie: Hermeneutik – Empirie – Ideologiekritik. In: Zeitschrift für Pädagogik, 17. Jg., S. 351–385

KLIEME, ECKARD/BAUMERT, JÜRGEN/KÖLLER, OLAF/BOS, WILFRIED (2000): Mathematische und naturwissenschaftliche Grundbildung: Konzeptuelle Grundlagen und die Erfassung und Skalierung von Kompetenzen. In: Jürgen Baumert/Wilfried Bos/Rainer Lehmann (Hrsg.): Mathematische und naturwissenschaftliche Grundbildung am Ende der Pflichtschulzeit (TIMSS/III – Dritte Internationale Mathematik- und Naturwissenschaftsstudie – Band 1). Opladen: Leske + Budrich, S. 85–133

KOCH, ACHIM/WASMER, MARTINA/HARKNESS, JANET/SCHOLZ, EVI (2001): Konzeption und Durchführung der „Allgemeinen Bevölkerungsumfrage der Sozialwissenschaften" (ALLBUS) 2000. Mannheim

KROMREY, HELMUT (1991): Empirische Sozialforschung. Modelle und Methoden der Datenerhebung und Datenauswertung. 5., überarb. u. erw. Aufl. Opladen: Leske+Budrich

Opladen: Leske + Budrich KRON, FRIEDRICH W. (1999): Wissenschaftstheorie für Pädagogen. München/Basel: UTB

KRÜGER, HEINZ-HERMANN/GRUNERT, CATHLEEN (Hrsg.) (2006): Wörterbuch Erziehungswissenschaft. Opladen: UTB

LANKES, EVA-MARIA/BOS, WILFRIED/MOHR, INGOLA/

PLAßMEIER, NIKE/SCHWIPPERT, KNUT/SIBBERNS, HEIKO/VOSS, ANDREAS (2003): Anlage und Durchführung der Internationalen Grundschule-Lese-Untersuchung (IGLU) und ihrer Erweiterung in Mathematik und Naturwissenschaften (IGLU-E). In: Wilfried Bos/Eva-Maria Lankes/Manfred Prenzel/Knut Schwipper/Gerd Walther/Renate Valtin (Hrsg.): Erste Ergebnisse aus IGLU. Schülerleistungen am Ende der vierten Jahrgangsstufe und im internationalen Vergleich. Münster: Waxmann

LEWIS, DAVID G. (1974): Experimentelle Planung in den Erziehungswissenschaften. Weinheim: Beltz

LEWIS-BECK, MICHAEL S. (1993): Experimental design and methods. London: Sage

LIENERT, GUSTAV A./RAATZ, ULRICH (^{6}1998): Testaufbau und Testanalyse. Weinheim: Beltz

LÜDTKE, HARTMUT (1995): Beobachtung. In: Lenzen, Dieter/Mollenhauer, Klaus (Hrsg.): Enzyklopädie Erziehungswissenschaft. Stuttgart: Klett, Bd. 2, S. 316–323

MASTERS, GEOFF N. (1982): A rasch model for partial credit scoring. In: Psychometrika, Jg. 47, H. 2, S. 149–174

MCMILLAN, JAMES H./SCHUMACHER, SALLY (1997): Research in education. A conceptual introduction. New York: Longman

MERTEN, KLAUS (1995): Wissenschaftliche Inhaltsanalyse. Einführung in Theorie, Methode und Praxis. Opladen: Westdeutscher Verlag

METSCHKE, RAINER/WELLBROCK, RITA (2000): Datenschutz in Wissenschaft und Forschung. Wiesbaden: Der Hessische Datenschutzbeauftragte

ORTH, BERNHARD (1983); Grundlagen des Messens. In: Feger, Hubert/Bredenkamp, Jürgen (Hrsg.): Messen und Testen, Enzyklopädie der Psychologie, Themenbereich B, Serie I, Bd. 3, Kap. 2. Göttingen: Hogrefe

POPPER, KARL R. (1994): Logik der Forschung. Tübingen: Mohr

PRELL, SIEGFRIED (2001): Evaluation und Selbstevaluation in pädagogischen Feldern. In: Leo Roth (Hrsg.): Pädagogik. Handbuch für Studium und Praxis. München: Oldenbourg, S. 991–1003

RASCH, GEORG (1960): Probalistic models for some intelligence and attainment tests. Copenhagen: Nielsen & Lydicke

ROHDE-HÖFT, CORNELIA/LAUCKEN, UWE/MEES, ULRICH/SCHMITT, ANETTE (1999): Kategoriensystem zur inhaltsanalytischen Erfassung von semantischen Einheiten in Liebesbriefen. Berichte aus dem Institut zur Erforschung von Mensch-Umwelt-Beziehungen, Nr. 30. Universität Oldenburg. Oldenburg

ROST, DETLEF H. (2005): Interpretation und Bewertung pädagogisch-psychologischer Studien. Eine Einführung. Weinheim: UTB für Wissenschaft

V. SALDERN, MATTHIAS/LITTIG, KURT E. (1987): Landauer Skalen zum Sozialklima. Weinheim: Beltz

SCHMIDT, BERNHARD/WEISHAUPT, HORST (2008): Forschung und wissenschaftlicher Nachwuchs. In: Tillmann, Klaus-Jürgen/Rauschenbach, Thomas/Tippelt, Rudolf/Weishaupt, Horst (Hrsg.): Datenreport Erziehungswissenschaft 2008. Opladen: Budrich, S. 113–138

SCHMIDT, CLAUDIA/WEISHAUPT, HORST (2004): CD-ROM zur Information über die Längsschnittforschung im Bildungsbereich. In: ZA-Information, Heft 55, S. 114–119

SCHNEEKLOTH, ULRICH/LEVEN, INGO (2003): Woran bemisst sich eine „gute" allgemeine Bevölkerungsumfrage? In: ZUMA-Nachrichten 53, Jg. 27, S. 16–57

SCHNELL, RAINER/HILL, PAUL B./ESSER, ELKE (2005): Methoden der empirischen Sozialforschung. München

SCHÜTZ, ALFRED/LUCKMANN, THOMAS (1975): Strukturen der Lebenswelt. Darmstadt u.a.: Luchterhand

SEDLMEIER, PETER (1996): Jenseits des Signifikanztest-Rituals: Ergänzungen und Alternativen. Methods of Psychological Research – online, 1. [Internet: http://www.mpr-online.de/]

SEIDEL, TINA/PRENZEL, MANFRED/DUIT, REINDERS/LEHRKE MANFRED (Hrsg.) (2003): Technischer Bericht zur Videostudie „Lehr-Lern-Prozesse im Physikunterricht"; BIQUA. Kiel: Institut für die Pädagogik der Naturwissenschaften

SKOWRONEK, HELMUT/SCHMIED, DIETER (Hrsg.) (1977): Forschungstypen und Forschungsstrategien in der Erziehungswissenschaft. Hamburg: Hoffmann und Campe

SPADA, HANS/MAY REGINE (1995): Tests, kriterienorientierte. In: Henning Haft/Hagen Kordes (Hrsg.): Methoden der Erziehungs- und Bildungsforschung (Enzyklopädie Erziehungswissenschaft – Band 2). Stuttgart: Ernst Klett, S. 610–617

TENORTH, HEINZ-ELMAR/TIPPELT, RUDOLF (2007): Beltz Lexikon Pädagogik. Weinheim/Basel: Beltz

TODMAN, JOHN B./DUGARD, PAT (2001): Single-case and small-n experimental designs. A practical guide to randomization tests. Mahwah, N.J.: Lawrence Erlbaum Associates

TUKEY, JOHN WILDER (1977): Exploratory data analysis. Reading, Mass.: Addison-Wesley

WEBER, ROBERT PHILIP (1994): Basic content analysis. In: Lewis-Beck, Michael S. (Hrsg.): Research practice. London: SAGE (International handbooks of quantitative applications in the social sciences, 6), S. 251–338

WEISHAUPT, HORST/BÖHM-KASPER, CLAUDIA/KRAUL, MARGRET/SCHULZECK, URSULA/ZÜGENRÜCKER, INDRA (2008): Zur Situation der Bildungsforschung in Deutschland. Bundesministerium für Bildung und Forschung Berlin

WELLENREUTHER, MARTIN (2000): Quantitative Forschungsmethoden in der Erziehungswissenschaft. Eine Einführung. Weinheim: Juventa

WELLHÖFER, PETER R. (1984): Grundstudium sozialwissenschaftliche Methoden und Arbeitsweisen. Eine Einführung für Sozialwissenschaftler und Sozialarbeiter/-pädagogen. Stuttgart: Enke.

Register